H. ATOUI
professeur agrégé d'arabe

l'arabe langue vivante

Méthode d'enseignement
à l'usage des francophones

Volume I

dessins de
M.F. Delarozière

EDICEF
58, rue Jean-Bleuzen
92178 VANVES Cedex

NEA
Dakar-Abidjan
B.P. 260 - Dakar

ISBN : 978-2-85069-236-9

© EDICEF/NEA, 1978

Tous droits de traduction, de reproduction et d'adaptation réservés pour tous pays.

Le Code de la propriété intellectuelle n'autorisant, aux termes des articles L. 122-4 et L. 122-5, d'une part, que les « copies ou reproductions strictement réservées à l'usage privé du copiste et non destinées à une utilisation collective », et, d'autre part, que « les analyses et les courtes citations » dans un but d'exemple et d'illustration, « toute représentation ou reproduction intégrale ou partielle, faite sans le consentement de l'auteur ou de ses ayants droit ou ayants cause, est illicite ».
Cette représentation ou reproduction, par quelque procédé que ce soit, sans autorisation de l'éditeur ou du Centre français de l'exploitation du droit de copie (20, rue des Grands-Augustins, 75006 Paris), constituerait donc une contrefaçon sanctionnée par les articles 425 et suivants du Code pénal.

Avant-propos

Voici le premier volume d'une nouvelle méthode d'enseignement de l'arabe à des francophones. Si nous avons éprouvé le besoin de l'élaborer, c'est parce que nous avons constaté que la plupart de celles qui ont déjà été publiées étaient destinées à des adultes, et suivaient une progression généralement trop rapide pour des enfants.

Ce manuel s'adresse donc avant tout à des lycéens qui doivent travailler avec un professeur. Mais un adulte peut l'utiliser tout seul, au moins à partir de la deuxième partie, car tous les mots employés sont traduits, et tous les phénomènes syntaxiques et morphologiques expliqués.

L'ordre suivi dans la présentation des différentes notions grammaticales est nouveau ; il répond au souci d'offrir aux élèves des textes aussi peu artificiels que possible. C'est pour cette raison, par exemple, que nous avons choisi d'introduire tous les types de verbe, à la forme simple, dès la troisième partie. Dans les textes de lecture, les mots sont pourvus de toutes les voyelles, y compris les voyelles finales ; nous estimons qu'à ce niveau l'élève doit apprendre et respecter les règles élémentaires de la déclinaison et de la conjugaison ; ce n'est que plus tard que, dans la conversation courante, il pourra afficher une certaine décontraction.

Les leçons de grammaire sont toujours et entièrement basées sur les textes de lecture. Par exemple, au lieu de faire une leçon complète sur les particules du cas direct, nous nous contentons d'expliquer l'emploi de deux de ces particules, à l'occasion de leur apparition dans un texte, puis de signaler qu'il en existe d'autres, sans les énumérer. De même, les exercices proposés ne font appel qu'aux notions déjà acquises. Nous avons tenu à multiplier ces exercices pour donner à l'élève l'occasion de revoir et de mettre en application ce qu'il a appris. Les exercices de vocalisation visent à habituer l'élève, le plus tôt possible, à lire un texte dépourvu de voyelles que ses connaissances grammaticales et lexicales peuvent lui permettre de lui restituer.

Enfin nous avons choisi, autant que possible, un vocabulaire concret, afin que nos textes de lecture puissent être illustrés. Les mots utilisés dans les trois dernières parties de volume, au nombre de 450 environ, doivent être retenus par les élèves, car on ne peut pas limiter l'apprentissage d'une langue vivante à l'étude de ses structures grammaticales. Dans le même souci, on s'efforcera de faire répondre oralement aux questions posées sur les textes de lecture, et, autant que possible, de faire faire d'autres exercices oraux.

En résumé, nous avons voulu faire un livre comparable aux autres manuels de langue vivante étrangère, et notre plus cher désir est de fournir à nos collègues professeurs d'arabe un outil de travail qui réponde à leurs besoins.

L'auteur

L'alphabet
et les signes orthographiques

Au cours de cette première partie, l'élève doit apprendre à lire, à prononcer correctement et à écrire, sous la dictée, des mots ou des phrases pourvus de tous les signes orthographiques. Il doit aussi apprendre à tenir compte des règles les plus élémentaires de l'orthographe. Un certain nombre d'exercices sont proposés, dans le but de faciliter et de contrôler cet apprentissage. Parmi ces exercices, tous ceux qui consistent à «transcrire en caractères arabes» des mots ou des phrases peuvent être transformés en dictées.

Dès la quatrième leçon, les lignes consacrées à la lecture sont illustrées ; ainsi l'élève pourra peu à peu se familiariser avec les diverses formes de noms, de verbes, d'adjectifs... et avec certains types de phrases, de même qu'il pourra retenir le sens de quelques mots courants. Les trois derniers exercices proposés à la fin de cette première partie permettront de savoir si cet objectif (secondaire) est atteint. Mais il est bien entendu que l'acquisition systématique du vocabulaire ne commencera que dans la deuxième partie, en même temps que celle des notions grammaticales les plus fondamentales.

Le temps consacré à l'étude de cette partie variera suivant les horaires des classes, et aussi suivant le nombre et l'âge des élèves ; cependant, pour un horaire hebdomadaire de trois heures, il ne nous paraît pas devoir excéder un trimestre scolaire.

l'alphabet

L'alphabet arabe se compose essentiellement de 28 lettres, qui s'écrivent de droite à gauche.

Certaines d'entre elles changent plus ou moins de forme suivant la place qu'elles occupent dans le mot. C'est pourquoi dans le tableau qui suit, nous donnons la graphie de chaque lettre dans chacune des positions possibles : isolée, initiale, médiale (c'est-à-dire précédée et suivie d'au moins une autre lettre) et finale. Souvent, la lettre s'écrit entièrement sur la ligne lorsqu'elle est initiale ou médiale, et s'écrit partiellement sous la ligne lorsqu'elle est isolée ou finale. Il n'existe pas de lettre majuscule.

Nous présentons cet alphabet dans son ordre traditionnel, qu'il est utile de connaître, en particulier pour chercher un mot dans un dictionnaire ou un lexique. Nous donnons le nom des lettres, et leur transcription dans l'alphabet latin, avec éventuellement quelques indications sur la prononciation de celles d'entre elles qui n'existent pas en français, et qui sont marquées d'un astérisque. Mais le meilleur moyen d'apprendre ces lettres est, bien sûr, de les entendre prononcer.

L'alphabet

différentes positions	isolée	transcription	nom de la lettre
ا ل ل	ا	â	alif
ب ب ب	ب	b	bâ
ت ت ت	ت	t	tâ
ث ث ث	ث	t̲ (thing)	t̲â*
ج ج ج	ج	ğ (j)	ğîm
ح ح ح	ح	ḥ	ḥâ*
خ خ خ	خ	h = kh (jota)	h̲â*
د د د	د	d	dâl
ذ ذ ذ	ذ	d̲ = dh (this)	d̲âl*
ر ر ر	ر	r (roulé)	râ
ز ز ز	ز	z	zây
س س س	س	s	sîn
ش ش ش	ش	š = sh (chat)	šîn
ص ص ص	ص	ṣ (s emphatisé[1])	ṣâd*

différentes positions	isolée	transcription	nom de la lettre
ضضض	ض	ḍ (d emphatisé (1))	ḍâd *
ططط	ط	ṭ (t emphatisé (1))	ṭâ *
ظظظ	ظ	ẓ (interdentale sonore emphatisée (1))	ẓâ *
ععع	ع	ʿ	ʿayn *
غغغ	غ	ġ = gh (r non roulé)	ġayn
ففف	ف	f	fâ
ققق	ق	q	qâf *
ككك	ك = ک	k	kâf
للل	ل	l	lâm
ممم	م	m	mîm
ننن	ن	n	nûn
ههه	ه	h (his)	hâ *
و ـ و ـ و	و	w (ouate)	wâw
ييي	ي	y (yak)	yâ

(1) une lettre emphatisée est une lettre prononcée en faisant intervenir l'arrière de l'appareil phonatoire.

Les voyelles brèves et le sukûn

Les voyelles brèves sont :

- le fatḥa : ◌َ = a.   Ex : سَ = sa ;
- le kasra : ◌ِ = i.   Ex : سِ = si ;
- le ḍamma : ◌ُ = u (ou).   Ex : سُ = su (sou).

Le sukûn (◌ْ) se place au-dessus des consonnes qui ne sont pas accompagnées d'une voyelle. Ex : سَلْ = sal.

Lecture

س ـ سِسَسُ ـ ك ـ كَكُكِ⁽¹⁾ ـ ل ـ لَلِلُ ـ م ـ مُمِمَ

سَلِمَ ـ لَمَسَ ـ مَلَسَ ـ سَمَلَ ـ

مَسَلَ ـ كَمَسَ ـ مُسِكَ ـ مَكَسَ ـ

سَمَكَ ـ سِلْكِكِ ـ كَسِلَ ـ كَمْ ـ

مَلَكَ ـ مِلْكِكَ ـ كَمُلَ ـ مِلْ ـ لَمْ

(1) Le kâf peut s'écrire indifféremment : ك ou ڪ dans n'importe quelle position. Il ne peut s'écrire : ك que s'il est isolé ou à la fin d'un mot.

Exercices
1- Recopier les 5 lignes de la lecture.
2- Ecrire en caractères arabes les mots suivants :
   sulika - salisa - kalama - lukima - sum - samakuki - lum - maksuki
   -malusa - masaka -
3- Même exercice :
   kul - lakum - sumila - salaka - dum - miskuki - sakama - malikukum
   kulima - sal.

Les voyelles longues

Il existe 3 voyelles longues : â - î - û.
L'allongement du u est marqué par un wâw.

ex : مُو = mû ;
celui du i est marqué par un yâ ;

ex : لِي = lî ;
Celui du a est marqué par un alif ou, parfois, à la fin d'un mot, par un yâ sans points :

ex : مَا = mâ ; مُوسَى = Mûsâ (nom propre d'homme : Moïse).

Remarques.

1. Lorsque l'alif, le wâw et le yâ sont employés pour allonger les voyelles a, u, i, ce sont des voyelles longues. Mais le wâw et le yâ peuvent aussi être employés comme consonnes, et dans ce cas ils prennent des voyelles et éventuellement d'autres signes orthographiques.
   Lorsqu'un wâw ou un yâ porte un sukûn, la consonne qui le précède a obligatoirement un a bref ; autrement dit, il n'existe que les diphtongues aw et ay.
2. L'alif et le wâw ne se lient pas à la lettre suivante, même si elle fait partie du même mot. Il existe 4 autres lettres qui ne se lient pas à la suivante. Ce sont : ز ـ ر ـ ذ ـ د

Lecture

ا ـ ا ـ ا ـ و ـ وُ وِ وَ ـ ي ـ يَيِي ـ دِ ـ دَ ـ

سَلَا ـ يَسْلُكُ ـ يَلُومُ ـ يَلْمُسُ ـ لَوَى ـ

يَسُودُ ـ سَادَا ـ يُكْسَى ـ يَدُوسُ ـ كَلَامُكُمَا ـ

يَدْلُكُ ـ يَلِدُ ـ يُولَدُ ـ يَدُومُ ـ يَكْسُو .

Exercices

1. Recopier les 4 lignes de la lecture.
2. Ecrire en caractères arabes les mots suivants :
yasîlu - yasimu - yakîlu - wakîlukum - ladayka - yadî - yamliku -wâlidî - yamîlu - yakâdu -
3. Même exercice :
   - wâlîkum - mâla - yalî - kilâkumâ - yadwî - laysa - kîlî - yudâwî yumsî
4. Lier, s'il y a lieu, les lettres des mots suivants :

يَ كُ و ذَ - يْ و سَ مْ - مَ وْ لْ و ذ كِ - يَ سْ و سُ - لَ وْ مُ كْ مْ - مَ ا لِ ي
وَ لْ دِ ي - دَ لْ كَ - سْ لَ ا مِ ي - يَ ذ يْ كَ -

Ex : يَ كُ و ذَ   يَكُوذُ

Le tanwîn

Le tanwîn consiste à prononcer un n (sans voyelle) à la fin de certains mots indéterminés.

Dans l'écriture, il est marqué par le doublement de la dernière voyelle. Lorsque cette dernière voyelle est fatḥa ($\_$), on ajoute au mot un alif [1].

Ex : يَدٌ = yadu^n = une main

دِيكًا = dîka^n = un coq

دَجَاجٍ = daǧâǧi^n = des poules[2].

Lecture.

ب - بَبُ - ج - جُجٍ - ر - رِ رُ رَ .

جَرَسٌ   رِجْلًا   رَجُلٍ   بَابٌ

كَلْبٍ   يَدٌ   وَلَدًا   جَمَلٍ

سِرْوَالٍ   سَرْجٌ   دِيكًا   دَارٌ

جَدْيٌ   جَبَلٍ   كُوبٌ   سَمَكاً

Notes :
(1) L'alif qui accompagne le tanwîn a^n est appelé «alif orthographique», car il n'influe pas sur la prononciation du mot. D'ailleurs, il y a des cas où le tanwîn a^n ne prend pas cet alif (v. infra p.13 et p. 22)
(2) Nous verrons plus loin que la voyelle finale d'un mot varie selon sa fonction dans la phrase. Par exemple, «un coq» se dira :

دِيكٌ   s'il est sujet,

دِيكٍ   s'il est complément de nom

دِيكاً   s'il est complément d'objet direct.

Exercices

1. Recopier les 5 lignes de la lecture.
2. Mettre les 3 sortes de tanwîn à chacun des mots suivants :

جَمَل ـ دَار ـ سِرْوَال ـ سَرْج ـ جَرَس ـ دَلْو ـ مَلِك ـ بَاب ـ جَدْي ـ كَلْب .

Ex : جَمَلٌ ـ جَمَلٍ ـ جَمَلاً

3. Lier, s'il y a lieu, les lettres des mots suivants :

و ا ل ذ ك ـ س ي ا ج ا ـ ذ ي و ك ـ س ن ز و ج ـ ج م ا ل ِ ـ د ي ا ر ك م ـ
ر ج ل ي ك ـ س ن ر ا و ي ل ـ ك ل ا ب ا ـ ج ل و س ّ .

4. Ecrire en caractères arabes les mots suivants :
kilâbukum - rağula^n - dûrukum - ğibâlu^n - mağlisu^n - yudriku -bârida^n - ğamîli^n - ğawâdu^n - sabîla^n -
5. Même exercice :
salâlimu - libâsa^n - balîdi^n - ğalâlu^n - dîbâğu^n - ğadîra^n - luğâği^n -mağdu^n - ğasîma^n - rasûli^n -

Le tâ marbûṭa : ة ‑ ـة

Cette lettre, qui se trouve à la fin de certains mots, est, en général, la marque du féminin singulier.
La lettre qui la précède est obligatoirement accompagnée de la voyelle a, brève ou longue.

Ex : كَلْبٌ = un chien   كَلْبَةٌ = une chienne

جَمِيلٌ = joli   جَمِيلَةٌ = jolie

Lorsqu'un mot terminé par un tâ marbûṭa a le tanwîn a^n, celui-ci ne prend pas l'alif orthographique.

Ex : كَلْبَةً   جَمِيلَةً

Lecture

ت ـ تَتِـتِـف ـ فِفُفَ ـ ح ـ حِحَحُ

تَمْرَةٌ   وَرْدَةٌ   حَمَامَةٍ   حَبْلٌ

فَرَسٍ   جَرَادَةً   مِفْتَاح   فُلْكٌ

جَرِيدَةٍ   مِفْتَاحُ بَابٍ   فَرَسٌ يَجْرِي

رَجُلٌ يَرْكَبُ فَرَساً   وَلَدٌ يَفْتَحُ بَاباً بِمِفْتَاحٍ

Exercices

1. Recopier les 5 lignes de la lecture.
2. Ajouter un tâ marbûṭa aux mots suivants :

دَجَاجٌ - جِلْداً - سَمَكٍ - سَلِيماً - حَمٌ - حَلِيمٍ - كَامِلاً - لَوْحٌ - حُوتاً - جَرَادٌ -

Ex : دَجَاجٌ   دَجَاجَةٌ

3. Mettre les 3 sortes de tanwîn à chacun des mots suivants :

بَدْر - سِرْب - مِسْك - مَسْلُول - لِبَاس - جَرْو - سَلَام - مَفْتُوح - بُيُوت - حَلْي -

4. Lier, s'il y a lieu, les lettres des mots suivants :

ذ ُ رُ و بٌ - ب َ ر ْ د َ ةُ - م َ ا رِ د َ ة ُ - م َ س ِ ر ي - ر ُ ز ْ - ت َ س ْ ل ِ ي َ ة ُ - م ُ ت َ م َ ا س ِ ك َ أ ً -
ح َ ا م ِ لٌ - م َ م ْ لُ و ك ٍ - ل َ ح ْ م ٌ - م ِ ك ْ ي َ ا ل ُ ا -

5. Même exercice :

ح َ ز َ ا مٌ - خ ْ ب َ ل َ ى - ي َ س ْ ك ُ ب ْ - م َ ل ا َ س ْ ة ُ - ح َ و ْ ل َ - م َ س َ ا ف َ ة ٍ -
ت ُ س َ ا ف ِ ر ُ - س ِ و ْ ل َ ة ُ - ح َ ل ِ ي بٌ أَ - س َ ل َ ا لِ م ُ -

6. Ecrire en caractères arabes les mots suivants :
turîdu - dûdata^n (tâ marbûṭa) - yaltamisu - farîdi^n - marîru^n - kâfirata^n (tâ marbûṭa) - salafi^n - sayfu^n - sawâdu^n - ḥayâti^n (tâ marbûṭa).

7. Même exercice :
yarmî - ḥûtatu^n (tâ marbûṭa) - sarâyatu^n (tâ marbûṭa) - yasâra^n -mustaḥîlu^n - ḥarama^n - sarâbi^n - maḥmûmi^n - sulûkukum - ḥalâli^n -

8. Même exercice :
muyûli^n - biḥâra^n - kalîma^n - ḥabîbû^n - kabidu^n - laḥmi^n - bâsila^n -ṣaḥîḥa^n - maḥrûmi^n - ḥalîfa^n -

Le šadda

Le signe šadda(ّ) se place au-dessus des consonnes qui doivent être doublées.

مَسَكَ = masaka   مَسَّكَ = massaka

سَلَكَ = salaka   سَلَّكَ = sallaka

Remarque

Lorsque la consonne doublée est accompagnée de la voyelle i, le kasra peut s'écrire au-dessus de la consonne, mais au-dessous du šadda.

Ex سَلِّمْ = سَلِّمْ = sallim

Lecture

زَ - زِ - زُ   - نَ - نِ - نُ   - هَ - هِ - هُ .

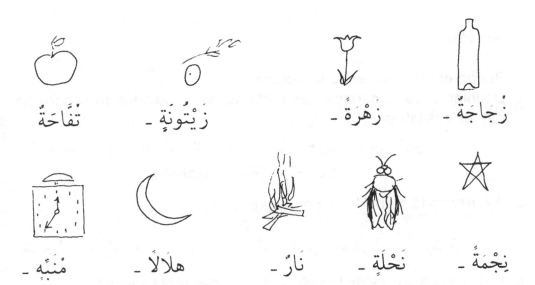

زُجَاجَةٌ -   زَهْرَةٌ -   زَيْتُونَةٌ -   تُفَّاحَةٌ

نِجْمَةٌ -   نَحْلَةٌ -   نَارٌ -   هلالًا -   مُنَبِّهٌ -

Exercices

1. Recopier les 6 lignes de la lecture.
2. Doubler la 2è consonne des mots suivants, puis les transcrire en caractères latins :

سَبَحَ ـ كَسَرَ ـ نَزَلَ ـ وَفَى ـ مَلَكَ ـ بَنَى ـ بَكَى ـ جَرَى ـ حَمَلَ ـ دَرَسَ ـ

Ex : سَبَحَ   سَبَّحَ = sabbaḥa

3. Ajouter un tâ marbûta aux mots suivants :

مَسِيحِيٌّ ـ بَحْرِيًّا ـ مُدَهَّنٌ ـ سَحَّارٍ ـ مُتَدَرِّبًا ـ مُدَرِّسٍ ـ حَمَّالٍ ـ سَمَّاكًا ـ نَوَّاحٌ ـ مُتَهَدِّمٍ ـ

4. Mettre les 3 sortes de tanwîn à chacun des mots suivants :

مُنَبِّه ـ مُسِنّ ـ نَمَّام ـ زَجَّاج ـ حَزَّاز ـ دَهَّان ـ زَيَّات ـ حَيّ ـ هَبَّار ـ مَحَلّ ـ

5. Lier, s'il y a lieu, les lettres des mots suivants :

ه ـ ي ـ ب ـ ة ـ ذ ـ و ـ ا ـ م ـ ة ـ ت ـ ذ ـ ه ـ و ـ ر ـ م ـ ت ـ ز ـ م ـ ل ـ س ـ ي ـ ا ـ ر ـ ة ـ ن ـ و ـ ا ـ ب ـ ا

ز ـ م ـ ي ـ ل ـ ه ـ ذ ـ و ـ ل ـ ة ـ ه ـ ذ ـ ف ـ ن ـ ا ـ خ ـ ل ـ ا ـ ب ـ ا

6. Ecrire en caractères arabes les phrases suivantes :
   - waladu^n yuḥibbu wâlidatahu.
   - bintî kassarat zuġâġata^n (tâ marbûṭa).
   - kallamanâ raġulu^n kabîru^n.
   - riġâlu^n yarkabûna sayyârata^n (tâ marbûṭa).
   - rasûlu^n yusallimu risâlatahu.
   - tâġiru^n yaftaḥu ḥânûtahu.

La syllabe

En arabe, il y a des syllabes brèves et des syllabes longues.

Une syllabe brève se compose d'une seule consonne, accompagnée d'une voyelle brève.

Ex : لِ   كَ   بِ   مُ   وَ

Une syllabe longue se compose :

- soit d'une seule consonne, accompagnée d'une voyelle longue ;

Ex : فُو   مَا   لِي

- soit de deux consonnes, dont la 1ère porte une voyelle brève et la 2è un sukûn ;

Ex : زِدْ   بَلْ   دُرْ

Ainsi, une consonne munie d'un sukûn ne peut se trouver qu'à la fin d'une syllabe longue.

Comme un mot est forcément composé d'une, deux ou plusieurs syllabes, il ne peut donc pas commencer par une consonne ayant un sukûn. Pour la même raison, une consonne ayant un sukûn ne peut pas être suivie d'une autre consonne munie du même signe.

D'autre part, une consonne surmontée d'un šadda équivaut, phonétiquement, à 2 consonnes identiques, dont la 1ère aurait un sukûn, et la 2è une voyelle brève.

سَلَّمَ = سَلْ - لَ - مَ = sal-la-ma

حَوَّلَ = حَوْ - وَ - لَ = ḥaw-wa-la.

Une consonne munie d'un šadda doit donc être considérée comme étant à cheval sur 2 syllabes. Il en résulte :

- qu'elle ne peut pas se trouver au début d'un mot ;
- qu'elle ne peut pas être surmontée d'un sukûn ;
- qu'elle ne peut pas être précédée d'une consonne surmontée d'un sukûn.

Enfin, une consonne ayant un tanwîn est considérée comme une syllabe longue :

كِتَابٌ = ki-tâ-bu^n (un livre)

مَنْزِلًا = man-zi-la^n (une maison)

نَجْمَةٍ = nağ-ma-ti^n (une étoile)

Remarques

a) Il arrive qu'une voyelle longue soit suivie d'une consonne ayant un šadda. Dans ce cas, on a l'équivalent d'une syllabe longue comprenant une consonne affectée d'une voyelle longue et une consonne ayant un sukûn.

Ex : = سَارٌّ = (سَارْرُنْ) = sâr-ru^n (réjouissant).

On peut aussi avoir une telle syllabe lorsqu'une voyelle longue est suivie d'un mot commençant par un waṣla (v. infra p.31).

b) Lorsqu'un mot se compose seulement d'une syllabe brève, il se lie au mot suivant.

Lecture

ش ـ شُشَشٍ ـ ط ـ طِطِطُ ـ ع ـ عِعَعُ .

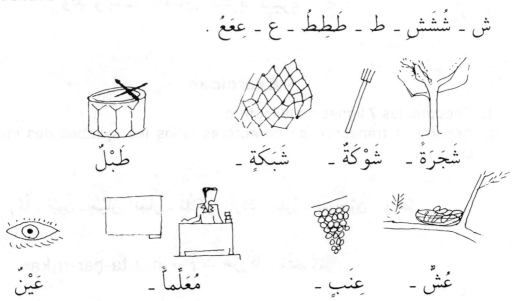

شَجَرَةٌ ـ شَوْكَةٌ ـ شَبَكَةٍ ـ طَبْلٌ

عُشٌّ ـ عِنَبٍ ـ مُعَلِّماً ـ عَيْنٌ

Exercices

1. Recopier les 7 lignes de la lecture.
2. Séparer et transcrire en caractères latins les syllabes des mots suivants :

مُتَحَرِّكاً ـ عُيُونٌ ـ طَيَّارَ ـ نَجَّاراً ـ فَلَّاحٌ ـ يَتَرَدَّدُ ـ شَعِيرٌ ـ يَتَعَاطَوْنَ ـ يَتَعَلَّمُ ـ

مُتَحَرِّكًا = مْ تَ حَرْرِ كًا = mu-ta-ḥar-ri-ka*n*

3. Même exercice :

مُكَافِحُونَ ـ تُجَّارٌ ـ جَهَنَّمَ ـ سِكِّينٍ ـ مُسْتَعْجِلٌ ـ
مُسْتَحَبٌّ ـ يَسْتَسْلِمُونَ ـ مُتَنَوِّعَةٌ ـ مُمَيَّزٌ ـ سِكِّيرٍ ـ

4. Doubler la 2ème consonne des mots suivants (par un šadda), puis les transcrire en caractères latins :

شَغَلَ ـ وَلَدَ ـ نَعَشَ ـ غَلَفَ ـ عَدَلَ ـ
خَلَفَ ـ جَبَهَ ـ طَرَحَ ـ طَلَعَ ـ شَوَى ـ

5. Ajouter un tâ marbûṭa aux mots suivants :

مُطَرَّزٍ ـ مَرْبُوطٌ ـ شَارِبًا ـ مُتَطَوِّرٍ ـ مُعَلِّمٌ ـ
سَعِيدًا ـ نَافِعٍ ـ شَدِيدٌ ـ عَدِيدًا ـ شَرِيفٌ ـ

6. Mettre les 3 sortes de tanwîn à chacun des mots suivants :

سَوْط ـ يَنْبُوع ـ فِرَاش ـ شَيْطَان ـ طِرَاز ـ
عَطَّار ـ طَيِّب ـ طَعَام ـ شَمْس ـ عِجْل ـ

7. Lier, s'il y a lieu, les lettres des mots suivants :

ب ل ا د ي ـ ي غ ط ش و ن ـ غ ل و م ـ ح ز ب ا ـ ط ي ف ـ م ت ع م د ـ
ط ه ا ر ة ـ غ ي و ب ـ ط ا غ و ن ـ س ج ا ذ ة ـ

8. Ecrire en caractères arabes les phrases suivantes :
   - tâǧirun yazinu silʿatahu bimîzânin.
   - waladun yaktubu darsan ʿalâ daftarin (dans ʿalâ, l'allongement du a final est marqué par un yâ sans points).
   - fî bustâninâ šaǧaratu (tâ marbûṭa) tuffâḥin.
   - ʿummâlun yaʿmalûna fî maʿmalihim.

Le hamza : ء

Le hamza est le son qui, en français par exemple, accompagne chaque voyelle lorsqu'elle se trouve au début d'un mot et d'une phrase.

Si on lit à haute voix la phrase «Irène est à Orly», en marquant un temps d'arrêt après chaque mot, on prononce 4 fois le son que les Arabes appellent «hamza».

Ce son est considéré en arabe comme une consonne, qui peut être affectée d'une voyelle ou de tout autre signe orthographique.

Selon sa place dans le mot, le hamza s'écrit tantôt seul, sur la ligne, tantôt sur un support : alif, wâw ou yâ sans points. (voir tableau pp. 24-25)

Remarques.

a) Le hamza est en réalité la 1ère lettre de l'alphabet ; l'alif n'occupe sa place que parce que c'est lui qui lui sert le plus fréquemment de support.

b) Lorsqu'il se trouve au milieu ou à la fin d'un mot, le hamza se transcrit par le signe : ʾ

Ex :   سَأَلَ = saʾala (= interroger)

يَبْدَأُ = yabdaʾu (= il commence)

Lorsqu'il se trouve au début d'un mot, on ne le transcrit pas.

Ex :   أُمٌّ = ummu^n (= mère)

أَبٌ = abu^n (= père)

إِنْسَانٌ = insânu^n (= une personne)

c) Lorsque la dernière consonne d'un mot est un hamza ayant pour support un alif ou précédé d'un alif, le tanwîn a^n ne prend pas l'alif orthographique.

Ex :   سَمَاءً = ciel

مَلْجَأً = refuge.

Lecture.

ذ ـ ذِ ذُ ذَ ـ ض ـ ضَضُضِ ـ غ ـ ـ غَغِغُ ـ ق ـ قُقِ .

أَرْنَبُ ـ أَرْضٍ ـ أُذُنَا ـ أَسَدٌ

فَأْسٌ ـ رَأْسًا ـ بِئْرٍ ـ طَائِرٌ ـ مَرْأَةٌ

رَجُلٌ يَقْرَأُ جَرِيدَةً ـ مَرْأَةٌ مَعَ وَلَدٍ ـ أَسَدٌ يَزْأَرُ

أَرْنَبٌ يَأْكُلُ جَزَرًا ـ وَلَدٌ يَأْكُلُ تُفَّاحَةً ـ قِطٌّ يَأْكُلُ سَمَكًا

أَكْتُبُ رَسَائِلَ إِلَى أَهْلِي وَأَحِبَّائِي

Orthographe du hamza

AU DEBUT D'UN MOT

Le support du hamza est toujours alif. S'il a pour voyelle un kasra (i), il s'écrit sous l'alif.

Ex : إِبِلٌ (des chameaux)

Si la voyelle est damma (u), ou fatha (a), il s'écrit sur l'alif.

Ex : أَرْضٌ (terre) - أُسْرَةٌ (famille)

AU MILIEU D'UN MOT

1. S'il a pour voyelle un kasra (i), il s'écrit sur un yâ sans points.

   Ex : طَائِرٌ : oiseau   سَئِمَ : être las de

2. S'il a pour voyelle un damma (u), il s'écrit sur un wâw.

   Ex : شُؤُونٌ : des affaires - رَؤُفَ : être clément.

3. S'il est affecté d'un fatha (a) ou d'un sukûn :

   a) si la voyelle de la consonne qui le précède est un i (long ou bref), le hamza s'écrit sur un yâ sans points :

   فِئَةٌ : troupe - بِئْرٌ : puits - بِيئَةٌ : milieu, ambiance

   b) si la consonne qui le précède a pour voyelle un u (long ou bref), le hamza s'écrit sur un wâw :

   رُؤَسَاءُ : des chefs - سُؤَالٌ : question - بُؤْسٌ : malheur

   c) si la consonne qui le précède a pour voyelle un a bref, le hamza s'écrit sur un alif :

   سَأَلَ : demander   رَأْسٌ : tête

   d) si la consonne qui le précède a pour voyelle un a long, le hamza s'écrit sans support :

   قِرَاءَةٌ : lecture - تَسَاءَلَ s'interroger

e) si la consonne qui le précède porte un sukûn, le hamza s'écrit sur un alif :

يَسْأَمُ : il se lasse de... - يَرْأَسُ : il préside -

مَسْأَلَةٌ : question.

A LA FIN D'UN MOT

1. S'il est précédé d'une syllabe longue, il s'écrit sans support :

جُزْءٌ : une partie - بَرِيءٌ : innocent - بَلَاءٌ : épreuve -

هُدُوءٌ : (le) calme.

2. S'il est précédé d'une consonne ayant un a bref, il s'écrit sur un alif :

بَدَأَ : commencer - كَلَأٌ : fourrage

3. S'il est précédé d'une consonne ayant un i bref, il s'écrit sur un yâ sans points :

شَنِئَ : haïr

4. S'il est précédé d'une consonne ayant un u bref, il s'écrit sur un wâw :

كُفُؤٌ : égal

∴

Les règles énoncées dans ce tableau sont généralement respectées, mais il y a des cas où l'on constate un certain flottement. Par exemple, selon notre tableau, on devrait écrire :

يَقْرَؤُونَ (: ils lisent),

alors que presque tout le monde écrit : يَقْرَأُونَ

Quoi qu'il en soit, on ne saurait exiger d'un élève de 1ère année qu'il maîtrise l'orthographe du hamza. Ce tableau n'est pas destiné à être appris par cœur, mais si on le consulte souvent pour faire des exercices, on doit peu à peu en retenir les principales règles.

Exercices

1. Recopier les 7 lignes de la lecture.
2. En vous reportant aux tableaux des pages précédentes, supprimez les points et remplacez-les, s'il y a lieu, par un des supports du hamza :

قَا ءِ دٌ ـ شَـ ءْنٌ ـ رُ ءُ وسٌ ـ مَلِي ءٌ ـ بَرَا ءَةٌ ـ بَرِ ءْتُ ـ مَا ءٌ ـ قُرُوءٌ ـ جَزَا ءِ رِيٌّ ـ جَزَا ءِ كُمْ ـ

Ex : قَا ءِ دٌ   قَائِدٌ

3. Même exercice :

ءَ عْدَا ءَ نَا ـ ءِ نَا ءٍ ـ ءَ غْنِيَا ءُ ـ ءُ مَرَا ءُ نَا ـ تَفَا ءُ لٌ ـ مَبَادِ ءِ هِ ـ مُ ءْ تَمَرٌ ـ مِ ءْزَرٌ ـ
ءَ قْرِبَا ءُ كُمْ ـ رَ ءِ يسٌ ـ

4. Séparer et transcrire en caractères latins les syllabes des mots suivants :

ضُعَفَاءُ ـ عَدَّاءٌ ـ أَسْئِلَةٌ ـ قُضَاةٌ ـ غُرَبَاءُ ـ سَلَّاءَةٌ ـ فُقَهَاءُ ـ بَنَّاءٌ ـ حَوَّاءُ ـ كَأْسٌ

5. Doubler la 2ème consonne des mots suivants, puis les transcrire en caractères latins :

قَدَرَ ـ غَلَبَ ـ أَمَرَ ـ رَأَسَ ـ وَقَفَ ـ غَلَقَ ـ وَقَعَ ـ ضَرَبَ ـ قَطَعَ ـ ضَرَسَ ـ

6. Ajouter un tâ marbûṭa aux mots suivants :

بَنَّاءٌ ـ ضَئِيلٍ ـ مَلِيئًا ـ جَرِيءٌ ـ مَرْجِئٌ ـ مَأْلُوفٌ ـ مَقْرُوءٍ ـ مَرْئِيٌّ ـ مُجَزَّأً ـ مَسْؤُولٍ ـ

7. Mettre les 3 sortes de tanwîn à chacun des mots suivants :

كُفْؤٌ ـ هَنِيءٌ ـ مَلَأٌ ـ هُدُوءٌ ـ أَحْيَاءٌ ـ أَئِمَّةٌ ـ إِمَارَةٌ ـ مِئْذنة ـ جُزْءٌ ـ رُؤُوفٌ.

8. Lier, s'il y a lieu, les lettres des mots suivants, en donnant au hamza le support qui convient :

ءَ رْ جَ ءٌ ـ مُ ءْ مِ نِ ي نَ ـ ذِ ءْ بٌ أ ـ ذَ ءْ ا بٌ ةٌ ـ سَ ءُ و لٌ ـ عَ وَ ا ءٌ ذَ ـ
يَ سْ ءَ ءُ ه لُ ـ فَ ءْ فَ ا ءٌ ـ مُ ءَ ذِّ نُ ـ

9. Ecrire en caractères arabes les phrases suivantes :
   - ustâḏunâ amaranâ bikitâbati (tâ marbûṭa) darsinâ ᶜalâ (yâ sans points) awrâqinâ.
   - faʼrun yafirru liʼallâ yaʼkulahu qiṭṭunâ.
   - fî ᶜâʼilatînâ riǧâlun wa nisâʼun wa aṭfâlun.
   - ustâḏunâ yatakallamu maᶜa zumalâʼihi wa zamîlâtihi.
   - ǧâʼa talâmîḏu ǧudadun fasaʼalahum ustâḏunâ ᶜan asmâʼihim.

L'article

En arabe, il n'existe pas d'article indéfini : C'est le tanwîn qui en tient lieu dans la plupart des cas (v. supra p. 11).

L'article défini est : اَلْ . Le lâm de l'article se lie à la première lettre du mot auquel il se rapporte. Cet article est invariable en genre et en nombre :

اَلْوَلَدُ : le garçon   اَلْبِنْتُ : la fille

اَلْأَوْلَادُ : les garçons   اَلْبَنَاتُ : les filles

Un mot ayant l'article est déterminé : il ne prend pas le tanwîn.

Lettres solaires et lettres lunaires

On appelle lettres solaires ou assimilantes les consonnes qui, lorsqu'elles se trouvent au début d'un mot, assimilent le lâm de l'article : celui-ci ne se prononce pas, mais la lettre qui le suit est doublée. Dans l'écriture, cette assimilation est marquée ainsi : le lâm s'écrit sans sukûn, et la consonne qui le suit prend un šadda.

Ex : اَلشَّمْسُ aš - šamsu : le soleil.

Les lettres assimilantes sont dites « solaires » parce que le premier exemple que l'on donne habituellement est celui que nous venons de voir.

Les lettres solaires sont :
ت ـ ث ـ د ـ ذ ـ ر ـ ز ـ س ـ ش ـ ص ـ ض ـ ط ـ ظ ـ ل ـ ن

Les lettres lunaires ou non assimilantes sont celles qui n'assimilent pas le lâm de l'article : celui-ci se prononce, et s'écrit avec son sukûn.

Ex : اَلْقَمَرُ : al - qamaru : la lune

C'est à cause de cet exemple, qui est le plus fréquemment choisi, que les lettres non assimilantes sont dites « lunaires ». Les lettres lunaires sont :
ء ـ ب ـ ج ـ ح ـ خ ـ ع ـ غ ـ ف ـ ق ـ ك ـ م ـ ه ـ و ـ ي

Remarque :

Un hamza précédé de l'article est considéré comme étant au début d'un mot.

Ex : اَلْأُمَّةُ : la nation   اَلْإِرَادَةُ la volonté

Lecture

ث ـ ثِثُ ـ خ ـ خَخِخُ ـ ص ـ صِصَصُ ـ ظ ـ ظَظِظُ ـ

اَلثَّوْرُ ـ   اَلثَّعْلَبُ ـ   اَلْخُبْزَةُ ـ   اَلْخَيْمَةُ ـ

اَلصَّحْنُ ـ   اَلصَّابُونَةُ ـ   اَلظَّرْفُ ـ   اَلظُّفْرُ ـ

اَلثَّعْلَبُ أَكَلَ دَجَاجَةً   اَلثَّوْرُ يَجُرُّ مِحْرَاثاً ـ

اَلْخُبْزَةُ عَلَى مَائِدَةٍ ـ   اَلشَّيْخُ جَالِسٌ تَحْتَ خَيْمَةٍ

اَلصَّحْنُ فِيهِ فَوَاكِهُ ـ   أَغْسِلُ قَمِيصِي بِصَابُونَةٍ

أَضَعُ رِسَالَتِي فِي ظَرْفٍ ـ   ظُفْرُكِ طَوِيلٌ

Exercices

1. Recopiez les 7 lignes de la lecture.

2. Mettre l'article aux mots suivants :

بَطَةٍ ـ طَائِرٌ ـ وَجْهاً ـ ضِفْدَعٍ ـ أُسْتَاذٌ ـ نَجْمَةٍ ـ جَمَلاً ـ لَوْحَةٍ ـ عَظْمٌ ـ

Ex :   اَلْبَطَّةِ ← بَطَّةٍ

3. Même exercice.

تُفَاحَةٍ ـ إِبِلاَ ـ دَجَاجَةً ـ يَمِينٍ ـ رَجُلاً ـ مَائِدَةٍ ـ سَبُّورَةٌ ـ كَأْساً ـ زُجَاجَةٍ ـ غَزَالٌ ـ

4. Supprimer les points et les remplacer, s'il y a lieu, par un des supports du hamza :

ظمِـئَتْ ـ يَـأْخُذُ ـ مُخَبَّـأَةٌ ـ مَـأْثُورٌ ـ أَظَلُّ ـ إِظْهَارٌ ـ أُخْتِي ـ مَصَائِبُ ـ صَفَاءٌ ـ ثَائِرٌ ـ

5. Séparer et transcrire en caractères latins les syllabes des mots suivants :

أَتَقَصَّى ـ يَسْتَأْصِلُ ـ مُتَأَثِّرٌ ـ أَتَّخِذُ ـ الْخَلَاءُ ـ مُصَوِّرٌ ـ الظُّفْرُ ـ يُؤَثِّثُ ـ أَمْثِلُهُمْ ـ الْإِخْفَاءُ ـ

6. Doubler la 2ᵉ consonne des mots suivants, puis les transcrire en caractères latins :

خَلَفَ ـ طَبَخَ ـ وَثَبَ ـ ثَبَتَ ـ صَفَقَ ـ قَرَظَ ـ صَفَحَ ـ ثَلَثَ ـ ثَنَى ـ ظَهَرَ ـ

7. Ajouter un tâ marbûta aux mots suivants :

صَائِغًا ـ ظَاهِرٌ ـ مُصَفَّقٌ ـ ثَمَرأ ـ خَاصًّا ـ الرَّقَّاصِ ـ الْوَاعِظِ ـ الْحَظِيُّ ـ الْمُلَثَّمُ ـ الثَّالِثُ ـ

8. Mettre les trois sortes de tanwîn à chacun des mots suivants :

أَظْفَار ـ وَعْظ ـ لُصُوص ـ خَوْخ ـ أَثَاث ـ صِهْرِيج ـ دِهْلِيز ـ ثَرِيد ـ صَدْر ـ قُرْصَة ـ

9. Lier, s'il y a lieu, les lettres des mots suivants, en donnant éventuellement au hamza le support qui convient :

ا ل ظ ل ي م ـ م ء ث م ة ـ ا ل ت ف ر ي ط ـ ا ل ء خ ـ و ا ن ـ خ ا ء ف ـ أ ـ ا ل ء ن ث ى ـ ب ك ا ء ك ـ ظ ه و ر ـ ا ل ع ظ و ا ص ف ـ ص ل ا ة ـ

10. Ecrire en caractères arabes les phrases suivantes :
   - an-nuwwâbu (article) yumaṭṭilûna ahla bilâdihim.
   - aẓ-ẓulmu (article) lâ yanfaᶜu ṣâḥibahu wa lâ ġayrahu.
   - as-saᶜîdu (article) man wuᶜiza biġayrihi.
   - al-hawdaǧu (article) yûdaᶜu ᶜalâ (yâ sans points) zahri ǧamalin.
   - al-hayyâtu (article) yasnaᶜu tiyâban ǧamîlatan (tâ marbûta).

Le waṣla

Le waṣla (= liaison) est un signe que l'on place au-dessus de l'alif (ٱ) quand celui-ci ne doit pas être prononcé. L'alif qui peut prendre un waṣla se trouve nécessairement au début d'un mot.

L'alif de l'article, par exemple, ne doit pas être prononcé s'il n'est pas au début d'une phrase.

Ex : اَلْمُعَلِّمُ يَكْتُبُ

al-muᶜallimu yaktubu = le maître écrit.

En plaçant le verbe avant le sujet (ce qui est permis), on dit :

يَكْتُبُ ٱلْمُعَلِّمُ

yaktubu l-muᶜ allimu = le maître écrit.
Autre exemple :

اَلتِّلْمِيذُ يَكْتُبُ

at-tilmîḏu yaktubu = l'élève écrit.

يَكْتُبُ ٱلتِّلْمِيذُ

yaktubu t-tilmîḏu = l'élève écrit.

Un alif qui, comme celui de l'article, ne se prononce que s'il n'est précédé d'aucun autre mot, est dit «instable». On marque généralement cette instabilité en l'écrivant sans hamza, même lorsqu'il doit être prononcé :

ٱلْمُعَلِّمُ (au lieu de اَلْمُعَلِّمُ)

ٱلتِّلْمِيذُ (au lieu de اَلتِّلْمِيذُ)

Il existe d'autres alifs instables que celui de l'article.

Ex : اِبْنٌ (fils)   اِسْمٌ (nom)

اِثْنَانِ (deux)   اِمْرُؤٌ (homme)   اِمْرَأَةٌ (femme)

اِبْنُ ٱلْمُعَلِّمِ خَرَجَ

ibnu l-muᶜallimi ḫaraǧa = le fils du maître est sorti.

خَرَجَ ٱبْنُ ٱلْمُعَلِّمِ

ḫaraǧa bnu l-muᶜallimi = le fils du maître est sorti.

اِسْمُهُ مُوسَى

ismuhu Mûsâ = son nom (est) Mûsâ.

وَٱسْمُهُ مُوسَى

wa smuhu Mûsâ = ... et son nom (est) Mûsâ.

Remarques

a) Le mot qui commence par un alif surmonté d'un waṣla ne doit pas être séparé, dans la prononciation, du mot qui le précède. Celui-ci ne peut pas être terminé par un sukûn ; le sukûn est éventuellement remplacé par une voyelle brève, le plus souvent un kasra.

Ex : شَرَقَتْ ٱلشَّمْسُ (شَرَقَتِ ٱلشَّمْسُ)
le soleil s'est levé.

Le découpage en syllabes se fait de la façon suivante :

شَرَقَتِ ٱلشَّمْسُ = ša-ra-qa-tiš-šam-su

يَكْتُبُ ٱلْمُعَلِّمُ = yak-tu-bul-muᶜal-li-mu.

b) Nous verrons plus tard que l'impératif des verbes commence le plus souvent par un alif instable, de même que certaines formes verbales dérivées.

Lecture

اَلرَّجُلُ وَٱلْوَلَدُ وَٱلْبِنْتُ تَحْتَ ٱلشَّجَرَةِ

اَلْمُعَلِّمُ يَكْتُبُ عَلَى ٱلسَّبُّورَةِ بِٱلطَّبَاشِيرِ

اَلْمَرْأَةُ تَنْشُرُ ٱلثِّيَابَ عَلَى ٱلْحَبْلِ

اَلْفَلَّاحُ يَحْرُثُ ٱلْأَرْضَ بِٱلْمِحْرَاثِ

اَلْبِنْتُ تَضَعُ ٱلصُّحُونَ وَٱلْكُؤُوسَ عَلَى ٱلْمَائِدَةِ

اَلْجَنَّانُ يَسْقِي ٱلْبُقُولَ وَٱلْأَزْهَارَ

اَلْجَزَّارُ يَقْطَعُ اللَّحْمَ بِسِكِّينِهِ الْكَبِيرِ

اَلْوَلَدُ يَنْظُرُ إِلَى الطَّائِرِ فِي الْقَفَصِ

Exercices

1. Recopier les 8 lignes de la lecture.
2. Ajouter les voyelles et autres signes orthographiques qui manquent dans les phrases suivantes :

النجار يصنع الأبواب ـ الكتبيّ يبيع الكتب ـ التلميذ يذهب إلى المدرسة ـ ينزل الثلج على السقف ـ الطبيب يفحص المريض ـ الغنم ترعى العشب ـ الإبل تعيش في الصحراء ـ الشيخ جالس على البساط ـ

Ex : اَلنَّجَّارُ يَصْنَعُ الْأَبْوَابَ

3. Même exercice :

النحل يصنع العسل ـ الرسالة في الظرف ـ الذئب يأكل الدجاج ـ الصورة على الحائط ـ الشمس تجفف الثياب ـ الولد على الجمل ـ في الخريف تسقط الأوراق من الأشجار ـ الطقس اليوم بارد ـ القط عدوّ الفأر ـ على القويّ أن يساعد الضعيف.

4. Ajouter l'article aux mots soulignés :

نساءٌ يتحدّثن في دارٍ ـ تاجرٌ يبيع قماشاً ـ ولدٌ يلعب بكرةٍ ـ طائرٌ يبني عشّهُ ـ رجلٌ يسوق سيارةً ـ بنتٌ تشمّ زهرةً ـ أولادٌ يلعبون في بستانٍ ـ جنودٌ واقفون أمام قائد جيشٍ ـ ورقةٌ سقطت من شجرةٍ ـ رجلٌ يقرأ جريدةً ـ

5. Supprimer les points et les remplacer, s'il y a lieu, par un des supports du hamza :

اَلْـِبلُ تَـْتِي مِنَ ٱلصَّحْرَاءِ ـ

اَلْـَمِيرُ يَـْمُرُ ٱلشُّعَرَاءَ عَنْ يُنْشِـُوا قَصَائِدَ فِي مَدْحِ ـَبِيهِ .

6. Transcrire les phrases suivantes en caractères latins, en séparant les syllabes :

اَلطَّائِرُ فِي ٱلْقَفَصِ ـ اَلْكَلْبُ يَنْبَحُ ـ أُكْتُبْ بِٱلْقَلَمِ ـ يَرْفَعُ ٱلتِّلْمِيذُ إِصْبَعَهُ ـ يُجِيبُ عَنِ ٱلسُّؤَالِ ـ اَلنَّحْلَةُ عَلَى ٱلزَّهْرَةِ ـ

Ex : اَلطَّائِرُ فِي ٱلْقَفَصِ = aṭ-ṭā-'i-ru fîl-qa-fa-ṣi.

7. Ajouter un tâ marbûṭa aux mots suivants :

مَسْؤُولٍ ـ بَطِيءٌ ـ بَصِيراً ـ جَامِعٍ ـ عَاقِلٌ ـ مُؤْمِناً ـ قَطُّ ـ فَرِيدٍ ـ عَلِيلٌ ـ ضَعِيفاً ـ

8. Mettre les 3 sortes de tanwîn aux mots suivants :

نَافِذَة ـ نِدَاء ـ بَيْضَة ـ قَارِئ ـ جَائِزَة ـ بَيْت ـ وُضُوء ـ نَبَأ ـ ظَبْي ـ بَدْء ـ

9. Lier, s'il y a lieu, les lettres des mots suivants, en donnant éventuellement au hamza le support qui convient :

م ت ء مّ لَ ـ اَ لْ م ت وا ضِ غُ و نَ ـ يَ تَ ر ءُ سُ ـ اَ لْ ب لَ ا ءُ ـ م ء سَ ا ة ـ اَ ل زَ ء ي رَ ـ يَ تَ ءَ سَّ فُ ـ اَ لْ نَّ شْ ءَ ةُ ـ م ءَ ا ت اقُ ـ اَ لْ ءَ نْ ب ي ا ءُ ـ

10. Ecrire en caractères arabes les phrases suivantes :
    - aṯ-ṯalǧu(1) yanzilu fî š-šitā'i(1).
    - aṣ-ṣayfu(1) huwa faṣlu l-ḥarri(1).
    - al-kalbu(1) ya'kulu l-laḥma(1).
    - al-muslimûna(1) yuṣallûna fî l-masâǧidi(1).
    - as-samaku(1) yaᶜîšu fî l-mâ'i(1).
    - aḥsanu l-fuṣûli(1) huwa r-rabîᶜu(1).
    - fî l-masâ'i(1) yaᶜûdu l-ᶜummâlu(1) ilâ (yâ sans points) dûrihim.
    - al-yawma(1) yawmu l-ᶜîdi(1).
    - al-fârisu(1) yanzilu ᶜani l-farasi(1).
    - al-asadu(1) huwa maliku l-ḥayawâni(1).
    - lisânu l-ḥaqqi(1) faṣîḥuⁿ.
    - al-ǧâru(1) qabla d-dâri(1) wa r-rafîqu(1) qabla ṭ-ṭarîqi(1).

    (1) = mots ayant l'article.

Le madda

Le madda (allongement) est un signe que l'on place au-dessus de l'alif (آ) pour indiquer qu'il faut le prononcer comme un hamza ayant pour voyelle un a long.

Ex : آمَنَ : âmana : croire

تَآمَرَ : ta'âmara : comploter

L'emploi du madda permet de ne pas écrire 2 alifs qui se suivent :
- il peut s'agir d'un alif servant de support à un hamza, suivi d'un alif voyelle longue.

Ex : تَآمَرَ est mis pour تَأَامَرَ -

آخِرٌ (dernier) est mis pour أَاخِرٌ

- il peut aussi s'agir de 2 alifs servant de support à 2 hamzas, dont le 1er porte un fatha et le 2ème un sukûn.

Ex : آمَنَ est mis pour أَأْمَنَ -

آخُذُ (je prends) est mis pour أَأْخُذُ

Remarques

a) Lorsqu'un hamza muni d'un sukûn est précédé d'un autre hamza, il se transforme généralement en une voyelle (longue), allongeant la voyelle du hamza qui le précède :

آخُذُ ← (أَأْخُذُ) ⟶ (أَاخُذُ)   إِيمَانٌ ← (إِئْمَانٌ) = : foi
أُومِنُ ← (أُؤْمِنُ) = : je crois

b) Le madda s'écrit aussi au-dessus de certaines lettres pour indiquer qu'il s'agit d'une abréviation.

Ex : عَلَيْهِ ٱلسَّلَامُ = عم = que le salut soit sur lui !

(on prononce cette formule lorsqu'on vient de nommer un prophète).

c) Enfin certaines personnes écrivent un madda à la fin des mots qui se terminent par un hamza précédé d'un a long.

Ex : شُعَرَآءُ = suᶜarâ'u = des poètes

Ce madda n'est pas obligatoire ; d'ailleurs il ne se prononce pas.

Lecture

آمَالٌ ـ أَبَآرَ ـ قَرَآ ـ آنِسَتِي ـ أَسَآرَ ـ اِعْتِدَاءَاتٌ ـ آلَةٌ ـ يَتَآسَوْنَ ـ قُرْآنٌ

Exercices

1. Corriger, s'il y a lieu, l'orthographe des mots suivants :

أَأكُلُ ـ فُؤَادٌ ـ اَلأفَاقُ ـ سَأَمَةٌ ـ بِئَآرَ ـ أَسِنٌّ ـ مَلْأَنُ ـ مُرَاءَاةٌ ـ جَرُؤُا ـ مِئَاتٌ ـ

Ex: آكُلُ=أَأكُلُ

2. Même exercice :

مُؤَالَفَةٌ ـ اَلِفَ ـ اَلِهَةٌ ـ ظَمْآنُ ـ فِئَاتٌ ـ تَوْأَمٌ ـ بَرِئًا ـ مَلْأَا ـ جُزْأَانِ ـ هَذَاءَاتٌ

3. Ecrire en caractères arabes les mots suivants :
   ma'âṯiru   âhâluⁿ   muḥabba'âtuⁿ   yaqra'âni   muta'âṯiruⁿ
   at'âruⁿ   fi'âluⁿ   ma'âluⁿ   mir'âtuⁿ (tâ marbûṭa)   ᶜabâ'atuⁿ (tâ marbûṭa).

4. Même exercice :
   ar'âmuⁿ   ri'âsatuⁿ (tâ marbûṭa)   šan'ânuⁿ   bakkâ'âtuⁿ
   yunabbi'âni   ârâ'uⁿ   yalǧa'âni   ḏi'âbuⁿ   ḍa'âlatuⁿ (tâ marbûṭa)
   an'âhu

EXERCICES DE REVISION

1. Lier, s'il y a lieu, les lettres des mots suivants :

ت ف ا ح ة - ش ج ر ة - ر ج ل ا - ف ل ا ح - غ ر ا ب - ك ت ا ب ا -
ك ر س ي - ب س ت ا ن - ز ه ر ة - ب س ا ط -

2. Même exercice :

ك ر ة - ب ا ب ا - م ع ل م - ط ب ا ش ي ر - س ب و ر ة - و ر ق ة -
ر س ا ل ة - ف س ت ا ن ا - ج ز ا ر - ب ن ت -

3. Même exercice :

ت ل م ي ذ - ض و ر ة - م ف ت ا ح ا - ق م ي ص - خ ي ا ط - ن خ ل ة -
ف ا ر س ا - ب ق ر ة - ص ا ب و ن - ث ي ا ب ا -

4. Mettre les 3 sortes de tanwîn à chacun des mots suivants :

ماء ـ سَلّة ـ قَفَص ـ فَأْر ـ أُسْتاذ ـ عُشْب ـ مَوْز ـ حَمّال ـ عَنيف ـ فَريد ـ

5. Même exercice :

جُنود ـ هَناء ـ عِبْء ـ خَوْخة ـ حُوت ـ دَجاجة ـ ثَوْر ـ عَرَبيّ ـ سُوق ـ بَنّاء ـ

6. Ajouter un tâ marbûta aux mots suivants :

قِرْدًا ـ خَيّاطٌ ـ مُمَثِّلًا ـ سَمينٍ ـ عالِمٌ ـ طَيِّبٌ ـ قَليلٍ ـ مُدْهِشًا ـ غَنيٌّ ـ حَبيبٌ ـ

7. Supprimer le tâ marbûta dans les mots suivants :

كَريمةٌ ـ لاجِئةٌ ـ حَسَنةٍ ـ مُؤْمِنةٍ ـ ناجِحةٌ ـ أَنيقةٌ ـ شَهيرةٌ ـ مَدْعُوّةٌ ـ قَويّةٌ ـ عَجيبةٌ ـ

Ex : كَريمةٌ ⟵ كَريمٌ

8. Supprimer les points et les remplacer, s'il y a lieu, par un des supports du hamza :

يَسْتَهْزِ.ُونَ ـ مَلَ.َاءُ ـ يَزْ.َرُ ـ وُ.ِدَتْ ـ صَدِ.َاءُ ـ مِ.ْزَرُ ـ سُ.ِدَدْ ـ مُ.َلِّفٌ ـ
فُقَها.ُكُمْ ـ

9. Même exercice :

شَ.ْمَةٌ ـ فا.ِدَةٌ ـ فُ.َسٌ ـ بِنا.ُنا ـ مَ.ْمُورٌ ـ مَلا.َةٌ ـ مُتَوَضِّ.ٌ ـ
يَتَبَرَّ.ُونَ ـ بُكا.َهُ ـ

10. Corriger, s'il y a lieu, l'orthographe des mots suivants :

مُؤَامَرَةٌ ـ يَتَأَاوَوْنَ ـ أُونَةٌ ـ أَلْأَءُ ـ مِشْأَاةٌ ـ تَنَبَّأَ ـ مُتَنَبِّئَانِ ـ مُؤَاخَذَةٌ ـ مُبْتَدِئَاتٌ ـ بَنَّاءَانِ ـ

11. Même exercice :

لِئَامٌ ـ أَلْأَمُ ـ مُؤَاتَاةٌ ـ إِلاَّ أَمْ ـ مُنْشَأَاتٌ ـ مُؤَاكَلَةٌ ـ مَأَاكِلُ ـ بَدَأَا ـ مَأَاخِذُ ـ أَلْأَسَادُ ـ

12. Mettre l'article aux mots soulignés :

مَرْأَةٌ تَقْرَأُ كِتَابًا ـ طَائِرٌ عَلَى شَجَرَةٍ ـ كُرَةٌ فِي سَلَّةٍ ـ وَلَدٌ عَلَى دَرَّاجَةٍ ـ جَنَّانٌ فِي بُسْتَانٍ ـ تِلْمِيذٌ يَرْسُمُ خَرِيطَةً ـ زَهْرَةٌ فِي كَأْسٍ ـ دَجَاجَةٌ بَاضَتْ بَيْضَةً ـ رَجُلٌ يَكْتُبُ رِسَالَةً ـ قِطٌّ يَشْرَبُ لَبَنًا ـ

13. Même exercice :

مُعَلِّمٌ يَكْتُبُ دَرْسًا عَلَى سَبُّورَةٍ ـ بِنْتٌ تَحْمِلُ تُفَّاحًا فِي صَحْنٍ ـ غَنَمٌ تَرْعَى عُشْبًا فِي حَقْلٍ ـ تَلَامِيذُ يَلْعَبُونَ فِي سَاحَةِ مَدْرَسَةٍ ـ وَلَدٌ يَنْظُرُ إِلَى صُورَةٍ فِي كِتَابٍ ـ رَجُلٌ يَفْتَحُ بَابًا بِمِفْتَاحِهِ ـ أُسْتَاذٌ يَطْرَحُ سُؤَالًا عَلَى تِلْمِيذٍ ـ جَمَلٌ عَظِيمٌ يَحْمِلُ هَوْدَجًا ـ رَجُلٌ يَحْمِلُ جِرَابًا عَلَى ظَهْرِهِ ـ مُسَافِرٌ يَحْمِلُ حَقِيبَةً كَبِيرَةً

14. Ecrire en caractères arabes les phrases suivantes :
    * as-salâmu ᶜalaykum
    * wa ᶜalaykumu s-salâmu
    * ahla*n* bikum
    * kayfa ḥâlukum ?
    * naḥnu biḥayri*n* wa l-hamdu lillâhi (لِلَّهِ)
    * ṣabâḥa l-ḥayri yâ sayyidatî
    * masâ'a l-ḥayri yâ ânisatî
    * laylatuka saᶜîdatu*n* (tâ marbûṭa) yâ sayyidî
    - hal taᶜrifu l-madînata (tâ marbûṭa) yâ sayyidî ?
    * naᶜam yâ sayyidî
    - ayna maktubu l-barîdi *min faḍlika ?
    - hal laka sayyâratu*n* (tâ marbûṭa) ?
    * lâ yâ sayyidî
    - linadhab ilayhi maᶜa*n*
    *šukra*n* yâ sayyidî
    * lâ šukra ᶜalâ (yâ sans points) wâǧibi*n*
    * ilâ l-liqâ'i (ilâ : yâ sans points).

    Ces phrases seront traduites. Les phrases ou expressions précédées d'un astérisque doivent être apprises par cœur, pour être utilisées aussi souvent que possible.

15. Placer chacun des mots suivants au-dessous de l'image à laquelle il correspond.

رَجُلٌ - قِطٌّ - طَائِرٌ - شَجَرَةٌ - بِنْتٌ - طَبِيبٌ - شَيْخٌ - مَرْأَةٌ - وَلَدٌ - كَلْبٌ

16. Même exercice :

كِتَابٌ - فَرَسٌ - سِكِّينٌ - تُفَّاحَةٌ - قَفَصٌ - صَابُونَةٌ - زَهْرَةٌ - سَمَكَةٌ - جَمَلٌ - جَرِيدَةٌ

17. Placer chacune des phrases suivantes au-dessous de l'image à laquelle elle correspond :

اَلطَّائِرُ فِي قَفَصٍ ـ اَلطَّائِرُ عَلَى ٱلشَّجَرَةِ ـ اَلْوَلَدُ فِي ٱلْبُسْتَانِ ـ اَلْوَلَدُ عَلَى فَرَسٍ ـ اَلشَّيْخُ يَقْرَأُ جَرِيدَةً ـ اَلرَّجُلُ تَحْتَ ٱلْخَيْمَةِ ـ اَلرَّجُلُ يَقْرَأُ كِتَاباً ـ اَلْجَرِيدَةُ عَلَى ٱلْمَائِدَةِ ـ اَلْوَلَدُ يَكْتُبُ عَلَى ٱلسَّبُّورَةِ ـ اَلْوَلَدُ يَلْعَبُ بِٱلْكُرَةِ ـ

Introduction à la morphologie : la notion de «racine»

Les mots arabes sont groupés par familles. Les mots d'une même famille ont généralement en commun 3 consonnes, qui constituent la «racine» de ces mots.

Aux consonnes de la racine s'ajoutent différents éléments (voyelles, préfixes, suffixes, etc...) pour former diverses catégories de mots : verbes, noms, participes, adjectifs, etc...

Par exemple, à partir de la racine نزل qui exprime l'idée de descente, on a créé, entre autres, les mots suivants :

descendre= نَزَلَ   faire descendre= أَنْزَلَ

logement= مَنْزِلٌ   malheur, accident= نَازِلَةٌ

En principe, le sens d'un mot a toujours un rapport, plus ou moins apparent, avec celui de la racine dont il est tiré. Examinons les 4 mots ci-dessus :

- pour les 2 verbes, ce rapport est évident ;

- مَنْزِلٌ signifie, d'abord, «lieu où l'on descend» (comparer avec «pied-à-terre») ;

- نَازِلَةٌ exprime l'idée d'un malheur qui descend, ou qui s'abat sur quelqu'un (comparer avec «tuile»).

Ce qui est important, c'est que, dans un dictionnaire, tous les mots d'une même racine sont classés ensemble : d'abord les verbes, puis les noms, les participes, etc... On ne trouvera pas le verbe أَنْزَلَ à la lettre ا (ou ء) ni le nom مَنْزِلٌ à la lettre م.

C'est l'étude de la morphologie qui permet de savoir que :

أَنْزَلَ et مَنْزِلٌ viennent de نزل ; elle permet de connaître tous les types de verbes, de noms, d'adjectifs et de participes qui peuvent être tirés d'une racine donnée, et par conséquent de retrouver la racine de n'importe quel mot, même si l'on ignore le sens de cette racine.

La racine que l'on prend habituellement pour modèle est فعل , qui contient l'idée de «faire» quelque chose.

Si l'une des consonnes de la racine est un و ou un ي, on dit que cette racine est «anormale», car ces 2 lettres sont considérées comme «faibles» : leur présence entraîne certaines particularités ou «anomalies» dans la formation des verbes, des noms et des adjectifs.

Si la racine ne contient ni wâw ni yâ, on dit qu'elle est normale, ou « saine ».

Deuxième partie

La phrase nominale

C'est à partir de cette deuxième partie que commence véritablement l'apprentissage de la langue arabe. Il s'agit d'assimiler certaines structures fondamentales. et d'acquerir un minimum de vocabulaire, essentiellement concret Dans les 30 leçons qui suivent, on trouve plus de 400 mots répartis à raison de 10 mots par leçon en moyenne dans les 20 premières leçons, et de 20 mots en moyenne dans les 10 dernières leçons.

Chaque leçon est terminée par des exercices : le professeur jugera lui-même, en fonction du niveau de sa classe et de son horaire, s'il convient de les faire tous. et eventuellement s'il y a lieu d'en proposer d'autres. Parmi ces exercices, nous recommandons particulièrement ceux qui consistent à vocaliser et à traduire des textes, car ils constituent le meilleur moyen de préparer les élèves à lire et à comprendre un texte imprimé dépourvu de voyelles (ce qui est presque toujours le cas). Nous recommandons aussi au professeur de faire souvent des dictées consistant en des phrases plus ou moins simples, composées de mots dejà vus par les élèves : c'est un excellent exercice de revision. auquel on pourrait consacrer 5 minutes à chaque cours.

Le thème est généralement considéré comme un exercice difficile, mais son utilité est indiscutable ; quoi qu'il en soit, le professeur pourra toujours, s'il le juge nécessaire. «préparer» chaque thème avec ses élèves, c'est-à-dire leur lire le français en leur signalant les principales difficultés grammaticales ou autres.

Enfin, les questions sur les textes de lecture sont surtout destinées à éviter que l'enseignement de l'arabe ne reste livresque et «scripturaire». L'arabe étant une langue bien vivante, il faut faire parler les élèves, les amener à composer oralement des phrases très simples au début, un peu plus complexes par la suite. Bien entendu, certains élèves se montreront tout de suite plus doués ou plus hardis que les autres, mais l'on devra veiller à ce que même les plus timides participent à ce genre d'exercices, ne serait-ce, au début, qu'en répétant les réponses correctes données par leurs camarades. Le professeur pourra évidemment poser d'autres questions, pouvu qu'elles se limitent aux notions (grammaticales et lexicales) que les élèves ont déjà acquises.

Il nous semble en effet que le contenu de ce premier tome est amplement suffisant pour une première année, et qu'il n'y a pas lieu d'évoquer d'autres questions avant la deuxième année.

Première leçon

اَلدَّرْسُ اَلْأَوَّلُ

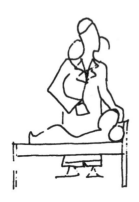

مَنْ هذا ؟

- هذا عُمَرْ ـ عُمَرْ طَبيبٌ ـ

- هَلْ عُمَرْ رَجُلٌ ؟ ـ نَعَمْ . هُوَ رَجُلٌ ـ

- اَلطَّبيبُ رَجُلٌ ـ

مَنْ هَذا ؟ هذا عَليٌّ ـ

مَنْ هُوَ عَليٌّ ؟

عَليٌّ هُوَ اَلنَّجَّارُ ـ

مَنْ هذا ؟ هَذا نَذيرٌ

نَذيرٌ تِلْميذٌ ـ

هَلْ نَذيرٌ رَجُلٌ ؟

لا . هُوَ وَلَدٌ ـ

Grammaire

- La phrase ou proposition nominale

Aucune des phrases ci-dessus ne contient de verbe. Une phrase sans verbe est une phrase nominale. Elle se compose d'au moins 2 éléments :

un sujet (مُبْتَدَأٌ)   et un attribut (خَبَرٌ)

Pour la traduire, on ajoute généralement le verbe être au présent :

نَذِيرٌ تِلْمِيذٌ Nadîr (est) un écolier
(sujet)   (attribut)

- Les interrogatifs

مَنْ qui ? (s'emploie pour les personnes)

هَلْ est-ce que... ?

- Le démonstratif

هَذَا est un démonstratif de proximité, au masculin singulier : celui-ci, ou ceci. La 1ère syllabe est longue, bien que son allongement ne soit généralement pas marqué dans l'écriture, ou marqué seulement par un alif suscrit. On prononce hâḏâ, et on écrit :

هَاذَا ou هَلْذَا jamais هَاذَا

- Le pronom personnel هُوَ

C'est le pronom isolé (ou pronom sujet) de la 3ème personne du masculin singulier :

هُوَ وَلَدٌ   lui (ou il)[est] un enfant : c'est un enfant.

Le pronom isolé s'emploie aussi pour séparer le sujet de l'attribut, quand celui-ci est déterminé : il joue alors le rôle du verbe être :

عَلِيٌّ هُوَ ٱلنَّجَّارُ Ali est le menuisier.

S'il n'y avait pas le pronom, on pourrait penser qu'il s'agit d'une simple mise en apposition : Ali le menuisier.

عُمَرُ =ᶜUmar, nom propre d'homme. Remarquons qu'il ne prend pas le tanwîn.

Vocabulaire

نَعَمْ oui   رَجُلٌ homme   طَبِيبٌ médecin   مَنْ ؟ qui ?

وَلَدٌ enfant, garçon   هَلْ est-ce que ?   هَذَا celui-ci, ceci

هُوَ lui, il   لَا non   تِلْمِيذٌ élève, écolier   نَجَّارٌ menuisier

Questions

هَلْ عُمَرُ طَبِيبٌ ؟ هَلْ هُوَ وَلَدٌ ؟ هَلْ نَذِيرٌ طَبِيبٌ ؟ مَنْ هُوَ ٱلطَّبِيبُ ؟ هَلْ نَذِيرٌ رَجُلٌ ؟ هَلْ هُوَ نَجَّارٌ ؟ مَنْ هُوَ ٱلنَّجَّارُ ؟ هَلْ عَلِيٌّ وَلَدٌ ؟ هَلْ عَلِيٌّ تِلْمِيذٌ ؟ مَنْ هُوَ ٱلتِّلْمِيذُ ؟ هَلِ ٱلتِّلْمِيذُ رَجُلٌ ؟ هَلِ ٱلطَّبِيبُ وَلَدٌ ؟

Deuxième leçon

اَلدَّرْسُ ٱلثَّانِي

مَنْ هَذِهِ ؟
هَذِهِ مَرْيَمُ - مَرْيَمُ خَيَّاطَةٌ
هَلْ مَرْيَمُ مَرْأَةٌ ؟
نَعَمْ . هِيَ مَرْأَةٌ -

مَنْ هَذِهِ ؟
هَذِهِ فَاطِمَةُ -
مَنْ هِيَ فَاطِمَةُ ؟
فَاطِمَةُ هِيَ ٱلْمُعَلِّمَةُ
اَلْمُعَلِّمَةُ مَرْأَةٌ -

مَنْ هَذِهِ ؟
هَذِهِ زَيْنَبُ -
زَيْنَبُ تِلْمِيذَةٌ -
هَلْ زَيْنَبُ مَرْأَةٌ ؟
لَا . هِيَ بِنْتٌ -

Grammaire

-La phrase nominale (suite)

Nous avons ici des phrases nominales composées des mêmes éléments que celles de la leçon précédente : le sujet est un nom propre, un nom commun déterminé, un pronom démonstratif ou un pronom personnel ; l'attribut est un nom commun.

- Le féminin

Le féminin des noms communs s'obtient souvent en ajoutant au masculin un tâ marbûṭa :

un tailleur : خَيَّاطٌ ⟶ خَيَّاطَةٌ = une couturière

un instituteur : مُعَلِّمٌ ⟶ مُعَلِّمَةٌ = une institutrice

un écolier : تِلْمِيذٌ ⟶ تِلْمِيذَةٌ = une écolière

un médecin : طَبِيبٌ ⟶ طَبِيبَةٌ = une doctoresse

- Le démonstratif هَذِهِ

هَذِهِ (celle-ci) est le féminin de هَذَا . Sur la 1ère syllabe de هَذِهِ , mêmes remarques que sur celle de هَذَا (v. p. 47)

- Le pronom personnel هِيَ

هِيَ est le pronom isolé, ou pronom sujet, de la 3ème personne du féminin singulier : elle.

- فَاطِمَةُ (Fâtima) ; مَرْيَمُ (Maryam) ; زَيْنَبُ (Zaynab). Ces 3 noms, comme les autres noms propres féminins, ne prennent pas de tanwîn. Nous avons vu que عُمَرُ ne prend pas de tanwîn non plus. On dit que ces noms sont diptotes ; nous en reparlerons plus loin.

Vocabulaire

هَذِهِ = celle-ci خَيَّاطَةٌ = couturière مَرْأَةٌ = femme

مُعَلِّمَةٌ = institutrice بِنْتٌ = fille, fillette تِلْمِيذَةٌ = écolière

Questions

هَلْ مَرْيَمُ مَرْأَةٌ ؛ هَلْ هِيَ مُعَلِّمَةٌ ؛ هَلْ فَاطِمَةُ بِنْتٌ ؛ هَلْ هِيَ خَيَّاطَةٌ ؛ مَنْ هِيَ اَلْخَيَّاطَةُ ؛ هَلْ زَيْنَبُ وَلَدٌ ؛ هَلْ زَيْنَبُ خَيَّاطَةٌ ؛ هَلِ التِّلْمِيذُ مَرْأَةٌ ؛ هَلِ اَلْمُعَلِّمَةُ بِنْتٌ ؛ هَلِ اَلْخَيَّاطَةُ رَجُلٌ ؛ هَلِ اَلْمُعَلِّمَةُ رَجُلٌ ؛

Troisième leçon

اَلدَّرْسُ ٱلثَّالِثُ

هَذِهِ مِسْطَرَةٌ ـ

اَلْمِسْطَرَةُ طَوِيلَةٌ ـ

هَذَا قَلَمٌ .

هَلِ ٱلْقَلَمُ طَوِيلٌ ؟

لا . اَلْقَلَمُ لَيْسَ طَوِيلًا .

كَيْفَ هُوَ ؟ هُوَ قَصِيرٌ .

اَلْمِسْطَرَةُ طَوِيلَةٌ وَٱلْقَلَمُ قَصِيرٌ .

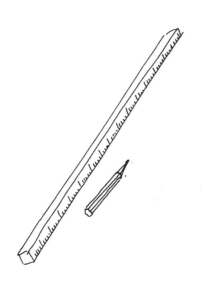

هَذَا حِمَارٌ ـ

اَلْحِمَارُ حَيَوَانٌ ـ

اَلْحِمَارُ سَمِينٌ ـ

هَذِهِ بَقَرَةٌ .

مَا هِيَ ٱلْبَقَرَةُ ؟

اَلْبَقَرَةُ حَيَوَانٌ ـ

هَلِ ٱلْبَقَرَةُ سَمِينَةٌ ؟

لا . اَلْبَقَرَةُ لَيْسَتْ سَمِينَةً :

هِيَ هَزِيلَةٌ .

اَلْحِمَارُ سَمِينٌ وَٱلْبَقَرَةُ هَزِيلَةٌ

Grammaire

- La phrase nominale (suite)

Dans les phrases de ce texte, l'attribut est soit un nom commun, soit un adjectif qualificatif.

- Les adjectifs qualificatifs

Les adjectifs qualificatifs ont des formes diverses. La forme la plus courante est فَعِيلٌ

Ex : سَمِينٌ = gras   هَزِيلٌ = maigre   طَوِيلٌ = long

Le féminin de ces adjectifs s'obtient en ajoutant un tâ marbûta au masculin :

سَمِينَةٌ = grasse   طَوِيلَةٌ = longue

- Le genre des noms

L'arabe ne connaît que 2 genres : le masculin et le féminin. Pour les noms désignant des personnes ou des animaux, le genre correspond au sexe.

Quant aux autres noms, ils sont en général féminins s'ils sont terminés par tâ marbûta, masculins dans le cas contraire :

مِسْطَرَةٌ (règle) est du genre féminin ;

قَلَمٌ (crayon) est du genre masculin.

- لَيْسَ -

لَيْسَ est un verbe «figé» : il n'existe qu'à un seul mode, qui correspond à l'indicatif présent. Il signifie : ne pas être.

اَلْقَلَمُ لَيْسَ طَوِيلًا = : le crayon n'est pas long.

Une phrase comme : اَلْقَلَمُ لَيْسَ طَوِيلًا , bien qu'elle contienne un verbe, est considérée comme une phrase nominale, car en arabe «la phrase nominale est une phrase qui commence par un nom».

لَيْسَ est la 3ème personne du masculin singulier : (il) n'est pas... La 3ème personne du féminin singulier est

لَيْسَتْ (elle) n'est pas...

اَلْبَقَرَةُ لَيْسَتْ سَمِينَةً = la vache n'est pas grasse.

- Déclinaison

Les noms, les adjectifs et les participes se déclinent, c'est-à-dire que leur terminaison varie selon leur fonction.
Il existe 3 cas :

a) le nominatif, qui est caractérisé par la terminaison (') ou (ُ) C'est le cas, entre autres, du sujet de la phrase nominale : (مُبْتَدَأٌ) , et de l'attribut : (خَبَرٌ) , tant que celui-ci n'est pas précédé de :(لَيْسَ) ou d'un autre verbe d'état. Dans les 2 leçons précédentes, tous les sujets et tous les attributs sont au nominatif.

Ex : عُمَرُ طَبِيبٌ : 'Umar (est) un médecin.

b) Le cas direct, qui est caractérisé par la terminaison : (َ) (اً). C'est le cas, entre autres, de l'attribut, précédé de : لَيْسَ ou d'un autre verbe d'état (être, devenir, etc.).
Quant au 3ème cas, nous en parlerons plus loin.
Signalons que les pronoms : هَذا ـ هَذِه ـ هُوَ ـ هِي sont indéclinables.

- Le pronom interrogatif مَا

L'interrogatif : مَا (ou مَاذَا) s'emploie pour les animaux et les choses.

مَا هَذا ؟ = qu'(est) ceci ?

مَا هُوَ ٱلْحِمَارُ ؟ = qu'est-ce que l'âne ?

Vocabulaire

مِسْطَرَةٌ = règle   قَلَمٌ = crayon, stylo.   حِمَارٌ = âne

بَقَرَةٌ = vache   حَيَوَانٌ = animal   طَوِيلٌ = long, grand (taille)

قَصِيرٌ = court, petit (taille)   سَمِينٌ = gras,

هَزِيلٌ = maigre   كَيْفَ ؟ = comment... ?   وَ = et

Exercices

1. Répondre aux questions suivantes :

مَا هِيَ ٱلْبَقَرَةُ ؟ مَا هُوَ ٱلْحِمَارُ ؟ هَلِ ٱلْبَقَرَةُ سَمِينَةٌ ؟ هَلْ هِيَ هَزِيلَةٌ ؟ هَلِ ٱلْحِمَارُ سَمِينٌ ؟ هَلْ هُوَ هَزِيلٌ ؟ هَلِ ٱلْمِسْطَرَةُ حَيَوَانٌ ؟ هَلِ ٱلْمِسْطَرَةُ قَصِيرَةٌ ؟ هَلْ هِيَ طَوِيلَةٌ ؟ هَلِ ٱلْقَلَمُ قَصِيرٌ ؟ هَلْ هُوَ طَوِيلٌ ؟

2. Modifier, s'il y a lieu, le genre des mots placés entre parenthèses :

زَيْنَبُ (تِلْمِيذٌ) ـ ٱلْبِنْتُ (طَوِيلٌ) ـ ٱلْحِمَارُ (سَمِينٌ) ـ ٱلْبَقَرَةُ (هَزِيلٌ) ـ فَاطِمَةُ (مُعَلِّمٌ) ـ ٱلْوَلَدُ (تِلْمِيذٌ) ـ ٱلرَّجُلُ (مُعَلِّمٌ) ـ ٱلْمَرْأَةُ (خَيَّاطٌ) ـ عُمَرُ (طَبِيبٌ) ـ ٱلرَّجُلُ (قَصِيرٌ) ـ

3. Modifier les phrases suivantes, s'il y a lieu, en y introduisant la négation لَيْسَ :

ٱلطَّبِيبُ وَلَدٌ ـ ٱلْحِمَارُ حَيَوَانٌ ـ ٱلْحِمَارُ تِلْمِيذٌ ـ ٱلْبِنْتُ مُعَلِّمَةٌ ـ ٱلْمَرْأَةُ مُعَلِّمَةٌ ـ ٱلْبَقَرَةُ بِنْتٌ ـ ٱلْبَقَرَةُ حَيَوَانٌ ـ ٱلْمَرْأَةُ تِلْمِيذَةٌ ـ ٱلْمِسْطَرَةُ حَيَوَانٌ ـ ٱلنَّجَّارُ وَلَدٌ ـ

Quatrième leçon

اَلدَّرْسُ اَلرَّابِعُ

هَذَا وَلَدٌ صَغِيرٌ وَذَلِكَ وَلَدٌ كَبِيرٌ ـ

اَلْوَلَدُ اَلْكَبِيرُ هُوَ نَذِيرٌ ـ نَذِيرٌ تِلْمِيذٌ ـ

اَلْوَلَدُ اَلصَّغِيرُ هُوَ سَلِيمٌ ـ

سَلِيمٌ لَيْسَ تِلْمِيذاً ـ

ـ سَلِيمٌ : يَانَذِيرُ هَلْ أَنْتَ تِلْمِيذٌ ؟

ـ نَذِيرٌ : نَعَمْ . أَنَا تِلْمِيذٌ ـ

ـ سَلِيمٌ : هَلْ أَنَا أَيْضاً تِلْمِيذٌ ؟

ـ نَذِيرٌ : لَا يَاسَلِيمُ . أَنْتَ لَسْتَ تِلْمِيذاً ـ

هَذِهِ بِنْتٌ صَغِيرَةٌ وَتِلْكَ مَرْأَةٌ ـ

اَلْبِنْتُ اَلصَّغِيرَةُ هِيَ عَائِشَةُ ـ

عَائِشَةُ مَرِيضَةٌ ـ

ـ اَلْمَرْأَةُ : يَا بِنْتُ أَلَسْتِ عَائِشَةَ ؟

ـ عَائِشَةُ : بَلَى . أَنَا عَائِشَةُ ـ

ـ عَائِشَةُ : يَاسَيِّدَتِي هَلْ أَنْتِ مَرِيضَةٌ ؟

ـ اَلْمَرْأَةُ : كَلَّا ، لَسْتُ مَرِيضَةً ـ

أَنَا صَحِيحَةٌ . أَنَا اَلْمُمَرِّضَةُ ـ

أَنَا اَلْمُمَرِّضَةُ وَأَنْتِ اَلْمَرِيضَةُ ـ

Grammaire

- Les démonstratifs ذَلِكَ et تِلْكَ .

تِلْكَ et ذَلِكَ sont des démonstratifs d'éloignement :

ذَلِكَ : celui-là, cela - تِلْكَ = : celle-là.

Ex : تِلْكَ مَرْأَةٌ = : celle-là (est) une femme : voilà une femme.

La 1ère syllabe de ذَلِكَ est longue.

On écrit : (ذَلِكَ) ou (ذَاْلِكَ) jamais (ذَالِكَ).

On prononce « ḏâlika ».

– Les pronoms isolés (suite)

أَنَا = : moi (ou je) : masculin et féminin.

أَنْتَ = : toi (ou tu) : masculin.

أَنْتِ = : toi (ou tu) : féminin

Ex : أَنَا ٱلْمُمَرِّضَةُ : (moi l'infirmière) : je (suis) l'infirmière.

– Conjugaison de لَيْسَ (suite)

- 1ère pers. du sing. (masc. et fém.) : لَسْتُ = : je ne suis pas...
- 2ème pers. du masc. sing. : لَسْتَ = : tu n'es pas...
- 2ème pers. du fém. sing. : لَسْتِ = : tu n'es pas...

- Le vocatif

La particule la plus employée du vocatif est :(يَا). Après cette particule, le nom (ou l'adjectif...) se met au nominatif, sans tanwîn.

يَا سَلِيمُ = : Ô Salîm !

يَا بِنْتُ = : Ô fillette !

Dans سَيِّدَتِي (Madame), le yâ final est un pronom personnel qui joue (dans ce cas) le même rôle que le possessif français « ma » (v. p.80)

- L'interrogatif أَ

أَ a exactement le même sens que : est-ce que... هَلْ :

أَلَسْتِ عَائِشَةَ ؟ : n'es-tu pas ᶜA'iša ?

- L'épithète

Comme en français, les adjectifs qualificatifs s'emploient comme attributs ou comme épithètes.

L'épithète se place après le nom auquel elle se rapporte et se met au même cas que lui. Si ce nom est indéterminé, l'épithète est indéterminée ; si le nom est déterminé, l'épithète prend l'article :

اَلْوَلَدُ ٱلْكَبِيرُ هُوَ نَذِيرٌ : le grand garçon (est) Nadîr.

سَلِيمٌ لَيْسَ وَلَداً كَبِيراً : Salîm n'est pas un grand garçon.

Vocabulaire

بَلَى : si (affirmation répondant à une négation)

كَلَّا =non, que non !   كَبِيرٌ : grand, vieux -

صَغِيرٌ : petit, jeune -   مَرِيضٌ : malade

صَحِيحٌ : bien portant -   مُمَرِّضَةٌ : infirmière -

أَيْضاً : aussi   أَ : est-ce-que ?

عَائِشَةَ : ᶜÂ'iša, nom propre de femme (remarquer qu'il n'a pas de tanwîn) -

Exercices

1. Répondre aux questions suivantes :

مَنْ هُوَ ٱلْوَلَدُ ٱلْكَبِيرُ ؟ مَنْ هُوَ ٱلْوَلَدُ ٱلصَّغِيرُ ؟ هَلْ نَذِيرٌ تِلْمِيذٌ ؟ هَلْ سَلِيمٌ تِلْمِيذٌ ؟ هَلْ سَلِيمٌ وَلَدٌ كَبِيرٌ ؟ هَلْ نَذِيرٌ وَلَدٌ صَغِيرٌ ؟

مَنْ هِيَ ٱلْبِنْتُ ٱلصَّغِيرَةُ ؟ مَنْ هِيَ ٱلْمَرْأَةُ ؟ هَلْ عَائِشَةُ صَحِيحَةٌ ؟ هَلِ ٱلْمُمَرِّضَةُ صَحِيحَةٌ ؟ هَلْ عَائِشَةُ بِنْتٌ كَبِيرَةٌ ؟ هَلِ ٱلْمَرْأَةُ مَرِيضَةٌ ؟

2. Conversation (entre le maître et les élèves).

مَنْ أَنْتَ ؟ هَلْ أَنْتَ رَجُلٌ ؟ هَلْ أَنْتَ بِنْتٌ ؟ هَلْ أَنْتَ مُعَلِّمٌ ؟ مَنْ هُوَ ٱلْمُعَلِّمُ ؟ مَنْ هُوَ ٱلتِّلْمِيذُ ؟ مَنْ أَنَا ؟ مَنْ هُوَ ؟ ...

مَنْ أَنْتِ ؟ هَلْ أَنْتِ مَرْأَةٌ ؟ هَلْ أَنْتِ بِنْتٌ ؟ هَلْ أَنْتِ وَلَدٌ ؟ هَلْ أَنْتِ مُعَلِّمَةٌ ؟ مَنْ هِيَ ٱلْمُعَلِّمَةُ ؟ هَلْ أَنْتِ تِلْمِيذَةٌ ؟ مَنْ أَنَا ؟ مَنْ هِيَ ؟

3. Remplacer les points par un des mots suivants :

لَيْسَ ـ ٱلْكَبِيرُ ـ أَنْتَ ـ لَيْسَتْ ـ وَلَدًا ـ لَسْتَ ـ بِنْتٌ ـ لَسْتِ ـ

ٱلْوَلَدُ ... تِلْمِيذٌ ـ ٱلْوَلَدُ ٱلصَّغِيرُ ... تِلْمِيذًا ـ ٱلرَّجُلُ ... تِلْمِيذًا ـ يَا نَذِيرُ ... مُعَلِّمًا ـ ٱلْمُعَلِّمُ لَيْسَ ... ـ

يَا عَائِشَةُ ... مَرِضَةٌ ـ ٱلْمُمَرِّضَةُ ... بِنْتًا ـ عَائِشَةُ ... صَغِيرَةٌ ـ عَائِشَةُ ... تِلْمِيذَةٌ ـ يَا بِنْتُ أَ ... عَائِشَةُ ؟

4. Mettre les voyelles aux phrases suivantes, puis les traduire en français :

الممرضة مرأة ـ المرأة ليست مريضة ـ عائشة بنت صغيرة ـ أنت لست صحيحة ـ البنت ليست ممرضة ـ

نذير ليس ولدا صغيرا ـ سليم ليس تلميذا ـ الولد الصغير ليس تلميذا ـ الولد الكبير تلميذ ـ سليم ولد صغير ـ

Cinquième leçon

اَلدَّرْسُ ٱلْخَامِسُ

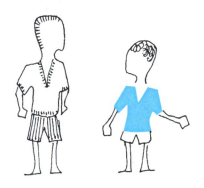

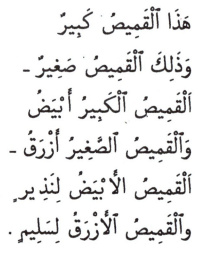

هَذَا ٱلْقَمِيصُ كَبِيرٌ
وَذَلِكَ ٱلْقَمِيصُ صَغِيرٌ ـ
اَلْقَمِيصُ ٱلْكَبِيرُ أَبْيَضُ
وَٱلْقَمِيصُ ٱلصَّغِيرُ أَزْرَقُ ـ
اَلْقَمِيصُ ٱلْأَبْيَضُ لِنَذِيرٍ
وَٱلْقَمِيصُ ٱلْأَزْرَقُ لِسَلِيمٍ .

هَذِهِ ٱلْكُرَةُ كَبِيرَةٌ
وَتِلْكَ ٱلْكُرَةُ صَغِيرَةٌ .
اَلْكُرَةُ ٱلْكَبِيرَةُ صَفْرَاءُ
وَٱلْكُرَةُ ٱلصَّغِيرَةُ حَمْرَاءُ .
أَيْنَ ٱلْكُرَةُ ٱلصَّفْرَاءُ ؟
اَلْكُرَةُ ٱلصَّفْرَاءُ عَلَى ٱلْمَائِدَةِ .
وَأَيْنَ ٱلْكُرَةُ ٱلْحَمْرَاءُ ؟
اَلْكُرَةُ ٱلْحَمْرَاءُ عَلَى ٱلْكُرْسِيِّ .

Grammaire

- Emploi des démonstratifs -

Dans les leçons précédentes, les démonstratifs,

(هَذَا ـ هَذِهِ ـ ذَلِكَ ـ تِلْكَ ـ)

étaient toujours employés comme pronoms : celui-ci ou ceci ; celle-ci ; celui-là ou cela ; celle-là.
Mais ils s'emploient aussi comme adjectifs : dans ce cas le nom qui les suit est muni de l'article :

هَذَا ٱلْقَمِيصُ = cette chemise-ci

تِلْكَ ٱلْكُرَةُ = cette balle-là.

- Les adjectifs de couleurs -

Les adjectifs de couleurs ont la forme : (أَفْعَلُ) au masculin,

et la forme (فَعْلَاءُ) au féminin.

Ex : blanc : أَبْيَضُ - blanche : بَيْضَاءُ

bleu : أَزْرَقُ - bleue : زَرْقَاءُ

Remarquons qu'ils ne prennent pas de tanwîn, ni au masculin ni au féminin.

- La déclinaison (suite) : le cas indirect.

Le cas indirect est caractérisé, le plus souvent, par la terminaison ـِ (ou ـٍ). C'est le cas, entre autres, du nom précédé d'une préposition.

Ex : عَلَى ٱلْمَائِدَةِ : sur la table

- La phrase nominale (suite)

Dans une phrase nominale, l'attribut peut être constitué par un groupe formé d'une préposition et d'un nom au cas indirect.   Ex :

ٱلْكُرَةُ ٱلْحَمْرَاءُ عَلَى ٱلْكُرْسِيِّ = la balle rouge (est) sur la chaise

ٱلْقَمِيصُ ٱلْأَزْرَقُ لِسَلِيمٍ = la chemise bleue (est) à Salîm

Vocabulaire

مَائِدَةٌ : table   كُرَةٌ : balle   قَمِيصٌ : chemise

أَزْرَقُ : bleu   أَبْيَضُ : blanc   كُرْسِيٌّ : chaise

كَيْفَ ؟ : comment ?   أَحْمَرُ : rouge   أَصْفَرُ : jaune

أَيْنَ ؟ : où ?   عَلَى : sur   لِ : à, pour

Exercices

1. Répondre aux questions suivantes :

هَلِ ٱلْقَمِيصُ ٱلْكَبِيرُ أَحْمَرُ ؟ هَلْ هُوَ أَزْرَقُ ؟ هَلِ ٱلْقَمِيصُ ٱلصَّغِيرُ أَبْيَضُ ؟ هَلْ هُوَ أَحْمَرُ ؟ هَلِ ٱلْقَمِيصُ ٱلصَّغِيرُ لِنَذِيرٍ ؟ لِمَنِ ٱلْقَمِيصُ ٱلْأَزْرَقُ ؟

هَلِ ٱلْكُرَةُ ٱلْكَبِيرَةُ بَيْضَاءُ ؟ هَلْ هِيَ زَرْقَاءُ ؟ هَلِ ٱلْكُرَةُ ٱلصَّغِيرَةُ صَفْرَاءُ ؟ هَلْ هِيَ بَيْضَاءُ ؟ كَيْفَ هِيَ ؟ أَيْنَ ٱلْكُرَةُ ٱلْكَبِيرَةُ ؟ أَيْنَ ٱلْكُرَةُ ٱلصَّغِيرَةُ ؟

2. Traduire en arabe :

Cette chemise-ci (est) à Nadîr et cette chemise-là (est) à Salîm. Voici une petite chemise. Cette chemise n'est pas blanche. La chemise bleue n'est pas à Nadîr.

Cette grosse balle (-ci) (est) blanche et cette petite balle (-là) (est) bleue. Voici une petite balle. Cette balle n'est pas rouge. La grosse balle n'est pas sur une table.

3. Vocaliser puis traduire en français :

هذا الرجل مريض ـ تلك مرأة صحيحة ـ هذا القلم أزرق وذلك أحمر ـ المسطرة لست صفراء : هي حمراء ـ كيف هذه البقرة ؟ هذه البقرة هزيلة ـ هذه البقرة الهزيلة صفراء ـ

Sixième leçon

اَلدَّرْسُ اَلسَّادِسُ

هٰذَا فِرَاشٌ صَغِيرٌ.
عَلَى اَلْفِرَاشِ غِطَاءٌ أَبْيَضُ
وَعَلَى اَلْغِطَاءِ اَلْأَبْيَضِ فُسْتَانٌ أَخْضَرُ:
اَلْفُسْتَانُ اَلْأَخْضَرُ عَلَى غِطَاءٍ أَبْيَضَ.
عَلَى اَلْأَرْضِ قُرْبَ اَلْفِرَاشِ سِرْوَالٌ أَسْوَدُ.
اَلْفُسْتَانُ اَلْأَخْضَرُ لِعَائِشَةَ
وَاَلسِّرْوَالُ اَلْأَسْوَدُ لِسَلِيمٍ.

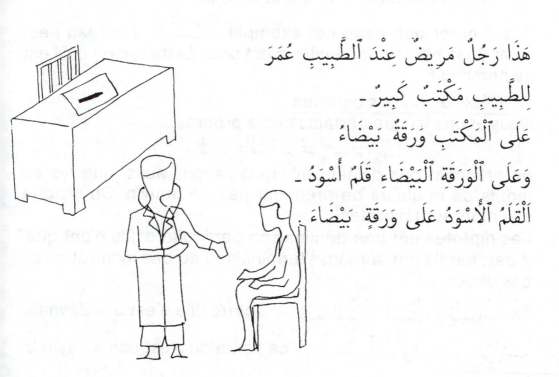

هٰذَا رَجُلٌ مَرِيضٌ عِنْدَ اَلطَّبِيبِ عُمَرَ ـ
لِلطَّبِيبِ مَكْتَبٌ كَبِيرٌ.
عَلَى اَلْمَكْتَبِ وَرَقَةٌ بَيْضَاءُ
وَعَلَى اَلْوَرَقَةِ اَلْبَيْضَاءِ قَلَمٌ أَسْوَدُ ـ
اَلْقَلَمُ اَلْأَسْوَدُ عَلَى وَرَقَةٍ بَيْضَاءَ.

Grammaire

- La phrase nominale (suite)

Si, dans une phrase nominale, l'attribut est un groupe préposition + nom, et que le sujet soit indéterminé, ce sujet se place après l'attribut.

Ex : عَلَى ٱلْفِرَاشِ غِطَاءٌ : sur le lit (est) (ou il y a) une couverture

عَلَى ٱلْمَكْتَبِ وَرَقَةٌ : sur le bureau (est) (ou il y a) une feuille.

- La préposition لِ -

Lorsque cette préposition précède un nom muni de l'article, l'article perd son alif.

Ex : لِ + ٱلطَّبِيبِ ← لِلطَّبِيبِ

C'est cette préposition qui sert le plus souvent à exprimer la possession.

Ex : (لِلطَّبِيبِ مَكْتَبٌ كَبِيرٌ) : au médecin (est) un grand bureau : le médecin a un grand bureau.

Il faut noter que dans cet exemple : مَكْتَبٌ (bureau) est sujet de la phrase nominale ; c'est pour cette raison qu'il est au nominatif.

- Déclinaison des diptotes

Nous avons vu que certains noms propres :

(زَيْنَبُ ـ عَائِشَةُ ـ عُمَرُ ـ مَرْيَمُ)

ne prennent pas de tanwîn. Nous savons aussi que les adjectifs de couleurs ne prennent pas de tanwîn. On dit que ces mots sont diptotes.

Les diptotes ont une déclinaison particulière : ils n'ont que 2 cas, car ils ont la même terminaison au cas indirect qu'au cas direct.

Ex : هَذِهِ ٱلْبِنْتُ لَيْسَتْ زَيْنَبَ = cette fille n'est pas Zaynab.

هَذَا ٱلسِّرْوَالُ لَيْسَ لِزَيْنَبَ = ce pantalon n'est pas à Zaynab.

هَذِهِ ٱلْوَرَقَةُ لَيْسَتْ بَيْضَاءَ : cette feuille n'est pas blanche.

ٱلْقَلَمُ عَلَى وَرَقَةٍ بَيْضَاءَ : le crayon (est) sur une feuille blanche.

Cependant, lorsqu'un mot diptote est déterminé grammaticalement (par exemple par l'article), il prend la voyelle i au cas indirect. On dit qu'il devient triptote, car on appelle triptotes les mots qui ont une déclinaison à 3 cas.

Ex : ٱلْقَلَمُ عَلَى ٱلْوَرَقَةِ ٱلْبَيْضَاءِ le crayon est sur la feuille blanche

- L'apposition

Un nom mis en apposition à un autre nom prend le même cas que lui :

عِنْدَ ٱلطَّبِيبِ عُمَرَ = chez le docteur ʿUmar.

عُمَرَ et ٱلطَّبِيبِ sont tous les 2 au cas indirect.

عُمَرَ est terminé par (ﹷ) parce qu'il est diptote.

- Le genre des noms (suite)

Rappelons que les noms de choses et les noms abstraits sont généralement féminins lorsqu'ils sont terminés par tâ marbûṭa, masculins dans le cas contraire. Il y a des exceptions : certains noms de choses sont féminins sans être terminés par tâ marbûṭa. On les appelle « féminins par nature ».

Ex : أَرْضٌ = terre

- La préposition عِنْدَ

Cette préposition, qui signifie « chez », sert aussi, très souvent, à exprimer la possession.

Ex : عِنْدَ سَلِيمٍ كُرَةٌ = chez Salîm (est) une balle : Salîm a une balle. « Salîm a une balle » peut aussi se dire : لِسَلِيمٍ كُرَةٌ. En principe, il peut y avoir une légère différence de sens entre les 2 phrases : en employant لِ , on indique que cette balle appartient à Salîm, tandis que عِنْدَ peut s'employer pour dire que Salîm a une balle, mais que cette balle n'est pas forcément à lui.

Vocabulaire

فِرَاشٌ = lit   غِطَاءٌ = couverture   فُسْتَانٌ = robe

سِرْوَالٌ = pantalon   أَرْضٌ (fém.) = terre   وَرَقَةٌ = feuille

أَخْضَرُ = vert   أَسْوَدُ = noir   عِنْدَ = chez   قُرْبَ = près de...

مَكْتَبٌ = bureau

Exercices

1. Répondre aux questions :

كَيْفَ ٱلْفِرَاشُ ؟ مَا عَلَى ٱلْفِرَاشِ ؟ كَيْفَ ٱلْغِطَاءُ ؟ مَا عَلَى ٱلْغِطَاءِ ؟ كَيْفَ ٱلْفُسْتَانُ ؟ مَا عَلَى ٱلْأَرْضِ ؟ أَيْنَ هَذَا ٱلسِّرْوَالُ ؟ لِمَنْ هُوَ ؟ لِمَنِ ٱلْفُسْتَانُ ؟ مَنْ عِنْدَ ٱلطَّبِيبِ ؟ كَيْفَ هَذَا ٱلرَّجُلُ ؟ لِمَنِ ٱلْمَكْتَبُ ؟ مَا عَلَى ٱلْمَكْتَبِ ؟ كَيْفَ ٱلْوَرَقَةُ ؟ مَا عَلَى ٱلْوَرَقَةِ ؟ كَيْفَ ٱلْقَلَمُ ؟

2. Traduire en arabe :

Naḏîr (est) chez ᶜUmar. Zaynab a une robe rouge. Sur la chaise blanche (il y a) une balle noire. Maryam la couturière a une robe jaune. Le pantalon noir est sur une table noire. La feuille blanche n'est pas sur le bureau. L'instituteur a un crayon rouge. Cet élève a une longue règle. Salîm a une petite chemise. Ce crayon est à l'instituteur.

3. Vocaliser puis traduire en français :

ما على هذا الفراش ؟ على هذا الفراش فستان صغير ـ هل هذا الفستان الصغير لزينب ؟ لا . هو لعائشة ـ

هل تلك الورقة خضراء ؟ لا . تلك الورقة ليست خضراء ؛ هي بيضاء ـ ما على الورقة البيضاء ؟ على الورقة البيضاء مسطرة سوداء ـ

Septième leçon

اَلدَّرْسُ اَلسَّابِعُ

هٰذَا بُسْتَانٌ صَغِيرٌ. فِي اَلْبُسْتَانِ رَجُلٌ وَوَلَدٌ. اَلرَّجُلُ جَنَّانٌ. عَلَى رَأْسِ اَلْجَنَّانِ مِظَلٌّ. فِي يَدِ اَلْجَنَّانِ مِرَشَّةٌ وَفِي اَلْمِرَشَّةِ مَاءٌ. اَلْوَلَدُ هُوَ سَلِيمٌ. لَيْسَ لِسَلِيمٍ مِظَلٌّ: هُوَ فِي ظِلِّ شَجَرَةٍ. عَلَى اَلشَّجَرَةِ طَائِرٌ. قَمِيصُ سَلِيمٍ أَسْوَدُ. عَلَى أُذُنِ سَلِيمٍ زَهْرَةٌ بَيْضَاءُ.

Grammaire

- L'annexion

On dit que 2 noms sont en rapport d'annexion lorsqu'ils sont juxtaposés de façon telle que le second sert de complément de nom au premier.

رَأْسُ ٱلْجَنَّانِ = : la tête du jardinier

قَمِيصُ سَلِيمٍ = : la chemise de Salîm

Le 1er terme de l'annexion est considéré comme déterminé : il ne prend ni le tanwîn ni l'article. Il se met au cas voulu par sa fonction.

Le 2ème terme de l'annexion (c'est-à-dire le complément de nom) peut être déterminé ou indéterminé. Il est obligatoirement au cas indirect.

قَمِيصُ سَلِيمٍ أَسْوَدُ = la chemise de Salîm (est) noire. (قَمِيصُ est au nominatif parce qu'il est sujet, Salîm est au cas indirect parce qu'il est complément de nom).

هَذَا فُسْتَانُ بِنْتٍ = ceci (est) la robe d'une fille : voici une robe de fille. (فُسْتَانُ est au nominatif parce qu'il est attribut, بِنْتٍ est au cas indirect parce qu'il est complément de nom ; ici le complément de nom est indéterminé).

عَلَى رَأْسِ ٱلْجَنَّانِ مِظَلٌّ = sur la tête du jardinier (est) un chapeau (رَأْسِ) est au cas indirect parce qu'il est précédé d'une préposition ; ٱلْجَنَّانِ est au cas indirect parce qu'il est complément de nom).

- Négation du verbe avoir et de l'expression « il y a »

Pour transformer en phrase négative une phrase nominale où l'attribut précède le sujet, le plus simple est de maintenir la phrase affirmative telle quelle, en la faisant précéder de لَيْسَ .

لِلْوَلَدِ مِظَلٌّ = : l'enfant a un chapeau

لَيْسَ لِلْوَلَدِ مِظَلٌّ =: l'enfant n'a pas de chapeau

(littéralement : n'est pas à l'enfant un chapeau).

Il faut noter que : لَيْسَ peut rester au masculin, même si le sujet est féminin :

عَلَى ٱلْكُرْسِيِّ كُرَةٌ = (il y a) une balle sur la chaise

لَيْسَ عَلَى ٱلْكُرْسِيِّ كُرَةٌ = : il n'y a pas de balle sur la chaise.

- Le genre des noms (suite)

يَدٌ (main) et أُذُنٌ (oreille) sont des féminins par nature, comme toutes les parties doubles du corps (pied, œil, bras, etc.)

Vocabulaire

بُسْتَانٌ = jardin   جَنَّانٌ = jardinier   رَأْسٌ : tête

زَهْرَةٌ = fleur   شَجَرَةٌ = arbre   يَدٌ = main (fém.)

طَائِرٌ = oiseau   فِي = dans   أُذُنٌ = oreille(fém.)

مَاءٌ = eau   مِرَشَّةٌ = arrosoir   ظِلٌّ = ombre

مِظَلٌّ = chapeau (de paille), sombrero

Exercices

1. Répondre aux questions :

كَيْفَ هَذَا ٱلْبُسْتَانُ ؛ مَنْ فِي ٱلْبُسْتَانِ ؛ مَنْ هُوَ ٱلرَّجُلُ ؛ مَنْ هُوَ ٱلْوَلَدُ ؛ هَلْ فِي ٱلْبُسْتَانِ مَرْأَةٌ ؛ هَلْ فِي ٱلْبُسْتَانِ بِنْتٌ ؛ مَا عَلَى رَأْسِ ٱلْجَنَّانِ ؛ مَا فِي يَدِ ٱلْجَنَّانِ ؛ مَا فِي ٱلْمِرَشَّةِ ؛ أَيْنَ ٱلْوَلَدُ ؛ هَلْ عَلَى رَأْسِ ٱلْوَلَدِ مِظَلٌّ ؛ مَا عَلَى ٱلشَّجَرَةِ ؛ أَيْنَ ٱلزَّهْرَةُ ؛ هَلِ ٱلزَّهْرَةُ بَيْضَاءُ ؛ كَيْفَ هِيَ ؛ هَلْ عَلَى ٱلشَّجَرَةِ زَهْرَةٌ ؛ كَيْفَ قَمِيصُ سَلِيمٍ ؛

2. Traduire en arabe :

Le bureau de ʿUmar (est) grand. Cette robe n'est pas la robe de Zaynab. Le chapeau (est) sur la tête de Naḏîr. Il n'y a pas d'oiseau sur cet arbre. Près de l'arbre (il y a) une chaise. L'oreille de Salîm n'est pas grande. Il n'y a pas d'eau dans l'arrosoir. Cette chemise n'est pas une chemise d'enfant : c'est (: elle (est)) une chemise d'homme. Cet élève n'a pas de règle. La feuille de l'arbre n'est pas blanche, elle (est) verte.

3. Vocaliser puis traduire en français :

مظل الجنان كبير ـ ليس في يد الجنان قلم ـ شجرة البستان خضراء ـ الماء في مرشة زرقاء ـ ليس لمريم فستان أبيض ـ الكرة الزرقاء على كرسي المعلم ـ هذا المكتب ليس للمعلم : هو للطبيب ـ لسليم سروال صغير ـ ليس على رأس عائشة مظل ـ هذا المكتب ليس مكتب المعلمة ـ

Huitième leçon

اَلدَّرْسُ اَلثَّامِنُ

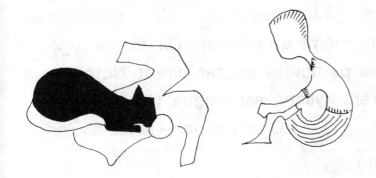

هَذَا وَلَدٌ مَعَ قِطٍّ .
اَلْوَلَدُ هُوَ نَذِيرٌ
وَاَلْقِطُّ هُوَ قِطُّهُ
قِطُّ نَذِيرٍ أَسْوَدُ
لَكِنَّ ذَنَبَهُ أَبْيَضُ .
اَلْقِطُّ عَلَى صُدْرَةِ نَذِيرٍ اَلْبَيْضَاءِ ـ
فِي فَمِهِ كُرَةٌ صَغِيرَةٌ بَيْضَاءُ ـ

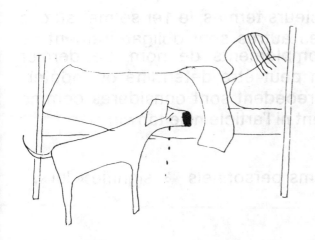

هَذِهِ بِنْتٌ مَعَ كَلْبَةٍ
اَلْبِنْتُ هِيَ زَيْنَبُ .
زَيْنَبُ فِي فِرَاشِهَا
لِأَنَّهَا مَرِيضَةٌ .
اَلْكَلْبَةُ حَزِينَةٌ
لِأَنَّ زَيْنَبَ مَرِيضَةٌ
كَلْبَةُ زَيْنَبَ بَيْضَاءُ   ذَنَبُ قِطِّ نَذِيرٍ أَبْيَضُ
لَكِنَّ أَنْفَهَا أَسْوَدُ ـ   وَأَنْفُ كَلْبَةِ زَيْنَبَ أَسْوَدُ ـ

Grammaire

- Les particules du cas direct

Un nom précédé de لَكِنَّ (mais) ou لِأَنَّ (parce que) se met au cas direct, même s'il est sujet. On dit que لَكِنَّ et لِأَنَّ sont des particules du cas direct. Notons que dans (لَكِنَّ) la 1ère syllabe est longue. On peut écrire : لَكِنَّ , mais non لَاكِنَّ . On prononce « lâkinna ».

- L'annexion (suite)

Lorsque le 1er terme d'une annexion a une épithète, cette épithète se place après le complément de nom, et prend l'article.

Ex : صُدْرَةُ نَذِيرٍ ٱلسَّوْدَاءُ = la veste noire de Naḏîr

Une annexion peut comprendre plus de 2 termes.

Ex : ذَنَبُ قِطِّ نَذِيرٍ = la queue du chat de Naḏîr

أَنْفُ كَلْبَةِ زَيْنَبَ = le nez de la chienne de Zaynab

Dans une annexion à plusieurs termes, le 1er se met au cas voulu par sa fonction ; les autres sont obligatoirement au cas indirect, comme compléments de nom. Le dernier terme de cette annexion peut être déterminé ou indéterminé ; tous ceux qui le précèdent sont considérés comme déterminés : ils ne prennent ni l'article ni le tanwîn.

- Les pronoms affixes

هُ et هَا sont des pronoms personnels. هُ signifie « lui », هَا signifie « elle ».

Alors que les autres pronoms que nous avons déjà vus sont appelés pronoms « isolés », ces nouveaux pronoms sont appelés pronoms « affixes », parce qu'ils sont nécessairement suffixés à un autre mot : nom, verbe, particule du cas direct ou préposition.

Lorsqu'il est suffixé à un nom, le pronom affixe lui sert de complément de nom : il est donc considéré comme le dernier terme d'une annexion. En français on le traduit par un adjectif possessif.

Ex : قِطُّهُ = le chat de lui = son chat

Le nom auquel est suffixé un pronom affixe est le 1er terme d'une annexion; il est donc déterminé, et ne prend ni article ni tanwîn.

Lorsqu'un pronom affixe est suffixé à un nom terminé par un tâ marbûṭa, celui-ci se transforme en ت (tâ maftûḥa).

Ex : كَلْبَة + هَا ← كَلْبَتُهَا =: la chienne d'elle : sa chienne.

Un nom suivi d'un pronom affixe se décline, c'est-à-dire que sa terminaison varie suivant sa fonction.

Ex : كَلْبَتُهَا بَيْضَاءُ = : sa chienne (est) blanche.

زَيْنَبُ مَعَ كَلْبَتِهَا = : Zaynab (est) avec sa chienne.

Notons enfin que lorsque le pronom هُ est précédé d'une voyelle i (brève ou longue), il devient هِ.

فَمُهُ صَغِيرٌ = : sa bouche (est) petite.

فِي فَمِهِ كُرَةٌ = : dans sa bouche (est) une balle.

Vocabulaire

كَلْبَةٌ =	chienne	قِطٌّ =	chat	فَمٌ =	bouche
أَنْفٌ =	nez	صُدْرَةٌ =	veste	ذَنَبٌ =	queue
حَزِينٌ =	triste	لَكِنَّ =	mais	لِأَنَّ =	parce que
مَعَ =	avec (en compagnie de)				

Exercices

1. Répondre aux questions :

مَا مَعَ نَذِيرٍ؟ لِمَنْ هَذَا ٱلْقِطُّ ؛ هَلْ هُوَ أَبْيَضُ ؛ كَيْفَ هُوَ ؛ كَيْفَ ذَنَبُهُ ؛ عَلَامَ(¹) هُوَ ؛ كَيْفَ صُدْرَةُ نَذِيرٍ ؛ مَا فِي فَمِ ٱلْقِطِّ ؛ كَيْفَ هَذِهِ ٱلْكُرَةُ ؛

مَا مَعَ زَيْنَبَ ؛ أَيْنَ زَيْنَبُ؟ لِمَاذَا(²) هِيَ فِي فِرَاشِهَا ؛ لِمَاذَا ٱلْكَلْبَةُ حَزِينَةٌ ؛ هَلْ كَلْبَةُ زَيْنَبَ سَوْدَاءُ ؛ كَيْفَ أَنْفُهَا ؛ كَيْفَ ذَنَبُ قِطِّ نَذِيرٍ ؛ كَيْفَ أَنْفُ كَلْبَةِ زَيْنَبَ ؛

(1) عَلَامَ = (عَلَى مَا) = sur quoi ?

(2) لِمَاذَا ou (لِمَ) = pourquoi...?

2. Traduire en arabe :

Voici un petit garçon avec son chien. Le chien de ce petit garçon (est) blanc mais son oreille (est) noire. Le chat noir de Nadîr n'est pas triste, mais la chienne blanche de Zaynab (est) triste. La queue du chat de Nadîr n'est pas longue. Le petit garçon (est) sur son lit. Son chat n'est pas avec lui. Sur la tête du chien du jardinier (il y a) une petite feuille verte. Le crayon rouge de l'instituteur (est) sur son bureau. Le chat noir (est) sur le pantalon blanc de Nadîr.

3. Vocaliser puis traduire en français :

الجنان في ظل شجرة بستانه ـ ليس للجنان مظل لأنه في ظل الشجرة ـ مرشته الزرقاء على الأرض قربه ـ

هذا الذنب القصير ليس ذنب كلب ؛ هو ذنب قط ـ هذا ولد مع كلبه في بستان ـ هذه زينب مع كلبتها البيضاء ـ كلبة زينب حزينة لأن زينب مريضة ـ هذا نذير مع قطه الأسود ـ القط ليس حزينا لأن نذيرا ليس مريضا ـ ليس لنذير كلبة ـ

Neuvième leçon

اَلدَّرْسُ اَلتَّاسِعُ

هَذِهِ حُجْرَةُ دَرْسٍ. فِيهَا مُعَلِّمٌ وَتِلْمِيذٌ وَتِلْمِيذَةٌ.
اَلْمُعَلِّمُ جَالِسٌ عَلَى كُرْسِيِّهِ. أَمَامَهُ مَكْتَبٌ وَعَلَى اَلْمَكْتَبِ كِتَابٌ.
عَلَى اَلسَّبُّورَةِ خَرِيطَةُ اَلْجَزَائِرِ: هَذَا اَلدَّرْسُ دَرْسُ جُغْرَافِيَا.
اَلتِّلْمِيذَةُ هِيَ زَيْنَبُ. زَيْنَبُ جَالِسَةٌ عَلَى مَقْعَدٍ وَأَمَامَهَا مَكْتَبٌ
صَغِيرٌ. عَلَى مَكْتَبِهَا كِتَابٌ وَدَفْتَرٌ.
اَلتِّلْمِيذُ هُوَ نَذِيرٌ. نَذِيرٌ جَالِسٌ عَلَى مَقْعَدٍ أَيْضاً. عَلَى مَكْتَبِهِ
اَلصَّغِيرِ دَفْتَرٌ لَكِنْ لَيْسَ عَلَيْهِ كِتَابٌ.

- اَلْمُعَلِّمُ: يَانَذِيرُ. أَلَيْسَ لَكَ كِتَابٌ؟
- نَذِيرٌ: بَلَى يَاسَيِّدِي. لِي كِتَابٌ لَكِنَّهُ فِي اَلدَّارِ.
- اَلْمُعَلِّمُ: يَازَيْنَبُ هَلْ لَكِ كِتَابُ جُغْرَافِيَا؟
- زَيْنَبُ: نَعَمْ يَاسَيِّدِي. هُوَ أَمَامِي

Grammaire

- Les pronoms affixes (suite)

Le pronom affixe de la 1ère personne du singulier (masculin et féminin) est ي -

Ex : كِتَابِي = (le livre de moi) = mon livre.

Le pronom affixe de la 2ème personne du masculin singulier est كَ -

Ex : كِتَابُكَ = (le livre de toi) = ton livre (à toi, homme).

Le pronom affixe de la 2ème personne du féminin singulier est كِ -

Ex : كِتَابُكِ = (le livre de toi) = ton livre (à toi, femme).

Dans (سَيِّدِي) (Monsieur) et سَيِّدَتِي (Madame), le ي final est le pronom affixe de la 1ère personne du singulier.

- Lorsqu'un mot est suivi du pronom affixe de la 1ère personne du singulier, sa dernière consonne a obligatoirement un kasra ; si ce mot est un nom, il est donc indéclinable.

Ex :

أَمَامَ = devant

أَمَامَكَ = devant toi

أَمَامَهَا = devant elle

أَمَامِي = devant moi

كِتَابِي عَلَى ٱلْمَكْتَبِ = mon livre (est) sur le bureau

ٱلْقَلَمُ عَلَى كِتَابِي = le crayon (est) sur mon livre.

- Devant un pronom affixe autre que celui de la 1e personne du singulier, la préposition لِ devient لَ -

لِي كِتَابٌ = à moi (est) un livre = j'ai un livre.

لَكَ كِتَابٌ = à toi (homme) (est) un livre = tu as un livre.

لَكِ كِتَابٌ = à toi (femme) (est) un livre = tu as un livre.

لَهُ كِتَابٌ = à lui (est) un livre = il a un livre.

لَهَا كِتَابٌ = à elle (est) un livre = elle a un livre.

- Devant un pronom affixe, le yâ sans points de la préposition (عَلَى) (ou de toute autre préposition terminée par un yâ sans points) devient un yâ avec points et prend un sukûn.

عَلَى + هَا → عَلَيْهَا = sur elle

- Nous avons déjà vu que le pronom هُ devient هِ lorsqu'il est précédé de la voyelle i (longue ou brève) : il subit la même transformation lorsqu'il est précédé d'un yâ muni d'un sukûn.

عَلَى + هُ = (عَلَيْهُ) → عَلَيْهِ = sur lui

جَالِسٌ - = assis.

Nous verrons plus loin que la forme : فَاعِلٌ (comme جَالِسٌ) est celle du participe actif des verbes. Le féminin se forme en ajoutant un tâ marbûta au masculin :

جَالِسٌ assis   جَالِسَةٌ = assise.

جُغْرَافِيَا - = géographie.

Les noms (propres ou communs) qui sont terminés par un alif ou un yâ sans points sont indéclinables. Nous avons déjà vu le nom propre مُوسَى = Mûsâ (Moïse). Ce nom a toujours la même terminaison, quelle que soit sa fonction.

- لَكِنْ = mais

La particule (لَكِنَّ) peut être «allégée» en لَكِنْ (ou لَكِنْ). Cet allègement s'impose devant un verbe. Contrairement à لَكِنَّ , لَكِنْ n'est pas une particule du cas direct.

Vocabulaire

حُجْرَةٌ = salle, pièce. كِتَابٌ = livre سَبُّورَةٌ = tableau

دَرْسٌ = leçon, cours. حُجْرَةُ دَرْسٍ = une salle de classe.

اَلْجَزَائِرُ (fém.) = l'Algérie (ou Alger) دَفْتَرٌ = cahier

خَرِيطَةٌ = carte (de géographie) مَقْعَدٌ = siège, banc

دَارٌ (fém.) = maison جُغرَافِيَا (fém.) = géographie

جَالِسٌ = assis أَمَامَ = devant لَكِنْ = mais

Exercices

1. Répondre aux questions :

أَيْنَ اَلْمُعَلِّمُ ؟ مَنْ مَعَهُ ؟ مَنْ جَالِسٌ عَلَى كُرْسِيٍّ ؟ مَنْ جَالِسٌ عَلَى مَقْعَدٍ ؟ هَلْ لِزَيْنَبَ كُرْسِيٌّ ؟ مَا أَمَامَ اَلْمُعَلِّمِ ؟ مَا عَلَى اَلْمَكْتَبِ ؟ هَلْ عَلَى مَكْتَبِ اَلْمُعَلِّمِ دَفْتَرٌ ؟ مَا عَلَى اَلسَّبُّورَةِ ؟ مَا هُوَ هَذَا اَلدَّرْسُ ؟ مَنْ هِيَ اَلتِّلْمِيذَةُ ؟ هَلْ لَهَا مَكْتَبٌ ؟ كَيْفَ مَكْتَبُهَا ؟ مَا عَلَيْهِ ؟ مَنْ هُوَ اَلتِّلْمِيذُ ؟ مَا أَمَامَهُ ؟ هَلْ لَهُ دَفْتَرٌ ؟ هَلْ لَهُ كِتَابٌ ؟ أَيْنَ كِتَابُ نَذِيرٍ ؟ أَيْنَ كِتَابُ زَيْنَبَ ؟

2. Traduire en Arabe :

Je[suis] assise sur ma chaise. Devant moi [il y a] ton petit livre. Ce crayon [est-il] à toi ? Non, il [est] à mon maître. Qui [y a-t-il] dans le jardin ? Il y a (= dans lui [sont]) le jardinier et son fils (= son enfant). Dans mon livre [il y a] la carte de l'Algérie. Qu' [y a-t-il] sur ton petit bureau ? Il y a (= sur lui) ma règle noire. Dans la salle de classe [il y a] un instituteur mais il n'y a pas d'institutrice (= n'est pas dans elle une institutrice). O jardinier, où [est] ton chapeau ? Il [est] chez mon fils. Ta leçon [est] dans ton livre, et ta carte [est] dans ton cahier. Je [suis] à la maison parce que mon maître [est] malade.

3. Vocaliser puis traduire en français :

التلميذ أمام السبورة والمعلم جالس على كرسيه ـ كلبك معي في بستاني ـ داره صغيرة لكن بستانه كبير ـ أنا تلميذك وانت معلمي ـ ياسيدي هل هذا الكتاب لك ؟ ـ فستاني أبيض وفستانك أزرق ـ لهذا الولد سروال أحمر ـ صدرتي السوداء على فراشي ـ ليس على رأس الجنان مظل لأنه جالس في ظل شجرة ـ على الأرض مرشة لكن ليس فيها ماء .

Dixième leçon

اَلدَّرْسُ ٱلْعَاشِرُ

هذِه غُرْفَةُ نَذِير .

نَذِيرٌ وَاقِفٌ أَمامَ ٱلنَّافِذَةِ .

قُرْبَ ٱلْبابِ مَائِدَةٌ .

عَلَى ٱلْمَائِدَةِ مِصْباحٌ .

عَلَى ٱلْحَائِطِ فَوْقَ ٱلْمَائِدَةِ قَفَصٌ .

هَلْ فِي ٱلْقَفَصِ طَائِرٌ ؟

لَا . مَا فِي ٱلْقَفَصِ طَائِرٌ .

هَذِهِ غُرْفَةُ زَيْنَبَ .

زَيْنَبُ وَاقِفَةٌ أَمامَ بابِ غُرْفَتِها .

عَلَى ٱلنَّافِذَةِ زَهْرَةٌ فِي إِناءٍ .

تَحْتَ ٱلنَّافِذَةِ مَائِدَةٌ .

لَا شَيْءَ عَلَى ٱلْمَائِدَةِ .

نَذِيرٌ لَهُ قَفَصٌ

وَزَيْنَبُ لَها زَهْرَةٌ

غُرْفَةُ نَذِيرٍ مَا فِيها زَهْرَةٌ

وَغُرْفَةُ زَيْنَبَ مَا فِيها قَفَصٌ .

Grammaire

- La négation (suite)

Soit une phrase nominale, dans laquelle l'attribut (préposition + nom) précède le sujet.

Ex : فِي ٱلْقَفَصِ طَائِرٌ

dans la cage [il y a] un oiseau.

Pour transformer une telle phrase en une phrase négative, nous savons qu'on peut la faire précéder de لَيْسَ :

= لَيْسَ فِي ٱلْقَفَصِ طَائِرٌ

il n'y a pas d'oiseau dans la cage.

On peut aussi la faire précéder de la négation مَا (à ne pas confondre avec le pronom interrogatif) :

= مَا فِي ٱلْقَفَصِ طَائِرٌ

il n'y a pas d'oiseau dans la cage.

On peut enfin employer la négation لَا ; dans ce cas le sujet se met au cas direct, sans article et sans tanwîn, et se place avant l'attribut. Cette façon d'exprimer la négation est en principe plus forte que les 2 précédentes :

= لَا طَائِرَ فِي ٱلْقَفَصِ

il n'y a aucun oiseau dans la cage.

- La phrase nominale (suite) : un nouveau type.

Pour dire, par exemple, «Nadîr a une cage», nous savons qu'on peut employer la tournure : «à Nadîr [est] une cage» :

لِنَذِيرٍ قَفَصٌ

Mais, si l'on veut mettre en valeur Nadîr, on peut employer la tournure suivante :

= نَذِيرٌ لَهُ قَفَصٌ

(Nadîr à lui [est] une cage) = Nadîr a une cage.

نَذِيرٌ est au nominatif, et قَفَصٌ aussi.

De même, pour dire : «dans la chambre de Nadîr il y a une cage», on peut dire :

- soit : فِي غُرْفَةِ نَذِيرٍ قَفَصٌ

dans la chambre de Nadîr [est] une cage

- soit : غُرْفَةُ نَذِيرٍ فِيهَا قَفَصٌ

(la chambre de Nadîr dans elle [est] une cage) = la chambre de Nadîr contient une cage.

Cette tournure peut aussi s'employer avec une négation :

زَيْنَبُ لَيْسَ لَهَا قَفَصٌ

زَيْنَبُ لَا قَفَصَ لَهَا   Zaynab n'a pas de cage.

زَيْنَبُ مَا لَهَا قَفَصٌ

غُرْفَةُ زَيْنَبَ لَيْسَ فِيهَا قَفَصٌ

غُرْفَةُ زَيْنَبَ لَا قَفَصَ فِيهَا   dans la chambre de Zaynab il n'y a pas de cage.

غُرْفَةُ زَيْنَبَ مَا فِيهَا قَفَصٌ

- وَاقِفٌ -

Ce mot a la forme فَاعِلٌ (comme جَالِسٌ) : c'est un participe actif. Nous savons que le féminin du participe actif s'obtient en ajoutant au masculin : ة (ـة)

هُوَ وَاقِفٌ : il [est] debout   هِيَ وَاقِفَةٌ = elle [est] debout.

- شَيْءٌ -

Le mot : شَيْءٌ signifie «une chose» ou «quelque chose». Mais, dans une phrase négative, il signifie «rien» :

لَا شَيْءَ عَلَى ٱلْمَائِدَةِ
لَيْسَ عَلَى ٱلْمَائِدَةِ شَيْءٌ   il n'y a rien sur la table.
مَا عَلَى ٱلْمَائِدَةِ شَيْءٌ

Vocabulaire

غُرْفَةٌ = pièce, chambre   وَاقِفٌ = levé, debout   نَافِذَةٌ = fenêtre

حَائِطٌ = mur   قَفَصٌ = cage   إِنَاءٌ = vase

شَيْءٌ = chose ; quelque chose   فَوْقَ = sur ; au-dessus de...   تَحْتَ = sous ; au-dessous de...

مِصْبَاحٌ = lampe

Exercices

1. Répondre aux questions :

لِمَنْ هَذِهِ ٱلْغُرْفَةُ ؛ هَلْ نَذِيرٌ جَالِسٌ ؛ كَيْفَ هُوَ ؛ أَيْنَ هُوَ وَاقِفٌ ؛ أَيْنَ ٱلْمَائِدَةُ ؛ أَيْنَ ٱلْقَفَصُ ؛ مَا فِي ٱلْقَفَصِ ؟

لِمَنْ هَذِهِ ٱلْغُرْفَةُ ؛ أَيْنَ زَيْنَبُ ؛ هَلْ هِيَ جَالِسَةٌ ؛ كَيْفَ هِيَ ؛ أَيْنَ ٱلْإِنَاءُ ؛ مَا فِي ٱلْإِنَاءِ ؛ أَيْنَ ٱلْمَائِدَةُ ؛ مَا عَلَيْهَا ؛ هَلْ لِزَيْنَبَ قَفَصٌ ؛ هَلْ لِنَذِيرٍ زَهْرَةٌ ؟

2. Transformer les phrases suivantes en phrases négatives :

هَذِهِ ٱلْغُرْفَةُ غُرْفَةُ نَذِيرٍ ـ نَذِيرٌ جَالِسٌ عَلَى كُرْسِيِّهِ ـ فِي يَدِهِ كِتَابٌ ـ عَلَى رَأْسِهِ مِظَلٌّ ـ ٱلْبُسْتَانُ فِيهِ كَلْبٌ ـ عَلِيٌّ طَبِيبٌ ـ عُمَرُ نَجَّارٌ ـ لِي صُدْرَةٌ بَيْضَاءُ ـ عَلَى ٱلْحَائِطِ خَرِيطَةٌ ـ هَذَا دَرْسُ جُغْرَافِيَا ـ سَلِيمٌ لَهُ كُرَةٌ ـ

3. Placer le ou les mots soulignés en tête de la phrase :

في غُرْفَتي مِكْتَبٌ ـ ما عَلى السَّبُّورَةِ شَيْءٌ ـ لِقِطٍّ نَذيرٍ ذَنَبٌ أَبْيَضُ ـ عَلى المائِدَةِ إناءٌ ـ في يَدِ الجَنّانِ مِرَشَّةٌ ـ فَوْقَ المَكْتَبِ مِصْباحٌ ـ عَلَى الفِراشِ غِطاءٌ ـ مَعَ الطَّبيبِ مَريضٌ ـ لَيْسَ لِهذا التِّلْميذِ كِتابٌ ـ لِلطّائِرِ قَفَصٌ ـ في الإناءِ ماءٌ ـ

4. Vocaliser puis traduire :

هذه الخريطة ليست خريطة الجزائر ـ هذا الرجل ليس له دار ـ هذه الدار فيها بستان صغير ـ الكلبة صحيحة لكن القط مريض ـ هذه الحجرة لا تلميذ فيها ـ مرشتك ما فيها ماء ـ ليس تحت فراشك شيء ـ أنت واقفة أمام معلمتك ـ أليس لك قميص أبيض ؟ ـ لي قفص لكن ليس لي طائر ـ

Récapitulation

- **Détermination et indétermination.**

Un mot (nom, adjectif, participe...) est grammaticalement indéterminé lorsqu'il n'a ni article, ni complément de nom, ni pronom affixe.

Ex :

أَحْمَرُ = rouge   مَرِيضٌ = malade   جَالِسٌ = assis   وَلَدٌ = enfant

Un mot est grammaticalement déterminé lorsqu'il est accompagné de l'un de ces 3 éléments : il ne prend pas de tanwîn.

Ex : وَلَدُ ٱلطَّبِيبِ = le fils du médecin   وَلَدُهُ = son fils

ٱلْمَرِيضُ = le malade   اَلْأَحْمَرُ = le rouge

Précisons qu'un mot ne peut être grammaticalement déterminé que par un seul de ces éléments à la fois : il ne peut pas avoir en même temps l'article et un complément de nom, ou l'article et un pronom affixe, ou un pronom affixe et un complément de nom.

Un nom propre est toujours déterminé. La détermination d'un nom propre n'est pas une détermination grammaticale, mais une détermination sémantique (c'est-à-dire par le sens).

Ex : نَذِيرٌ : Nadîr   زَيْنَبُ : Zaynab

Il arrive qu'un nom propre soit aussi déterminé grammaticalement.

Ex : اَلْجَزَائِرُ = l'Algérie (ou Alger)

- **Les 3 cas et leur emploi.**

Les 3 cas sont :

le nominatif, caractérisé par la terminaison ُ (ou ٌ) ;

le cas direct, caractérisé par la terminaison َ (ou ً) ;

le cas indirect, caractérisé par la terminaison ِ (ٍ) ;

Rappelons toutefois que, pour les mots diptotes grammaticalement indéterminés, la voyelle du cas indirect est la même que celle du cas direct : _ .

Le nominatif est le cas du sujet et de l'attribut (non précédé d'un verbe d'état).

Le cas direct est le cas de l'attribut précédé d'un verbe d'état (comme لَيْسَ), du nom précédé d'une particule du cas direct, et du sujet dans une phrase nominale négative commençant par لا .

Le cas indirect est le cas du complément de nom, et celui du nom précédé d'une préposition.

Rappelons que l'épithète se met au même cas que le nom auquel elle se rapporte.

Exercices

1. Vocaliser puis traduire en français :

هذه مسطرة طويلة ـ هذه الصدرة لنذير ـ نذير ولد كبير ـ هو تلميذ ـ الدرس في الكتاب ـ الكتاب على المكتب ـ أمام المكتب كرسي ـ للمعلم كرسي وللتلميذ مقعد ـ مكتب المعلم كبير ومكتب التلميذ صغير ـ المعلم له سروال أزرق ـ

2. Traduire en arabe :

J'ai une cage dans ma chambre. Il [est] debout devant la porte de sa maison. Ta chatte [est] sur l'arbre du jardin. Elle a une feuille sous son livre. Zaynab, où [est] ta règle noire ? [Il y a] un homme devant la fenêtre de la chambre. Le crayon de Zaynab [est] sur son oreille. [Il y a] une fleur sur mon bureau.

3. Mettre les phrases suivantes à la forme négative :

أَنَا نَجَّارٌ ـ الْخَيَّاطَةُ مَرِيضَةٌ ـ هَذَا الرَّجُلُ صَغِيرٌ ـ أَنْتَ تِلْمِيذٌ ـ أَنْتِ بِنْتٌ صَغِيرَةٌ ـ هَذِهِ الْكُرَةُ حَمْرَاءُ ـ فُسْتَانُ زَيْنَبَ عَلَى فِرَاشِهَا ـ أَنْتَ تَحْتَ شَجَرَةٍ ـ أَنْتِ صَحِيحَةٌ ـ أَنَا عِنْدَ الطَّبِيبِ ـ

4. Même exercice (employer des tournures différentes)

فِي حُجْرَةِ ٱلدَّرْسِ تِلْمِيذٌ ـ لِلطَّائِرِ ذَنَبٌ طَوِيلٌ ـ هذا ٱلوَلَدُ لَهُ كُرَةٌ ـ عَلَى ٱلسَّبُّورَةِ خَرِيطَةٌ ـ فِي ٱلبُسْتَانِ بَقَرَةٌ ـ عَلَى ٱلحِمَارِ وَلَدٌ ـ عَلَى ٱلحَائِطِ قِطٌّ ـ مَعَ ٱلمُعَلِّمَةِ ٱمْرَأَةٌ ـ فِي غُرْفَتِي فِرَاشٌ ـ لَهُ قَمِيصٌ ـ

5. Vocaliser puis traduire en français :

زينب واقفة أمام فاطمة ـ على فستان عائشة الأخضر زهرة بيضاء ـ الخريطة على السبورة السوداء ـ الماء في مرشة خضراء ـ هذا الحائط أبيض ـ داري قرب دار عمر ـ ظل الجنان ليس أصفر ـ الورقة في صدرتي الزرقاء ـ لا شيء على مكتب زينب ـ ذنب القط الأسود أبيض ـ أنف الكلبة البيضاء أسود ـ

6. Traduire en arabe :

Ta balle rouge [est] sous le lit. La longue règle du maître [est] par terre. Il [est] devant la grande porte du jardin. Voici la petite chaise de °A'iša. Avec moi [il y a] un petit garçon. Ton jardin n'est pas un grand jardin. Zaynab a une robe courte. Dans la maison [il y a] une femme malade. °Alī [est] un homme bien-portant. Il n'y a pas de feuille blanche sur cette table.

7. Mettre au féminin les mots soulignés et modifier éventuellement le reste de la phrase.

ٱلرَّجُلُ فِي دَارِهِ ـ ٱلقِطُّ لَيْسَ أَسْوَدَ ـ ٱلوَلَدُ لَهُ كُرَةٌ ـ أَنْفُ ٱلكَلْبِ أَبْيَضُ ـ ٱلتِّلْمِيذُ لَهُ كِتَابٌ ـ ٱلطَّبِيبُ أَمَامَ مَكْتَبِهِ ـ ٱلمَرِيضُ عَلَى فِرَاشِهِ ـ ٱلمُمَرِّضُ مَعَ ٱلمَرِيضِ ـ ٱلمُعَلِّمُ وَاقِفٌ أَمَامَ ٱلسَّبُّورَةِ ـ ٱلخَيَّاطُ جَالِسٌ عَلَى كُرْسِيِّهِ ـ

Ex : ٱلرَّجُلُ فِي دَارِهِ ← ٱلمَرْأَةُ فِي دَارِهَا

8. Traduire en arabe :

Le chien [est] triste parce que la balle [est] sur l'arbre. Le jardinier [est] à l'ombre mais son chapeau [est] sur sa tête. Le chat [est] sur l'arbre mais l'oiseau n'y est pas (= n'est pas sur lui). Le crayon n'est pas blanc parce que la feuille du cahier [est] blanche. Cet enfant [est] maigre parce qu'il n'est pas bien-portant. Cette fille [est] grosse mais elle n'est pas bien-portante. Le cahier de Nadîr [est] devant lui mais son livre [est] à la maison. Je [suis] triste parce que tu n'es pas avec moi. Ce mur [est] blanc mais [il y a] (= dans lui) une fenêtre bleue. Ton chapeau [est] petit parce que ta tête [est] petite.

9. Vocaliser puis traduire :

أنا أمام باب دار الطبيب ـ على نافذة غرفة نذير إناء ـ هذا ليس باب بستان عمر ـ ليس لدار المعلم بستان ـ هذه كرة ولدك ـ لا خريطة على حائط هذه الغرفة ـ فستان بنت فاطمة طويل ـ المعلم جالس على مقعد تلميذ ـ هذا سروال ولد الخياط ـ الممرضة أمام باب غرفة المريض ـ

10. Remplacer les mots soulignés par des pronoms personnels :

اَلتِّلْمِيذَةُ أَمَامَ مُعَلِّمَتِهَا ـ هَذَا الْقَمِيصُ لِنَذِيرٍ ـ اَلطَّائِرُ لَيْسَ عَلَى الْقَفَصِ ـ اَلْخَرِيطَةُ عَلَى مَكْتَبِ الْمُعَلِّمِ ـ اَلْبُسْتَانُ صَغِيرٌ لِأَنَّ الدَّارَ صَغِيرَةٌ ـ هَذَا الْمِظَلُّ لَيْسَ مِظَلَّ الْجَنَّانِ ـ اَلْفُسْتَانُ عِنْدَ الْخَيَّاطَةِ ـ اَلْمُعَلِّمُ مَعَ تِلْمِيذِهِ ـ اَلزَّهْرَةُ فِي الْإِنَاءِ ـ عَلَى الْأَرْضِ مِصْبَاحٌ ـ

Troisième partie :

La phrase verbale

Onzième leçon

اَلدَّرْسُ ٱلْحَادِيَ عَشَرَ

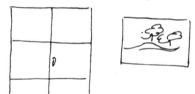

زَيْنَبُ وَنَذِيرٌ وَسَلِيمٌ فِي غُرْفَةٍ كَبِيرَةٍ . هَذِهِ ٱلْغُرْفَةُ هِيَ غُرْفَةُ ٱلِاسْتِقْبَالِ . زَيْنَبُ جَالِسَةٌ عَلَى كُرْسِيٍّ أَمَامَ ٱلْمَائِدَةِ وَهِيَ تَكْتُبُ عَلَى وَرَقَةٍ بَيْضَاءَ . سَلِيمٌ أَيْضًا جَالِسٌ عَلَى كُرْسِيٍّ . فِي يَدِهِ قَلَمٌ وَأَمَامَهُ زَهْرَةٌ فِي كَأْسٍ . سَلِيمٌ يَرْسُمُ ٱلزَّهْرَةَ وَٱلْكَأْسَ .

نَذِيرٌ جَالِسٌ عَلَى ٱلْبِسَاطِ وَهُوَ يَقْرَأُ كِتَابًا . يَرْفَعُ نَذِيرٌ رَأْسَهُ وَيَسْأَلُ :

- يَا زَيْنَبُ مَاذَا تَفْعَلِينَ ؟

- زَيْنَبُ : أَكْتُبُ رِسَالَةً إِلَى صَاحِبَتِي آمِنَةَ . هَلْ تَعْرِفُ آمِنَةَ ؟

- نَذِيرٌ : لَا يَا زَيْنَبُ ، أَنَا لَا أَعْرِفُ صَاحِبَتَكِ آمِنَةَ .

Grammaire

- Conjugaison des verbes normaux à l'inaccompli indicatif

Les verbes normaux sont ceux dont la racine ne comprend ni 2 consonnes identiques, ni un wâw, ni un yâ.

Le mode que nous étudions dans cette leçon est l'inaccompli indicatif ; il correspond, en français, à l'indicatif présent, quelquefois au futur.

L'inaccompli se caractérise par la présence de préfixes pronominaux (أَ ـ تَ ـ يَ) et parfois de suffixes (ex : ـِينَ pour la 2ème personne du féminin singulier) ajoutés aux 3 consonnes de la racine.

Il faut noter qu'à la 2ème et à la 3ème personne, le féminin se distingue du masculin.

Nous prendrons pour modèle de verbe normal فَعَلَ (faire).

Singulier

1ère pers.		أَفْعَلُ	= je fais
2ème pers.	masc.	تَفْعَلُ	= tu fais (homme)
	fém.	تَفْعَلِينَ	= tu fais (femme)
3ème pers.	masc.	يَفْعَلُ	= il fait
	fem.	تَفْعَلُ	= elle fait

Tous les verbes normaux se conjuguent de la même manière ; seule la voyelle de la 2ème radicale (c'est-à-dire de la 2ème lettre de la racine) est variable. Cette voyelle (qui est imposée par l'usage) est indiquée dans les dictionnaires et lexiques, à côté de la forme qui sert à désigner le verbe. Cette forme, qui est la plus simple et la plus proche de la racine, est la 3ème personne du masculin singulier de l'accompli, c'est-à-dire du passé.

فَعَلَ signifie donc « il a fait », mais, comme il n'existe pas d'infinitif, on se sert conventionnellement de cette forme pour désigner le verbe. On dit donc :

a فَعَلَ = faire   u كَتَبَ = écrire   a قَرَأَ = lire   i عَرَفَ = connaître.

- Le complément d'objet direct.
Le complément d'objet direct se met au cas direct.

Ex : أَكْتُبُ رِسَالَةً = j'écris une lettre

يَرْسُمُ ٱلزَّهْرَةَ وَٱلْكَأْسَ = il dessine la fleur et le verre

- Place du verbe
Le verbe peut précéder le sujet, comme il peut le suivre.

يَرْفَعُ نَذِيرٌ رَأْسَهُ   Nadîr lève la tête.
نَذِيرٌ يَرْفَعُ رَأْسَهُ

En principe, il vaut mieux placer le verbe en tête de phrase.
Si le sujet est indéterminé, il doit suivre le verbe.
En grammaire arabe, une proposition verbale est une proposition qui commence par un verbe. Ex :

يَرْفَعُ نَذِيرٌ رَأْسَهُ

- La négation لَا -
La négation employée avec l'inaccompli indicatif est le plus souvent لَا .
Ex :

لَا أَعْرِفُ صَاحِبَتَكِ آمِنَةَ = je ne connais pas ton amie Âmina.

Vocabulaire

إِلَى = à, vers اِسْتِقْبَالٌ = réception, accueil (alif instable)

كَأْسٌ = verre - (fém.) غُرْفَةُ ٱلْاِسْتِقْبَالِ = le salon

صَاحِبٌ = compagnon, camarade, ami بِسَاطٌ = tapis

آمِنَةُ = Amina, nom de femme (diptote) رِسَالَةٌ = lettre

رَسَمَ (u) = dessiner - كَتَبَ (u) = écrire - قَرَأَ (a) = lire

رَفَعَ (a) = lever, soulever - سَأَلَ (a) = demander, interroger

فَعَلَ (a) = faire عَرَفَ (i) = connaître, reconnaître, savoir

Exercices

1. Répondre aux questions :

أَيْنَ زَيْنَبُ وَنَذِيرٌ وَسَلِيمٌ ؟ هَلْ زَيْنَبُ عَلَى ٱلْبِسَاطِ ؟ أَيْنَ هِيَ ؟ مَنْ عَلَى ٱلْبِسَاطِ ؟ مَاذَا تَكْتُبُ زَيْنَبُ ؟ إِلَى مَنْ تَكْتُبُ ؟ مَنْ هِيَ آمِنَةُ ؟ هَلْ يَعْرِفُ نَذِيرٌ آمِنَةَ ؟ مَا أَمَامَ سَلِيمٍ ؟ هَلْ سَلِيمٌ يَكْتُبُ ؟ مَاذَا يَفْعَلُ ؟ مَاذَا يَقْرَأُ نَذِيرٌ ؟ مَنْ يَرْفَعُ رَأْسَهُ ؟ مَاذَا يَسْأَلُ ؟

2. Compléter les phrases suivantes, en ajoutant un des verbes de la lecture à la forme qui convient :

رَسَمَ u ـ عَرَفَ i ـ كَتَبَ u ـ رَفَعَ a ـ سَأَلَ a ـ قَرَأَ a

اَلْمُعَلِّمُ ... خَرِيطَةً عَلَى ٱلسَّبُّورَةِ ـ أَنْتِ ... دَرْسَكِ فِي كِتَابِكِ ـ أَنَا ... رِسَالَةً إِلَى صَاحِبِي ـ اَلْمُعَلِّمَةُ ... تِلْمِيذَتَهَا ـ يَاوَلَدُ هَلْ ... دَارَ ٱلطَّبِيبِ ؟ ـ اَلتِّلْمِيذُ ... فِي دَفْتَرِهِ ـ اَلْبِنْتُ ٱلصَّغِيرَةُ ... يَدَهَا إِلَى ٱلطَّائِرِ ـ أَنْتَ لَا ... لِأَنَّ كِتَابَكَ لَيْسَ أَمَامَكِ ـ أَنَا ... هَذَا ٱلْقِطُّ : هُوَ قِطُّ نَذِيرٍ ـ أَنْتَ ... طَائِراً عَلَى وَرَقَتِكَ ـ

3. Conjuguer au singulier de l'inaccompli indicatif le verbe جَلَسَ (i) = (s'asseoir).

4. Vocaliser puis traduire en français :

يا بنت لماذا لا تكتبين درسك ؛ لأ ن دفتري في الدار ياسيدي ـ ياولد ماذا تقرأ ؛ أقرأ درس الجغرافيا ـ المعلم يسأل : من له قلم أحمر ؟ يرفع نذير يده : ياسيدي أنا لي قلم أحمر ـ هذه الكلبة ليست لي : أنا لا أعرفها ؛ وأنت يازينب هل تعرفينها ؟

Douzième leçon

اَلدَّرْسُ اَلثَّانِيَ عَشَرَ

هَذَا عَلِيٌّ اَلنَّجَّارُ فِي دُكَّانِهِ. عَلِيٌّ وَاقِفٌ أَمَامَ مِنْضَدَةٍ كَبِيرَةٍ وَفِي يَدِهِ مِنْجَرٌ. عَلِيٌّ يَنْجُرُ لَوْحَةً طَوِيلَةً بِالْمِنْجَرِ وَالنِّجَارَةُ تَسْقُطُ عَلَى اَلْأَرْضِ. مَعَ عَلِيٍّ شَابٌّ. هَذَا اَلشَّابُّ هُوَ مُسَاعِدُهُ. اَلْمُسَاعِدُ يَلْقُطُ اَلنِّجَارَةَ مِنَ اَلْأَرْضِ وَيَجْعَلُهَا فِي سَلَّةٍ. يَدْخُلُ رَجُلٌ دُكَّانَ اَلنَّجَّارِ:

ـ اَلسَّلَامُ عَلَيْكَ يَاعَلِيٌّ!

ـ وَعَلَيْكَ اَلسَّلَامُ!

ـ مَاذَا تَصْنَعُ يَاعَلِيٌّ؟

ـ أَصْنَعُ بَابًا.

ـ أَنَا أَيْضاً فِي حَاجَةٍ إِلَى بَابٍ جَدِيدٍ لِدَارِي.

ـ أَيْنَ اَلْبَابُ اَلْقَدِيمُ؟

ـ اَلْبَابُ اَلْقَدِيمُ فِي مَكَانِهِ لَكِنَّ فِيهِ شَقًّا كَبِيراً.

Grammaire

- يَجْعَلُهَا فِي سَلَّةٍ = il les met dans un panier.

Lorsqu'un pronom affixe est suffixé à un verbe, il lui sert de complément d'objet direct.

- لَكِنَّ فِيهِ شَقًّا كَبِيراً = mais il y a une grosse fente.

Lorsqu'une proposition est introduite par une particule du cas direct, celle-ci exerce son action sur le sujet, même si elle en est séparée par un ou plusieurs mots.

- دَخَلَ u - = entrer

Notons que ce verbe peut avoir un complément d'objet direct :

يَدْخُلُ ٱلدَّكَّانَ = il entre (dans) la boutique.

Il peut aussi se construire avec une préposition :

يَدْخُلُ إِلَى ٱلْبُسْتَانِ = il entre dans le jardin.

- نَجَرَ u - = raboter

Dans ce texte nous avons 3 autres mots de la même racine que ce verbe :

نَجَّارٌ = menuisier   - مِنْجَرٌ = rabot   - نِجَارَةٌ = copeaux.

Deux de ces mots ont des formes particulièrement intéressantes :

- نَجَّارٌ : la forme فَعَّالٌ désigne celui qui accomplit souvent une action.

نَجَّارٌ signifie « celui qui rabote souvent », « raboteur », et de là « menuisier ».

La forme فَعَّالٌ est celle d'un grand nombre de noms d'artisans. Nous connaissons جَنَّانٌ (jardinier) et خَيَّاطٌ (tailleur, couturier) : ce dernier est la forme فَعَّالٌ d'un verbe de la racine خيط, qui signifie « coudre ».

مِنْجَرٌ ‍ـ : le préfixe مـ sert à former des noms d'outils. مِنْجَرٌ signifie « l'outil avec lequel on rabote ». Pour les racines normales, les noms d'outils (ou d'instruments) ont la forme :

مِفْعَلٌ , مِفْعَلَةٌ (ex : مِسْطَرَةٌ, « instrument servant à faire des lignes » : règle), ou مِفْعَالٌ (ex : مِصْبَاحٌ, « instrument servant à éclairer » : lampe).

نُجَارَةٌ (copeaux) est un nom féminin singulier ; il signifie « produit ou résultat du rabotage » (comparer avec « sciure »).

Vocabulaire

دُكَّانٌ = boutique, échoppe	مِنْضَدَةٌ = table, établi
نُجَارَةٌ = copeaux (fém. sing.)	مِنْجَرٌ = rabot
لَوْحَةٌ = planche, tablette	شَابٌّ = jeune homme
مُسَاعِدٌ = aide, adjoint, apprenti	حَاجَةٌ = besoin
سَلَّةٌ = panier	أَنَا فِي حَاجَةٍ إِلَى ... = j'ai besoin de...
قَدِيمٌ = vieux, ancien	جَدِيدٌ = neuf, nouveau
بِـ = avec (au moyen de...)	

مِنْ (مِنَ devant l'article) = de (provenance, origine)

شَقٌّ = fente, fissure   u نَجَرَ = raboter   u سَقَطَ = tomber

a لَقَطَ = ramasser   a جَعَلَ = mettre, placer

u دَخَلَ = entrer   مَكَانٌ = place, endroit

a صَنَعَ = faire, fabriquer, confectionner

Exercices

1. Répondre aux questions :

مَنْ هُوَ عَلِيٌّ ؟ أَيْنَ هُوَ ؟ مَاذَا يَنْجُرُ ؟ بِمَ يَنْجُرُ ؟ أَيْنَ اَللَّوْحَةُ ؟ كَيْفَ هِيَ ؟ مَاذَا

يَصْنَعُ عَلِيٌّ ؟ مَاذَا يَسْقُطُ عَلَى الْأَرْضِ ؟ مَنْ مَعَ عَلِيٍّ ؟ مَنْ هُوَ هَذَا الشَّابُّ ؟ مَاذَا يَلْقُطُ ؟ أَيْنَ يَجْعَلُهَا ؟

مَنْ يَدْخُلُ دُكَّانَ عَلِيٍّ ؟ هَلْ هُوَ فِي حَاجَةٍ إِلَى مَائِدَةٍ ؟ هَلْ هُوَ فِي حَاجَةٍ إِلَى كُرْسِيٍّ ؟ مَا هِيَ حَاجَتُهُ ؟ أَيْنَ بَابُهُ الْقَدِيمُ ؟ مَاذَا فِي هَذَا الْبَابِ ؟

2. Conjuguer au singulier de l'inaccompli indicatif le verbe (a) صَنَعَ fabriquer.

3. Vocaliser puis traduire :

مائدتي جديدة لكن فيها شقا ـ تسقط ورقة صفراء من الشجرة ـ النجار يجعل اللوحة على المنضدة وينجرها ـ المعلمة جالسة على كرسي والتلميذة جالسة على مقعد ـ الطائر لا يدخل القفص ـ أنا جنان وهذا الشاب مساعدي ـ التلميذ يكتب بالقلم والنجار ينجر بالمنجر ـ مريم الخياطة تصنع فستانا جديدا لفاطمة ـ ماذا تفعل بالكتاب ؟ أقرأه ـ أين مكان هذا الكتاب ؟ ـ

4. Compléter les phrases suivantes en ajoutant le verbe qui convient :

(نجر u ـ دخل a ـ صنع u ـ كتب a ـ رفع a ـ رسم u ـ سقط u ـ قرأ a)

النَّجَّارُ ... مَائِدَةً ـ أَنَا ... خَرِيطَةً ـ أَنْتَ ... كِتَاباً ـ هِيَ ... حُجْرَةَ الدَّرْسِ ـ أَنْتَ ... لَوْحَةً ـ هُوَ ... بِقَلَمٍ ـ الْخَيَّاطُ ... صُدْرَةً ـ الْمُعَلِّمُ ... عَلَى السَّبُّورَةِ ـ النِّجَارَةُ ... مِنَ اللَّوْحَةِ ـ هُوَ ... الْكَأْسَ إِلَى فَمِهِ ـ

5. Traduire en arabe :

Il y a une fente dans ta vieille table : tu as besoin d'une table neuve. Une règle tombe par terre ; un élève la ramasse et la met à sa place sur le bureau. Il s'assoit (1) sur son banc. Zaynab, pourquoi écris-tu avec un crayon rouge ? - Parce que mon crayon noir est à la maison. Je rabote une longue planche. Ma chaise est vieille : je fabrique une nouvelle chaise. Le rabot tombe de l'établi. Je n'entre pas dans cette chambre parce qu'il y a un malade.

(1) s'asseoir = جَلَسَ i.

Treizième leçon

اَلدَّرْسُ ٱلثَّالِثَ عَشَرَ

هَذَا قَمِيصٌ نَظِيفٌ
وَهَذَا فُسْتَانٌ وَسِخٌ .
اَلْقَمِيصُ لِنَذِيرٍ وَٱلْفُسْتَانُ لِزَيْنَبَ

قَمِيصُ نَذِيرٍ نَظِيفٌ
لِأَنَّ نَذِيراً غَسَلَهُ
وَفُسْتَانُ زَيْنَبَ وَسِخٌ
لِأَنَّ زَيْنَبَ مَا غَسَلَتْهُ .
زَيْنَبُ تَسْأَلُ نَذِيراً :

- هَلْ أَنْتَ غَسَلْتَ قَمِيصَكَ ؟
- نَذِيرٌ : نَعَمْ . غَسَلْتُهُ أَنَا . وَأَنْتِ
يَازَيْنَبُ هَلْ غَسَلْتِ فُسْتَانَكِ ؟
- زَيْنَبُ : لَا . مَا غَسَلْتُهُ لَكِنِّي سَأَغْسِلُهُ .
- نَذِيرٌ : مَتَى تَغْسِلِينَهُ ؟
- زَيْنَبُ : سَأَغْسِلُهُ ٱلآنَ .
تَغْسِلُ زَيْنَبُ فُسْتَانَهَا
بِٱلْمَاءِ وَٱلصَّابُونِ ثُمَّ
تَنْشُرُهُ عَلَى حَبْلٍ .
اَلآنَ فُسْتَانُ زَيْنَبَ نَظِيفٌ ـ

Grammaire

- La conjugaison de l'accompli.

L'accompli, ou passé, correspond généralement au passé composé ou au passé simple français. Il se caractérise par l'emploi de suffixes pronominaux indiquant à la fois la personne, le genre et le nombre. Seule la 3ème personne du masculin singulier n'a pas de suffixe.

Singulier

1ère pers.		فَعَلْتُ	= j'ai fait
2ème pers.	masc.	فَعَلْتَ	= tu as fait (homme)
	fém.	فَعَلْتِ	= tu as fait (femme)
3ème pers.	masc.	فَعَلَ	= il a fait
	fém.	فَعَلَتْ	= elle a fait

La négation employée avec l'accompli est ـ مَا

مَا غَسَلَتْ فُسْتَانَهَا = elle n'a pas lavé sa robe.

- L'expression du futur

Pour exprimer le futur, on emploie l'inaccompli indicatif précédé de : سَ ou سَوْفَ .

Ex : سَأَغْسِلُ قَمِيصِي : je laverai ma chemise, ou : je vais laver ma chemise (futur immédiat)

سَوْفَ أَغْسِلُ قَمِيصِي

: je laverai ma chemise (futur plus lointain).

Remarques :

a) on emploie beaucoup plus souvent : سَ que سَوْفَ .

b) ces 2 particules ne s'emploient pas dans une phrase négative. On évite aussi de les employer dans une phrase interrogative.

- L'emploi des pronoms isolés (suite)

Un pronom isolé placé avant ou après le verbe peut servir à renforcer l'élément pronominal contenu dans ce verbe :

هَلْ أَنْتَ غَسَلْتَ قَمِيصَكَ؟ = est-ce toi qui as lavé ta chemise ?

نَعَمْ . غَسَلْتُهُ أَنَا . = oui, c'est moi qui l'ai lavée.

وَسِخٌ - = sale.

Nous avons ici une nouvelle forme d'adjectif : la forme فَعِلٌ (fém. فَعِلَةٌ). Cette forme est assez courante.

Vocabulaire

i غَسَلَ = laver   u نَشَرَ = étendre   حَبْلٌ = corde

نَظِيفٌ = propre   مَتَى = quand   وَسِخٌ = sale

اَلْآنَ = maintenant   ثُمَّ = puis, ensuite

صَابُونٌ = savon (matière)

Exercices

1. Répondre aux questions :

كَيْفَ الْقَمِيصُ ؟ كَيْفَ الْفُسْتَانُ ؟ لِمَنِ الْقَمِيصُ النَّظِيفُ ؟ لِمَنِ الْفُسْتَانُ الْوَسِخُ ؟

هَلْ غَسَلَ نَذِيرٌ قَمِيصَهُ ؟ هَلْ غَسَلَتْ زَيْنَبُ فُسْتَانَهَا ؟ مَتَى تَغْسِلُهُ ؟ ثُمَّ مَاذَا تَفْعَلُ بِهِ ؟

كَيْفَ فُسْتَانُ زَيْنَبَ الْآنَ ؟

2. Conjuguer au singulier de l'accompli et de l'inaccompli indicatif le verbe (u) كَتَبَ = écrire.

3. Vocaliser puis traduire :

زينب نشرت فستانها على الحبل . التلميذ قرأ درسه في كتابه . الكأس سقطت من المائدة . النجار صنع نافذة جديدة . كتبت رسالة طويلة الى صاحبي علي . أنا نجرت هذه اللوحة . سأل المعلم التلميذ لكن التلميذ ما عرف درسه . سقط طائر صغير من الشجرة . أنت دخلت غرفة الاستقبال وجلست على البساط . من رسم هذه الخريطة ؟ رسمتها المعلمة .

4. Traduire en arabe :

Son maître l'a-t-il interrogé ? Oui, son maître l'a interrogé, et il a su sa leçon. Je lave ma chemise parce qu'elle est sale. Il ne lit pas parce que son livre n'est pas devant lui. Le tailleur t'a confectionné un pantalon neuf. Je vais lui fabriquer une porte neuve. Elle lui a écrit une courte lettre. Je ne suis pas entré (dans) le jardin parce qu'il y a un chien. Le chat entre (dans) la maison mais le chien n'y entre pas. Tu as mis la fleur dans un vase puis tu as dessiné la fleur et le vase.

Quatorzième leçon

اَلدَّرْسُ اَلرَّابِعَ عَشَرَ

نَذِيرٌ فِي اَلْبُسْتَانِ مَعَ صَاحِبِهِ أَحْمَدَ . أَحْمَدُ يَسْأَلُ نَذِيراً :

- يَانَذِيرُ أَيْنَ قِطُّكَ اَلصَّغِيرُ ؟

- نَذِيرٌ : قِطِّي فِي اَلدَّارِ لَكِنَّهُ كَبِرَ فَهُوَ اَلْآنَ قِطٌّ كَبِيرٌ .

- أَحْمَدُ : يَانَذِيرُ قَدْ عَطِشْتُ ، فَهَلْ عِنْدَكَ شَيْءٌ بَارِدٌ ؟

- نَذِيرٌ : فِي غُرْفَتِي لَبَنٌ بَارِدٌ فِي قَدَحٍ .

يَذْهَبُ نَذِيرٌ إِلَى غُرْفَتِهِ لَكِنْ لَا يَجِدُ فِي اَلْقَدَحِ شَيْئاً . يَرْجِعُ نَذِيرٌ إِلَى اَلْبُسْتَانِ فَيَسْأَلُهُ أَحْمَدُ :

- هَلْ وَجَدْتَ اَلْقَدَحَ ؟

- نَذِيرٌ: وَجَدْتُ ٱلْقَدَحَ لَكِنْ مَا وَجَدْتُ ٱللَّبَنَ.
- أَحْمَدُ: فَأَيْنَ ٱللَّبَنُ؟
- نَذِيرٌ: شَرِبَهُ ٱلْقِطُّ.
- أَحْمَدُ: مَا فِي يَدِكَ؟
- نَذِيرٌ: هَذِهِ كَأْسُ مَاءٍ.

Grammaire

- L'accompli des verbes (suite)

La plupart des verbes normaux sont du type فَعَلَ :

... ذَهَبَ ‐ عَرَفَ ‐ دَخَلَ ‐ جَلَسَ :

Mais il y en a qui sont du type فَعِلَ, c'est-à-dire que leur 2ème radicale a un i à l'accompli.

Ex : a عَطِشَ = avoir soif - a شَرِبَ = boire.

IL y a aussi quelques verbes du type فَعُلَ, c'est-à-dire que leur 2ème radicale a un u à l'accompli.

Ex : كَبُرَ = être ou devenir grand (ou vieux).

Les verbes du type فَعِلَ et ceux du type فَعُلَ se conjuguent comme فَعَلَ : ils ne s'en distinguent que par la voyelle de la 2ème radicale.

- Le verbe وَجَدَ : trouver.

Les verbes dont la 1ère radicale est un و perdent généralement ce و à l'inaccompli.

Ex : accompli : وَجَدْتُ = j'ai trouvé

inacccompli : أَجِدُ (au lieu de أَوْجِدُ) = je trouve.

Nous avons déjà dit que les verbes dont la racine comprend

un و ou un ي sont des verbes anormaux. Ceux qui ont un و ou un ي comme 1ère radicale sont appelés « verbes assimilés ».

قَدْ = déjà.
Cette particule sert à renforcer un verbe à l'accompli. On peut ne pas la traduire.

بَارِدٌ = froid   -   صَاحِبٌ = compagnon, camarade.
Ces mots ont la forme فَاعِلٌ , comme جَالِسٌ et وَاقِفٌ
Cette forme est celle du participe actif. بَارِدٌ est le participe actif du verbe بَرَدَ ou بَرُدَ : être ou devenir froid. صَاحِبٌ est le participe actif du verbe (a) صَحِبَ : accompagner.

عَطِشْتُ
Ce verbe est ici à l'accompli, mais on peut le traduire en français par le présent de l'indicatif : j'ai soif.   C'est que عَطِشَ signifie « être atteint par la soif », ou « prendre soif », si l'on peut dire.

Vocabulaire

u كَبُرَ = grandir, vieillir

a ذَهَبَ = aller, partir

قَدَحٌ = récipient

فَ = alors, donc

i وَجَدَ = trouver

a شَرِبَ = boire

a عَطِشَ = avoir soif

i رَجَعَ = revenir

لَبَنٌ = lait

قَدْ = déjà

بَارِدٌ = froid, frais

أَحْمَدُ = Ahmad, nom d'homme (diptote)

Exercices

1. Répondre aux questions :

أَيْنَ نذيرٌ ؛ مَنْ مَعَه ؛ مَنْ هُوَ صَاحِبُهْ ؛ أَيْنَ قِطُّ نَذير ؛ هَلْ كَبُرَ قِطُّ نَذير ؛ فَكَيْفَ هُوَ آلآن ؛ مَنْ عطش ؛ مَاذَا يَسْأَلُ أَحْمَد ؛ إِلَى أَيْنَ يَذْهَبُ نَذيرٌ ؛ هَلْ يَجِدُ ٱلْقَدَح ؛ مَاذَا يَجِدُ فِي ٱلْقَدَحْ ؛ إِلَى أَيْنَ يَرْجِعُ نَذِيرٌ ؛ مَنْ شَرِبَ ٱللَّبَن ؛ لِمَاذَا شَرِبَهُ ٱلْقِطُّ ؛

2. Conjuguer au singulier de l'accompli les verbes

كَبُرَ et عطش ـ

3. Conjuguer au singulier de l'inaccompli indicatif le verbe

ـ وجد (i)

4. Vocaliser puis traduire :

أنا الآن لست صغيرا لأني كبرت ـ هي لا تشرب هذا الماء لأنه ليس باردا ـ لا شيء في هذا القدح ـ ما شربت لأنك ما عطشت ـ أنا ما عرفتك لأنك كبرت ـ وجدت رسالة تحت باب غرفتي ـ وجدت زهرة على فراشها ـ ستجدين كتابك على مكتبك ـ سأذهب الى دكان النجار ـ قد رجع الخياط الى دكانه ـ

5. Même exercice :

ولدي قد كبر : فهو الآن تلميذ ـ أكتب بقلم صاحبي لأني ما وجدت قلمي ـ هذه التلميذة حزينة لأنها ما عرفت درسها ـ أنا في حاجة الى ماء وصابون لأني وسخ ـ سأشرب ماء لأن اللبن ليس باردا ـ سأذهب معك الى الطبيب لأني مريض أيضا ـ رجع أحمد من دكان الخياط بسروال جديد ـ ليس لك كأس : ستشرب في كأسي ـ هي وجدت ورقة على الأرض فلقطتها وجعلتها في سلة ـ هذا الشاب لا يعرف الطبيب لأنه صحيح ـ

6. Traduire en arabe :

J'ai bu de l'eau fraîche parce que j'ai eu soif. Tu as trouvé cette balle dans ton jardin. Ma chienne est revenue à la maison. Ce récipient ne contient pas de lait. Le nez de ce chien est frais : il est bien-portant. Sur la table il y a du lait dans un verre. Tu partiras avec lui parce qu'il ne connaît pas la boutique du tailleur. Aḥmad s'est assis sur la chaise de Naḏîr et Naḏîr s'est assis par terre. J'ai posé la lettre sur cette table mais maintenant je ne la trouve pas. C'est moi qui ai raboté cette planche.

Quinzième leçon

اَلدَّرْسُ اَلْخَامِسَ عَشَرَ

(نَذِيرٌ مَا كَانَ فِي اَلْمَدْرَسَةِ أَمْسِ .

يَذْهَبُ إِلَيْهِ أَحْمَدُ بِالسَّيَّارَةِ)

تَقِفُ اَلسَّيَّارَةُ أَمَامَ دَارِ نَذِيرٍ ،

فَيَخْرُجُ مِنْهَا أَحْمَدُ .

- أَحْمَدُ : يَانَذِيرُ !

يَخْرُجُ نَذِيرٌ إِلَى بَابِ اَلْبُسْتَانِ :

- أَهْلًا بِكَ يَا أَحْمَدُ !

- أَحْمَدُ : يَانَذِيرُ أَنْتَ مَا كُنْتَ فِي

اَلْمَدْرَسَةِ أَمْسِ . لِمَاذَا ؟

- نَذِيرٌ : كُنْتُ مَرِيضاً .

- أَحْمَدُ : وَاَلْيَوْمَ كَيْفَ أَنْتَ ؟

- نَذِيرٌ : اَلْيَوْمَ أَنَا صَحِيحٌ .

- أَحْمَدُ : هَلْ تَذْهَبُ مَعِي إِلَى دَارِي ؟

- نَذِيرٌ : أَفِي هَذِهِ اَلسَّيَّارَةِ ؟

- أَحْمَدُ : نَعَمْ ، فِي هَذِهِ اَلسَّيَّارَةِ .

- نَذِيرٌ : هَلْ تَسُوقُهَا أَنْتَ ؟

- أَحْمَدُ : لَا . أَنَا لَا أَسُوقُ لِأَنِّي لَا أَعْرِفُ اَلسَّوْقَ . لَكِنَّ مَعِي سَائِقاً . سَيَسُوقُهَا هُوَ .

Grammaire

- Les verbes anormaux (suite) : les verbes concaves.

On appelle « verbes concaves » les verbes dont la 2ème radicale est un و ou un ي.

Nous avons dans ce texte 2 verbes concaves ayant à l'inaccompli la voyelle u. A la 3ème personne du masculin singulier de l'accompli, la 2ème radicale de tous les verbes concaves est remplacée par un alif. Cependant, si la voyelle de l'inaccompli est u, on peut être sûr que la 2e radicale est و

u كَانَ = être - u سَاقَ = conduire

<u>Conjugaison d'un verbe concave avec inaccompli u :</u>

سَاقَ = conduire.

		Accompli (sing.)	Inaccompli indicatif (sing.)
1ère pers.		سُقْتُ	أَسُوقُ
2ème pers	masc.	سُقْتَ	تَسُوقُ
	fém.	سُقْتِ	تَسُوقِينَ
3ème pers	masc.	سَاقَ	يَسُوقُ
	fém.	سَاقَتْ	تَسُوقُ

- Emploi du verbe كَانَ

Nous savons qu'en arabe on n'emploie pas le verbe être au présent. Mais on l'emploie au passé, et au futur. Lorsqu'il est employé à l'accompli, كَانَ correspond généralement à l'imparfait de l'indicatif. L'attribut de كَانَ, comme celui de لَيْسَ, se met au cas direct :

كُنْتُ مَرِيضاً = j'étais malade

سَيَكُونُ نَجَّاراً = il sera menuisier.

- سَوْقٌ = action de conduire, conduite.

Ce mot est ce qu'on appelle un nom verbal, ou « maṣdar » (مَصْدَرٌ) C'est le substantif qui sert à désigner l'action. Le maṣdar est très employé en arabe, par exemple pour remplacer l'infinitif, qui n'existe pas.

Ex : لَا أَعْرِفُ ٱلسَّوْقَ = je ne sais pas conduire.

La forme du maṣdar varie suivant les verbes. C'est pourquoi les dictionnaires indiquent le maṣdar de chaque verbe, comme ils indiquent la voyelle de la 2ème radicale à l'inaccompli (certains verbes ont 2 ou plusieurs maṣdars différents).

- سَائِقٌ = conducteur, chauffeur.

Ce mot est le participe actif du verbe سَاقَ ; il a la forme فَاعِلٌ, comme بَارِدٌ ، وَاقِفٌ ، جَالِسٌ ... La seule particularité est que sa 2ème radicale (و) s'est transformée en hamza. سَائِقٌ est un participe substantivé.

- مَدْرَسَةٌ = école.

Ce mot est tiré du verbe دَرَسَ (u), qui signifie « étudier ». Le préfixe مَـ sert à former des noms de lieu (ou de temps). مَدْرَسَةٌ signifie « le lieu où l'on étudie ». Pour les racines normales, les noms de lieu (ou de temps) ont la forme : مَفْعَلٌ (ex : مَكْتَبٌ : « lieu où l'on écrit » = bureau), ou مَفْعِلٌ مَفْعَلَةٌ

Remarque : le mot مَكَانٌ (place, endroit) est le « nom de lieu » du verbe كَانَ -

Vocabulaire

سَاقَ u = conduire   وَقَفَ i = s'arrêter, se lever   خَرَجَ u = sortir

سَائِقٌ = conducteur, chauffeur   مَدْرَسَةٌ = école   كَانَ u = être

أَمْسِ = hier   أَهْلاً بِكَ = bienvenue à toi...   سَوْقٌ = conduite

سَيَّارَةٌ = voiture   اليَوْمَ = aujourd'hui

Exercices

1. Répondre aux questions :

هَلْ كَانَ نَذِيرٌ فِي الْمَدْرَسَةِ أَمْسِ ؟ أَيْنَ كَانَ ؟ لِمَاذَا ؟ مَنْ يَذْهَبُ إِلَيْهِ ؟ كَيْفَ يَذْهَبُ إِلَيْهِ ؟ أَيْنَ تَقِفُ السَّيَّارَةُ ؟ مَنْ يَخْرُجُ مِنْهَا ؟ مَنْ يَخْرُجُ إِلَى بَابِ الْبُسْتَانِ ؟ كَيْفَ نَذِيرٌ الْيَوْمَ ؟ إِلَى أَيْنَ يَذْهَبُ الآنَ ؟ كَيْفَ يَذْهَبُ إِلَى دَارِ أَحْمَدَ ؟ هَلْ يَعْرِفُ أَحْمَدُ السَّوْقَ ؟ مَنْ يَسُوقُ السَّيَّارَةَ ؟

2. Conjuguer au singulier de l'accompli et de l'inaccompli indicatif le verbe (u) كَانَ -

3. Vocaliser puis traduire :

كان قط نذير صغيرا لكنه الان كبير ـ هل أنت سقت السيارة ؟ لا . قد ساقها السائق ـ ما خرجت من الدار لأني مريض ـ ستذهب الى المدرسة بالسيارة ـ كانت على هذا الحائط خريطة كبيرة ـ وقفت سيارة أمام المدرسة ـ يا نذير هل تعرف السوق · هذا الشاب سيكون طبيبا ـ أهلا بك في هذه الدار يا فاطمة ـ لا يرجع الطبيب اليوم لأن نذيرا صحيح ـ

4. Même exercice :

هذه البنت تسوق حمارا ـ أين وجدت هذه الكلبة ؛ كانت أمام باب الدار ـ يدخل المعلم حجرة الدرس فيقف تلميذه ـ هذه المرأة وجدت بقرة في بستانها ـ أمس كانت بنتي مريضة فذهبت بها الى الطبيب ـ ما جلست لأني ما وجدت كرسيا ـ زينب ما قرأت لأن كتابها كان في دارها ـ أمس كنت صحيحا لكني اليوم مريض ـ المعلم له سيارة جديدة ـ معي سائق لأني لا أعرف السوق ـ

5. Traduire en arabe :

Je n'ai pas besoin de chauffeur parce que je sais conduire. Le menuisier ne trouve pas son rabot parce qu'il n'est pas à sa place. Il y avait une fente dans ce mur. Je n'ai pas écrit parce que mon crayon était à la maison. Un petit garçon conduit une vache. Mon fils avait une grosse balle. Le chauffeur s'arrêtera devant la porte de l'école. Je n'ai pas trouvé ma veste parce qu'elle n'était pas dans ma chambre. Elle était malade mais elle n'est pas allée chez (= vers) le médecin. Tu seras bien-portante et tu sortiras de la maison.

Seizième leçon

اَلدَّرْسُ اَلسَّادِسَ عَشَرَ

فِي حَائِطِ غُرْفَةِ نَذِيرٍ شَقٌّ
وَفِي هَذَا اَلشَّقِّ يَعِيشُ فَأْرٌ
صَغِيرٌ . اَلْفَأْرُ يَخَافُ مِنَ اَلْقِطِّ .
فَلَا يَخْرُجُ مِنَ اَلْحَائِطِ إِلَّا فِي
اَللَّيْلِ حِينَ يَنَامُ اَلْقِطُّ . أَمَّا فِي
اَلنَّهَارِ فَلَا يَخْرُجُ إِلَّا حِينَ
يَغِيبُ اَلْقِطُّ عَنِ اَلْغُرْفَةِ .
اَلْيَوْمَ كَمَنَ اَلْقِطُّ فِي سَلَّةٍ .
فَحَسِبَ اَلْفَأْرُ أَنَّهُ غَائِبٌ .
فَخَرَجَ مِنَ اَلْحَائِطِ . فَوَثَبَ عَلَيْهِ
اَلْقِطُّ . لَكِنَّ اَلْفَأْرَ هَرَبَ فَدَخَلَ
اَلشَّقَّ فَمَا أَكَلَهُ اَلْقِطُّ .

Grammaire

- Les verbes concaves (suite)

Nous avons vu dans la 15ème leçon 2 verbes concaves avec inaccompli u : كَانَ et سَاقَ ـ

Nous avons dans ce texte 4 nouveaux verbes concaves : 2 avec inaccompli i et 2 avec inaccompli a.

Verbes concaves avec inaccompli i

Ex : i عَاشَ = vivre   - i غَابَ = s'absenter, être absent.

Lorsque la voyelle de l'inaccompli est i, la 2ème radicale ne peut être que ي.

Conjugaison de i عَاشَ

		Accompli (sing.)	Inaccompli indicatif (sing.)
1ère pers.		عِشْتُ	أَعِيشُ
2ème pers.	masc.	عِشْتَ	تَعِيشُ
	fém.	عِشْتِ	تَعِيشِينَ
3ème pers.	masc.	عَاشَ	يَعِيشُ
	fém.	عَاشَتْ	تَعِيشُ

Verbes concaves avec inaccompli a.

Ex : a خَافَ = avoir peur, craindre   - a نَامَ = dormir

Lorsque la voyelle de l'inaccompli est a, la 2ème radicale est : soit و soit ي. Dans les 2 verbes que nous avons ici, il se trouve que la 2ème radicale est و. Mais il existe des verbes qui ont pour 2ème radicale ي et pour voyelle de l'inaccompli a.

A l'accompli, ces verbes se conjuguent comme عَاشَ. A l'inaccompli, la 1ère radicale prend un a et la 2ème radicale est remplacée par un alif.

Conjugaison de a خَافَ

		Accompli (sing.)	Inaccompli indicatif (sing.)
1ère pers.		خِفْتُ	أَخَافُ
2ème pers.	masc.	خِفْتَ	تَخَافُ
	fém.	خِفْتِ	تَخَافِينَ
3ème pers.	masc.	خَافَ	يَخَافُ
	fém.	خَافَتْ	تَخَافُ

- أَنَّ = que.

أَنَّ est une particule du cas direct. Elle s'emploie après les verbes signifiant raconter, affirmer, penser, croire, supposer, apprendre, prétendre, etc...

- غَائِبٌ = absent.

غَائِبٌ est le participe actif de (i) غَابَ, de même que سَائِقٌ est le participe actif de (u) سَاقَ. Le participe actif de tous les verbes concaves se forme sur le modèle : فَاعِلٌ, en remplaçant la 2ème radicale par un hamza. Autre exemple : طَائِرٌ (oiseau) est le participe actif (substantivé) du verbe (i) طَارَ = voler, s'envoler.

- Emploi de فـ.

Cette conjonction sert à relier des propositions qui ont entre elles un lien de cause à effet. L'arabe emploie plus volontiers les conjonctions de coordination que la ponctuation (voir les dernières lignes de la lecture).
Notons aussi que lorsqu'une phrase est introduite par أَمَّا (quant à..., pour ce qui est de...), la « réponse » est obligatoi-

rement introduite par فَـ ـ La particule فَـ équivaut alors à
« eh bien », mais en général on ne la traduit pas.

أَمَّا ٱلْفَأْرُ فَيَعِيشُ فِي شَقٍّ = quant à la souris, (eh bien) elle vit dans une fissure.

Vocabulaire

	فَأْرٌ = souris, rat		حِينَ = quand, lorsque
a	حَسِبَ = croire, penser	u	هَرَبَ = s'enfuir
u	أَكَلَ = manger	u	كَمَنَ = se cacher
	إِلَّا = si ce n'est	i	وَثَبَ = sauter, bondir
a	خَافَ = craindre, avoir peur	a	نَامَ = dormir
	نَهَارٌ = jour (≠ nuit)		اَللَّيْلُ = la nuit
i	غَابَ = s'absenter	i	عَاشَ = vivre
	أَنَّ = que...		عَنْ = de (provenance, éloignement)
	أَمَّا ... فَـ = quant à... eh bien		لَا ... إِلَّا ... = ne... que

Exercices

1. Répondre aux questions :

مَا فِي حَائِطِ غُرْفَةِ نَذِيرَ ؛ مَا يَعِيشُ فِي ٱلشَّقِّ ؛ مَتَى يَخْرُجُ ٱلْفَأْرُ مِنَ ٱلْحَائِطِ ؛ لِمَاذَا

يَخْرُجُ فِي ٱللَّيْلِ ؛ هَلْ يَخْرُجُ فِي ٱلنَّهَارِ ؛ مَتَى يَخْرُجُ فِي ٱلنَّهَارِ ؛

أَيْنَ كَمَنَ ٱلْقِطُّ ٱلْيَوْمَ ؛ مَاذَا حَسِبَ ٱلْفَأْرُ ؛ مَاذَا فَعَلَ ٱلْفَأْرُ ؛ مَاذَا فَعَلَ ٱلْقِطُّ ؛ هَلْ أَكَلَ

ٱلْقِطُّ ٱلْفَأْرَ ؛ إِلَى أَيْنَ هَرَبَ ٱلْفَأْرُ ؛

2. Conjuguer à l'accompli et à l'inaccompli indicatif les verbes (i) غَابَ et (a) نَامَ ـ

3. Vocaliser puis traduire :

ما دخلت الدار لأني خفت من الكلب ـ القط يأكل الفأر ـ أنت تنامين في فراشك ؛ أما القط فينام في السلة ـ القط يهرب من الكلب ـ الكلب يكمن تحت الفراش ـ هذا الطائر لا يعيش في قفص ـ أمس غبت عن المدرسة لأني كنت مريضا ـ قد هرب الطائر من قفصه ـ الكلب لا يخاف من القط ـ الكلب لا يأكل الفأر ـ

4. Même exercice :

زينب خافت من الفأر ـ يا أحمد هل نمت في فراشك ؛ أنت لا تخافين من الكلب ـ الولد لا يخاف من البقرة ـ يحسب الجنان أنه ليس في حاجة الى مساعد لأن بستانه صغير ـ الكلب يثب على القط ـ لا يذهب التلميذ إلى المدرسة في الليل ـ المعلم لا ينام في حجرة الدرس ـ حسبت أن هذه السيارة لك ـ أنا عشت في هذه الدار حين كنت صغيرا ـ

5. Traduire en arabe :

L'âne n'a pas peur du chien. Pourquoi as-tu dormi par terre (= sur la terre) ? Hier Nadîr a été absent de l'école. Cet enfant vivra dans ma maison. Zaynab croit que la chienne est dans sa chambre. Le chat a bondi sur l'oiseau mais l'oiseau s'est enfui. Cet homme est bien-portant mais il croit qu'il est malade. Le chat est sur l'arbre ; quant à l'oiseau, il s'est enfui. La souris a bu le lait du chat, puis elle est partie.

Dix-septième leçon

اَلدَّرْسُ اَلسَّابِعَ عَشَرَ

زَيْنَبُ جَالِسَةٌ عَلَ مَقْعَدٍ فِي ٱلْبُسْتَانِ وَأَمَامَهَا عَلَى ٱلْأَرْضِ عُشُّ طَائِرٍ. زَيْنَبُ تَبْكِي. يَقُولُ لَهَا نَذِيرٌ:

- لِمَاذَا تَبْكِينَ يَازَيْنَبُ؟
- زَيْنَبُ: أَبْكِي لِأَنَّ ٱلْعُشَّ سَقَطَ مِنَ ٱلشَّجَرَةِ.
- نَذِيرٌ: هَلْ مَاتَ ٱلطَّائِرُ؟
- زَيْنَبُ: اَلطَّائِرُ مَا مَاتَ لَكِنْ سَيَذْهَبُ إِلَى مَكَانٍ آخَرَ.
- نَذِيرٌ: لَا يَازَيْنَبُ، سَيَرْجِعُ ٱلطَّائِرُ إِلَى هَذِهِ ٱلشَّجَرَةِ وَيَبْنِي عُشًّا آخَرَ كَمَا بَنَى عُشَّهُ ٱلْأَوَّلَ.

تَدْخُلُ زَيْنَبُ ٱلدَّارَ مَعَ نَذِيرٍ تَقُولُ لَهَا أُمُّهَا:

- يَازَيْنَبُ عَيْنُكِ حَمْرَاءُ، فَهَلْ بَكَيْتِ؟

يَقُولُ نَذِيرٌ :

ـ نَعَمْ . قَدْ بَكَتْ لِأَنَّهَا تَحْسَبُ أَنَّ ٱلطَّائِرَ لَا يَرْجِعُ إِلَى هَذَا ٱلْبُسْتَانِ .

ـ اَلْأُمُّ : وَأَنْتَ يَانَذِيرُ هَلْ بَكَيْتَ ؟

ـ نَذِيرٌ : لَا يَاأُمِّي . أَنَا مَا بَكَيْتُ .

Grammaire

<u>- Les verbes défectueux.</u>

On appelle « verbes défectueux » les verbes dont la 3ème radicale est و ou ي .

Dans ce texte nous avons 2 verbes défectueux avec ي et inaccompli i.

بَكَى = pleurer i - بَنَى = construire i

Lorsque, comme ici, la 3ème radicale est représentée par un yâ sans points, c'est que cette 3ème radicale est un ي :

بَنَى et بَكَى sont mis pour بَكَيَ et بَنِيَ

A l'accompli, le yâ est traité comme une consonne normale aux 2 premières personnes. A la 3ème personne du masculin singulier, il est remplacé par un yâ sans points. A la 3ème personne du féminin singulier, il disparaît.

A l'inaccompli indicatif, le yâ perd sa voyelle (u) et devient donc une simple voyelle longue :

أَبْكِي ← (أَبْكِيُ) = je pleure

A la 2ème personne du féminin singulier, le yâ de la racine tombe : seul reste celui du suffixe. En effet, lorsqu'il y a rencontre de 2 lettres faibles, seule se maintient celle qui a une valeur grammaticale.

تَبْكِينَ ← (تَبْكِيِينَ) = tu pleures (fém.)

Conjugaison du verbe i بنى

		Accompli (sing.)	Inaccompli indicatif (sing.)
1ère pers.		بَنَيْتُ	أَبْني
2ème pers.	masc.	بَنَيْتَ	تَبْني
	fém.	بَنَيْتِ	تَبْنينَ
3ème pers.	masc.	بَنى	يَبْني
	fém.	بَنَتْ	تَبْني

- (أُخْرى fém. آخَرُ) - (أُولى fém.) أَوَّلْ -

أَوَّلْ (premier) et آخَرُ (autre) sont diptotes.

أُولى (première) et أُخْرى (fém de آخَرُ) sont indéclinables.

Vocabulaire

عُشٌّ = nid   أُمٌّ = mère

كَما = comme, de même que...   آخَرُ = autre

i بَنى = construire   u مَاتَ = mourir

أَوَّلْ = premier   u قَالَ = dire

i بَكى = pleurer   عَيْنٌ = œil (fém.)

Exercices

1. Répondre aux questions :

أَيْنَ زَيْنَبُ ؟ لِماذا تَبْكِي ؟ أَيْنَ كانَ هذا اَلْعُشُّ ؟ هَلْ ماتَ اَلطَّائِرُ ؟ مَاذَا يَقُولُ نَذِيرٌ لِزَيْنَبَ ؟ ماذا تَحْسُبُ زَيْنَبُ ؟ هَلْ يَرْجِعُ اَلطَّائِرُ إِلى هذِهِ اَلشَّجَرَةِ ؟ ماذا يَفْعَلُ حينَ يَرْجِعُ ؟

أَيْنَ تَدْخُلُ زَيْنَبُ ؟ مَعَ مَنْ تَدْخُلُ ؟ كَيْفَ عَيْنُها ؟ لِماذا؟ ماذا تَقُولُ لَها أُمُّها ؟ ماذا يَقُولُ نَذِيرٌ ؟

2. Conjuguer au singulier de l'accompli et de l'inaccompli indicatif le verbe i بكى - ِ

3. Vocaliser puis traduire :

أنا حزين لكني لا أبكي ـ الولد يبكي لأنه سقط على الأرض ـ يلقط نذير العش ويجعله على الشجرة ـ هذا الرجل بنى دارا جديدة ـ في بستاني شجرة أخرى ـ هي تبكي لأن طائرها قد مات ـ الولد يحسب أن كلبه سيموت لأنه مريض ـ هذا الولد يبكي لأن أمه ليست معه ـ عينه حمراء لأنه بكى ـ غابت كلبتي عن الدار فحسبت أنها ماتت ـ

4. Traduire en arabe :

Un nid est tombé sur la fenêtre de ma chambre. Cette femme a pleuré parce que son fils est malade. Le rabot est tombé sur ma tête mais je n'ai pas pleuré. Le menuisier va construire une nouvelle boutique parce que sa première boutique est vieille. La petite fille a pleuré parce qu'elle a cru que le chien allait lui sauter dessus (= que le chien sautera sur elle). Quand as-tu construit ce mur ? Je l'ai construit hier. La mère de Zaynab lui a confectionné une nouvelle robe. Je suis parti dans ma voiture mais je suis revenu dans une autre voiture. La nuit (= dans la nuit) l'oiseau ne sort pas de son nid. La souris n'a pas de nid : elle vit dans le mur.

Dix-huitième leçon

اَلدَّرْسُ ٱلثَّامِنَ عَشَرَ

نَذِيرٌ قَدْ دَعَا ٱلطَّبِيبَ لِأَنَّ أُخْتَهُ مَرِضَتْ.

يَصِلُ ٱلطَّبِيبُ فِي سَيَّارَتِهِ فَيَدْخُلُ ٱلدَّارَ وَيَسْأَلُ:

- لِمَاذَا دَعَوْتَنِي يَانَذِيرُ؟
- نَذِيرٌ: دَعَوْتُكَ لِأَنَّ أُخْتِي زَيْنَبَ مَرِيضَةٌ.

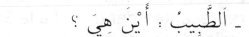

- اَلطَّبِيبُ: أَيْنَ هِيَ؟
- نَذِيرٌ: هِيَ فِي غُرْفَتِهَا مَعَ أُمِّي.

يَدْخُلُ ٱلطَّبِيبُ غُرْفَةَ زَيْنَبَ فَيَجِدُهَا فِي فِرَاشِهَا. يَأْخُذُ يَدَهَا ثُمَّ يَسْأَلُهَا:

- مَاذَا تَشْكِينَ يَازَيْنَبُ؟
- زَيْنَبُ: أَشْكُو أَلَمًا فِي رَأْسِي.

يَفْحَصُهَا ٱلطَّبِيبُ جَيِّداً ثُمَّ يَكْتُبُ لَهَا وَصْفَةً وَيَقُولُ :
هِيَ فِي حَاجَةٍ إِلَى هَذَا ٱلدَّوَاءِ .
سَأَرْجِعُ إِلَيْهَا فِي ٱلْمَسَاءِ إِنْ شَاءَ ٱللَّهُ

Grammaire

- Verbes défectueux avec و -

Nous avons dans ce texte 2 verbes défectueux avec و :

شَكَا u : se plaindre - دَعَا u : appeler.

Lorsque la 3ème radicale d'un verbe est و, elle est toujours représentée par un alif à la 3ème personne du masculin singulier de l'accompli.

La conjugaison de ces verbes est analogue à celle de بَنَى (i), bien entendu, le و remplace le ي, et le ḍamma (ُ) remplace le kasra (ِ).

Conjugaison de دَعَا (u)

	Accompli (sing.)	Inaccompli indicatif (sing.)
1ère pers.	دَعَوْتُ	أَدْعُو
2ème pers. masc.	دَعَوْتَ	تَدْعُو
2ème pers. fém.	دَعَوْتِ	تَدْعِينَ
3ème pers. masc.	دَعَا	يَدْعُو
3ème pers. fém.	دَعَتْ	تَدْعُو

_ إِنْ شَاءَ ٱللَّهُـ : s'il plaît à Dieu

En principe, un musulman ne dit jamais : « je ferai telle chose » sans ajouter cette formule.

_ شَكَا - u _.

Ce verbe peut s'employer avec un complément d'objet direct, comme dans ce texte, ou avec la préposition مِنْ. Il signifie « se plaindre », mais il s'emploie aussi parfois avec le sens de « souffrir de… ».

Vocabulaire

u	دَعَا	= appeler, inviter, prier	جَيِّداً =	bien
u	أَخَذَ	= prendre	أُخْتٌ =	sœur
	أَلَمٌ	= douleur, mal	i وَصَلَ =	arriver
	مَسَاءٌ	= soir	a مَرِضَ =	tomber malade
	اَللَّهُ	= Dieu (contraction de اَلْإِلَهُ = la divinité).	دَوَاءٌ =	remède, médicament
	إِنْ	= si (condition)	a فَحَصَ =	examiner
	وَصْفَةٌ	= ordonnance	a شَاءَ =	vouloir
u	شَكَا	= se plaindre de, souffrir de…		

Exercices

1. Répondre aux questions :

مَنْ مَرِضَ ؟ مَنْ دَعَا ٱلطَّبِيبَ ؟ كَيْفَ وَصَلَ ٱلطَّبِيبُ ؟ مَا يَقُولُ ٱلطَّبِيبُ لِنَذِيرٍ ؟ مَا يَقُولُ لَهُ نَذِيرٌ ؟ أَيْنَ يَدْخُلُ ٱلطَّبِيبُ ؟ أَيْنَ زَيْنَبُ ؟

مَا يَأْخُذُ الطَّبِيبُ ؟ مَاذَا يَسْأَلُهَا ؟ مَاذَا تَقُولُ زَيْنَبُ ؟ مَاذَا يَفْعَلُ الطَّبِيبُ ؟ مَاذَا يَكْتُبُ ؟ مَاذَا يَقُولُ ؟ مَتَى يَرْجِعُ ؟

2. Conjuguer au singulier de l'accompli et de l'inaccompli indicatif le verbe u شَكَا ـ

3. Vocaliser puis traduire :

دعوتك لأني في حاجة اليك ـ التلميذ يشكو من صاحبه لأنه أخذ مسطرته ـ ستصلين الى دارك قبل⁽¹⁾ الليل ـ هذه البنت تشكو ألما في أذنها ـ مرضت لأني سقطت من الشجرة ـ المعلمة دعت تلميذة الى السبورة ـ ستصل السيارة في المساء ـ الولد يبكي لأن أخته أخذت كرته ـ قد شكوت ألما في عيني ـ فحصه الطبيب جيدا ثم قال له : لست في حاجة الى دواء ـ

(1) قَبْلَ = avant

4. Même exercice :

الولد يبكي ويدعو أمه ـ هو صحيح لا يشكو شيئا ـ شرب المريض دواءه ثم رجع الى فراشه ـ هذا الدواء ليس في وصفة الطبيب ـ هذه المرأة لا تأكل شيئا في المساء لأنها سمينة ـ آخذ كتاب أختي لأن كتابي عند صاحبي أحمد ـ سيفحصك الطبيب حين يصل ـ هذا الولد لا يبكي ولا يشكو شيئا ـ هذه البنت تبكي من ألم عينها ـ هي تدعو السائق لأنها لا تسوق جيدا ـ

5. Traduire en arabe :

Je ne prends pas de livre parce que je ne vais pas à l'école. De quoi se plaint cette femme ? Je t'appellerai lorsque ta sœur arrivera. Elle est arrivée parce que sa mère l'a appelée. Je t'ai appelé hier mais tu n'es arrivé qu'aujourd'hui. Nadîr s'est plaint d'Aḥmad mais ne s'est pas plaint de sa sœur. Le menuisier est parti mais il n'a pas pris son rabot. Cet élève ne sort de l'école que le soir. Zaynab appelle sa chienne mais la chienne n'est pas dans la maison. Je me plains de ton chat parce qu'il a mangé mon oiseau.

Dix-neuvième leçon

الدَّرْسُ التَّاسِعَ عشَرَ

- زَيْنَبُ : يا أُمِّي أَنا الآنَ لا أَشْعُرُ بِأَلَمٍ ، فَهَلْ تَسْمَعينَ لي بِالْقِيامِ ؟
- اَلأُمُّ : لا يا بِنْتي .
- زَيْنَبُ : لِماذا تَنْهَيْنَني عَنِ الْقِيامِ ؟
- اَلأُمُّ : لِأَنَّ الطَّبيبَ نَهاكِ عَنِ الْخُروجِ .
- زَيْنَبُ : حَتَّى مَتَى أَبْقَى في الْفِراشِ ؟

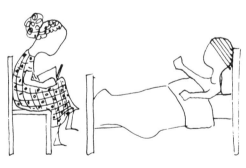

- اَلأُمُّ : سَتَبْقَيْنَ فيهِ حَتَّى الْمَساءِ . لِأَنَّ الطَّبيبَ قالَ إِنَّهُ سَيَأْتي في الْمَساءِ . لَعَلَّ الطَّبيبَ عِنْدَ رُجوعِهِ يَسْمَحُ لَكِ بِالْقِيامِ أَوْ بِالْخُروجِ .
- زَيْنَبُ : لكِنِّي سَئِمْتُ النَّوْمَ يا أُمِّي .

- اَلْأُمُّ : قَدْ بَقِيتِ طَوِيلاً فِي فِرَاشِكِ يَازَيْنَبُ لَكِنِّي سَأَقْرَأُ لَكِ قِصَّةً جَمِيلَةً مِنْ هَذَا الْكِتَابِ .

تَأْخُذُ الْأُمُّ الْكِتَابَ وَتَبْدَأُ الْقِرَاءَةَ وَبَعْدَ قَلِيلٍ تَنَامُ زَيْنَبُ .

Grammaire

- Les verbes défectueux avec ي et inaccompli a.

Ils sont de 2 types :
- le type فَعِلَ a - ex : بَقِيَ a = rester, demeurer
- le type فَعَلَ a - ex : نَهَى a = interdire

Conjugaison de بَقِيَ a

	Accompli (sing.)	Inaccompli indicatif (sing.)
1ère pers.	بَقِيتُ	أَبْقَى
2ème pers. masc.	بَقِيتَ	تَبْقَى
2ème pers. fém.	بَقِيتِ	تَبْقَيْنَ
3ème pers. masc.	بَقِيَ	يَبْقَى
3ème pers. fém.	بَقِيَتْ	تَبْقَى

Quant aux verbes défectueux du type فَعَلَ a (comme نَهَى a) ils se conjuguent à l'accompli comme بَنَى et à l'inaccompli comme بَقِيَ.

Remarque :
Devant un pronom affixe, le yâ sans points se transforme en alif.

بَنَى دَارًا = il a construit une maison

بَنَاهَا = il l'a construite.

اَلطَّبِيبُ يَنْهَى ٱلْمَرِيضَ عَنِ ٱلْخُرُوجِ = le médecin interdit au malade de sortir.

يَنْهَاهُ عَنِ ٱلْخُرُوجِ = il lui interdit de sortir.

- Le maṣdar (suite)

Nous avons déjà parlé du maṣdar (p. 109) et dit à quel point son emploi est fréquent. Dans ce texte nous en avons plusieurs :

قِيَامٌ	(lever) est le maṣdar de	قَامَ	(u) = se lever
رُجُوعٌ	(retour) est le maṣdar de	رَجَعَ	(i) = revenir
خُرُوجٌ	(sortie) est le maṣdar de	خَرَجَ	(u) = sortir
نَوْمٌ	(sommeil) est le maṣdar de	نَامَ	(a) = dormir
قِرَاءَةٌ	(lecture) est le maṣdar de	قَرَأَ	(a) = lire

- تَنْهَيْنِي tu m'interdis...

Le pronom affixe de la 1ère personne (ـِي) devient نِي lorsqu'il suit un verbe.

Ex : سَأَلَنِي il m'a interrogé.   نَهَانِي il m'a interdit

Remarquons que le verbe نَهَى se construit avec 2 compléments : un complément d'objet direct (la personne à qui l'on interdit...) et un complément d'objet indirect introduit par la préposition عَنْ (la chose que l'on interdit).

- 2 nouvelles particules du cas direct.

- إِنَّ est la plus employée des particules du cas direct. Elle est souvent placée en tête de phrase pour renforcer une affirmation. Dans ce cas, on peut la traduire par « certes », « vraiment », etc... mais le plus souvent on ne la traduit pas.

Cette particule s'emploie aussi avec le sens de « que », mais uniquement après le verbe : قَالَ .

Ex : قَالَ إِنَّهُ سَيَرْجِعُ (et non... قَالَ أَنَّهُ) : il a dit qu'il reviendrait

- لَعَلَّ = peut-être

لَعَلَّ ٱلطَّبِيبَ يَسْمَحُ لَكِ بِٱلْقِيَامِ = peut-être que le médecin te permettra de te lever.

Vocabulaire

a	نَهَى = interdire, prohiber	i	أَتَى = venir
a	بَقِيَ = rester, demeurer	u	قَامَ = se lever
	قِصَّةٌ = histoire, conte	a	بَدَأَ = commencer
	لَعَلَّ = peut-être		جَمِيلٌ = beau, joli
	بَعْدَ قَلِيلٍ = peu après, dans peu de temps, bientôt		حَتَّى = jusqu'à
	أَوْ = ou bien		إِنَّ = que ; certes

a سَئِمَ = se lasser de		رُجُوعٌ = retour	
عِنْدَ = chez ; ici : lors de...		طَوِيلًا = longtemps, longuement	
بَعْدَ = après		قَلِيلٌ = rare, peu nombreux	
نَوْمٌ = sommeil		سَمَحَ (a) بِـ = permettre de	
قِيَامٌ = maṣdar de قَامَ		شَعَرَ (u) بِـ = sentir, éprouver	

Exercices

1. Répondre aux questions :

هل تشْعُرُ زينبُ بألم ؟ هل تسْمَحُ لها أمُّها بالقيام ؟ لماذا تنْهاها أمُّها عن القيام ؟ مَنْ نهاها عن الخروج ؟ حتى متى تبْقى زينبُ في الفراش ؟ مَنْ يأتي في المساء ؟ بمَ يسْمَحُ لها الطبيبُ عند رجوعه ؟ ماذا سَئِمَتْ زينبُ ؟ لماذا سَئِمَتِ النَّوْمَ ؟ ماذا تقْرَأُ لها أمُّها ؟ أيْنَ تجدُ هذه القصةَ ؟ كيف هذه القصةُ ؟ مَنْ يبْدَأُ القراءةَ ؟ هل تقْرَأُ الأمُّ طويلًا ؟ لماذا ؟

2. Conjuguer au singulier de l'accompli et de l'inaccompli indicatif le verbe نَهَى (a).

3. Vocaliser puis traduire :

نهتني أمي عن الخروج لأني مريض ـ سأبقى طويلا في دكان الخياط ـ سأخرج بعد قراءة هذا الكتاب. ـ سيأتي النجار بعد قليل ـ لتقوم من فراشك بعد رجوع الطبيب ـ شكوت ألما في رأسي فسمحت لي المعلمة بالخروج من المدرسة ـ الآن أذهب الى المدرسة لكن سآتي بعد الدرس ـ قد نهاني المعلم عن قراءة هذا الكتاب ـ لقد قرأت هذا الكتاب وبدأت قراءة كتاب آخر ـ هذا الرجل لا يعرفني ولا أعرفه ـ

4. Même exercice :

يقول الطبيب إن هذا الولد ليس صحيحا ـ يازينب قد نهيتك عن الخروج من غرفتك ـ هل بقي تلميذ في حجرة الدرس ؟ ـ إن النجار سمح لمساعده بالرجوع الى داره ـ هذا السروال جميل لكنه قصير ـ أنا لا أسأم قراءة هذا الكتاب ـ سقطت الكرة على رأسي لكن ما شعرت بألم ـ سينام بعد قليل لأنه شرب دواءه ـ لا أشرب هذا الماء لأن الطبيب نهاني عنه ـ سأقرأ حتى رجوع أمي ثم أنام ـ

5. Traduire en arabe :

Elle a déjà lu cette histoire et en a commencé une autre (= ... a commencé une autre histoire). Je ne bois que dans mon verre. Il ne m'a pas permis de lire son ordonnance. Ma mère m'interdit de sortir la nuit (= dans la nuit). La malade s'est levée du lit après que le médecin est sorti. Je resterai avec toi jusqu'au retour de ta sœur. Peut-être y a-t-il dans ce livre une belle histoire. Je ne suis pas las (= je ne me suis pas lassé) de lire mais je sens une douleur à mon œil. Ta sœur est venue mais elle n'est pas restée longtemps avec moi. Je te permets de te lever mais je t'interdis de sortir de la maison.

Vingtième leçon

اَلدَّرْسُ اَلْعِشْرُونَ

لَمَّا رَجَعَ ٱلطَّبِيبُ أَمْسِ فِي ٱلْمَسَاءِ ، مَسَّ يَدَ زَيْنَبَ وَجَبِينَهَا فَوَجَدَ أَنَّهَا لَيْسَتْ مَحْمُومَةً فَسَمَحَ لَهَا بِٱلْقِيَامِ .

اَلْيَوْمَ تَقُومُ زَيْنَبُ مِنَ ٱلْفِرَاشِ ، فَتَفْتَحُ ٱلنَّافِذَةَ وَتَنْظُرُ إِلَى ٱلْبُسْتَانِ ،

فَتَرَى وَرْدَةً جَمِيلَةً . فَتَقُولُ لِأُمِّهَا :
ـ أَنَا نَازِلَةٌ إِلَى ٱلْبُسْتَانِ .
تَقُولُ لَهَا أُمُّهَا :
ـ مَاذَا رَأَيْتِ فِي ٱلْبُسْتَانِ ؟
ـ زَيْنَبُ : رَأَيْتُ وَرْدَةً جَدِيدَةً .
تَذْهَبُ زَيْنَبُ إِلَى ٱلْوَرْدَةِ فَتَشُمُّهَا طَوِيلًا فَتَجِدُ أَنَّ رَائِحَتَهَا طَيِّبَةٌ . ثُمَّ تَرْجِعُ إِلَى غُرْفَتِهَا .

تَسْأَلُهَا أُمُّهَا :
- أَيْنَ ٱلْوَرْدَةُ ؟
تَقُولُ زَيْنَبُ :
- مَا أَخَذْتُهَا يَاأُمِّي ، شَمَمْتُهَا ثُمَّ تَرَكْتُهَا فِي مَكَانِهَا .

Grammaire

- Les verbes sourds

Les verbes sourds sont des verbes dont la 2e et la 3e radicale sont identiques.
Ex : مَسَّ (mis pour مَسَسَ) = toucher ; شَمَّ (mis pour شَمَمَ) = sentir.
Dans la conjugaison, ces 2 radicales identiques sont tantôt séparées, tantôt écrites en une seule lettre surmontée d'un šadda.
A l'accompli, en principe, tous les verbes sourds sont du même type : فَعَل .
A l'inaccompli, la voyelle de la 2e radicale varie selon les verbes.
Ex : a مَسَّ - u شَمَّ .
En règle générale, les 2 radicales identiques sont séparées aux personnes où, dans un verbe normal, la 3e radicale a un sukûn.
Ex : 1ère personne du singulier de l'accompli : شَمَمْتُ = فَعَلْتُ .
Comme la 3e radicale (le 2e م) a un sukûn, cette forme se maintient..

Aux autres personnes, les 2 radicales identiques s'écrivent en une seule lettre surmontée d'un šadda ; cette lettre prend la voyelle de la 3e radicale. Quant à la voyelle de la 2e radicale, ou bien elle disparaît avec sa consonne, ou bien elle passe sur la 1ère radicale, si celle-ci doit avoir, dans sa forme théorique, un sukûn.

Ex : 1ère personne du singulier de l'inaccompli indicatif :

- أَشُمُّ ← (أَشْمُمُ) ← (أَشْمُمُ) = أَفْعُلْ

Conjugaison de u شَمَّ = sentir (odorat)

		Accompli (sing.)	Inaccompli indicatif (sing.)
1ère pers.		شَمَمْتُ	أَشُمُّ
2ème pers.	masc.	شَمَمْتَ	تَشُمُّ
	fém.	شَمَمْتِ	تَشُمِّين
3ème pers.	masc.	شَمَّ	يَشُمُّ
	fém.	شَمَّتْ	تَشُمُّ

- Conjugaison du verbe a رَأى (voir)

A l'accompli, ce verbe se conjugue comme بَنى :

رَأَتْ - رَأى - رَأَيْتِ - رَأَيْتَ - رَأَيْتُ

A l'inaccompli, il se conjugue comme بَقِي , mais sa 2ème radicale (le hamza) disparaît ; quant à la voyelle de cette 2ème radicale, elle passe sur la 1ère :

تَرى - يَرى - تَرَيْنَ - تَرى - أَرى

- لَمَّا = quand, lorsque...

Cette conjonction de temps ne s'emploie qu'avec l'accompli.

- أَنَا نَازِلَةٌ -

نَازِلَةٌ est le participe actif (féminin singulier) de نَزَلَ i (descendre). Cette proposition signifie donc, littéralement : « je [suis] descendante ». Elle équivaut à : « je descends » ou « je vais descendre », car l'arabe utilise volontiers le participe actif pour exprimer le présent ou le futur :

أَنَا خَارِجٌ = je sors, ou : je vais sortir.

Vocabulaire

u شَمَّ = sentir   i نَزَلَ = descendre

u تَرَكَ = laisser   لَمَّا = quand

مَحْمُومٌ = fiévreux   جَبِينٌ = front

a رَأَى = voir   a مَسَّ = toucher

a فَتَحَ = ouvrir   نَظَرَ(u) إِلَى = regarder

رَائِحَةٌ = odeur   طَيِّبٌ (mis pour طَيِيبٌ) = bon

Exercices

1. Répondre aux questions :

مَنْ مَسَّ يَدَ زَيْنَبَ ؟ مَاذَا مَسَّ ٱلطَّبِيبُ أَيْضًا ؟ هَلْ وَجَدَ أَنَّ زَيْنَبَ مَحْمُومَةٌ ؟ هَلْ نَهَاهَا عَنِ ٱلْقِيَامِ؟ مَتَى تَقُومُ زَيْنَبُ ؟ مَاذَا تَفْتَحُ ؟ إِلَامَ تَنْظُرُ ؟ مَاذَا تَرَى مِنْ نَافِذَتِهَا ؟ كَيْفَ هَذِهِ ٱلْوَرْدَةُ ؟ مَاذَا تَقُولُ زَيْنَبُ لِأُمِّهَا ؟ مَاذَا تَسْأَلُهَا أُمُّهَا ؟ مَاذَا تَقُولُ لَهَا زَيْنَبُ ؟ مَاذَا تَفْعَلُ زَيْنَبُ بِٱلْوَرْدَةِ ؟ هَلْ تَأْخُذُهَا ؟ أَيْنَ تَتْرُكُهَا ؟

2. Conjuguer au singulier de l'accompli et de l'inaccompli indicatif le verbe (a) مَسَّ ‏-

3. Vocaliser puis traduire :

قد دخلت غرفتك لكن ما مست فيها شيئا ـ سأراك في دارك بعد الدرس ـ الحمار لا يشم الزهرة لكن يأكلها ـ وقفت السيارة أمام دكان الخياط فنزل منها ولد الخياط ـ هو قد رآني لكن ما عرفني ـ خرج التلميذ من المدرسة لأنه محموم ـ لما فتحت الباب رأت الكلبة فما دخلت ـ ستنزلين من السيارة حين تصلين الى الدار ـ الولد ينظر الى الطائر على الشجرة ـ هذا الولد نظيف ورائحته طيبة ـ

4. Même exercice :

كمت زينب في غرفة نذير لكن الكلبة شمت رائحتها فوجدتها ـ رأى في الليل كلبا صغيرا فحسب أنه قط ـ قال نذير إنه لا يشرب هذا اللبن لأن رائحته ليست طيبة ـ الطبيب لا يمس المريض الا بيد نظيفة ـ قد نهاك الطبيب عن الخروج من دارك لأنك محموم ـ جعلت الأم يدها على جبين بنتها فشعرت بأنها محمومة ـ هذا الولد ينظر الى الكتاب لكن لا يعرف القراءة ـ ان رائحة هذا الدواء ليست طيبة ـ نذير يجعل العش في مكانه ثم ينزل من الشجرة ـ لست راجعة قبل الليل ـ

5. Traduire en arabe :

Cet arbre sent bon (= a une bonne odeur). Lorsque j'ai touché ta main, j'ai senti que tu [étais] malade. Je n'ai pas de fièvre parce que mon front est frais. J'ai vu un nid sur l'arbre, mais je n'y ai pas vu d'oiseau. Je ne vois pas ma chemise rouge ; peut-être que ma mère l'a lavée, parce qu'elle était sale. Le chat a senti l'odeur d'une souris dans cette chambre. Je te dis que l'eau n'a pas d'odeur. J'ai touché le nez de la chienne et j'ai trouvé qu'il [était]frais. Lorsque ta sœur arrivera, je te laisserai avec elle. Je vais descendre dans le jardin, mais je n'y resterai pas longtemps.

Récapitulation

Dans les 10 dernières leçons, nous avons pratiquement fait la connaissance de tous les types de verbes. Certes, nous n'avons vu que le singulier, et nous n'avons pas encore étudié tous les modes ni toutes les formes, mais ce que nous avons déjà appris est essentiel. Il faut que la conjugaison de l'accompli et de l'inaccompli des verbes normaux soit sue sans hésitation : tout le reste en découle.

En ce qui concerne les verbes anormaux, il faut se rappeler que la présence dans la racine d'une lettre faible peut entraîner un des phénomènes suivants :

- le و ou le ي disparaît :

أَقِفُ (au lieu de أُوْقِفُ) = je me lève.

عِشْتُ (au lieu de عَيَشْتُ) = j'ai vécu.

Donc, lorsqu'on ne trouve, dans un mot, que 2 consonnes radicales, il faut se dire qu'il y manque un و ou un ي, en 1ère, 2ème ou 3ème position.

- le و ou le ي peut se transformer en alif ou en hamza :

سَاقَ (mis pour سَوَقَ) = il a conduit.

سَائِقٌ (mis pour سَاوِقٌ) = chauffeur, conducteur.

عَاشَ (mis pour عَيَشَ) = il a vécu.

- le و peut se transformer en ي, et inversement (nous en verrons des exemples plus tard).

Enfin, il faut savoir que ces diverses anomalies n'affectent pas seulement les formes verbales proprement dites, mais aussi les masdars, les participes, les adjectifs, etc.

Exercices

1. Vocaliser puis traduire :

نذير في غرفته ـ هو جالس على فراشه يقرأ كتابا صغيرا ـ على المائدة قدح لبن ـ نذير لا يرفع رأسه عن الكتاب لأن فيه قصة جميلة ـ يدخل قطه من النافذة فيذهب الى القدح ويشرب اللبن ونذير لا يرى شيئا ـ بعد القراءة يقوم نذير فيذهب الى المائدة ويأخذ القدح لكن لا يجد فيه لبنا ـ

2. Traduire en arabe :

Nadîr appelle sa mère et lui demande : « Maman, as-tu vu mon crayon noir ? ». Sa mère lui dit : « Où était-il ? ». Nadîr lui répond (= lui dit) : « Quand je suis revenu de l'école, j'ai dessiné une carte (de géographie), puis j'ai laissé mon crayon sur mon bureau ; et maintenant je ne le trouve pas ». Zaynab entre et dit : «C'est moi qui ai pris ton crayon parce que j'en avais besoin ; moi aussi j'ai dessiné une carte ».

3. Vocaliser puis traduire :

يدخل أحمد دكان النجار فيقول له النجار :
ـ أهلا بك ياأحمد! هل أنت في حاجة الى شيء؟
ـ نعم ياعلي أنا في حاجة الى قفص .
ـ ماذا تفعل به ؟ هل لك طائر ؟
ـ نعم عندي طائر صغير ـ
ـ أين وجدته ؟
ـ وجدته على نافذتي لأنه سقط من عشه ـ سأجعله في القفص لأني أخاف عليه[1] من القط ـ ثم حين يكبر سأفتح له باب القفص ـ
ـ أنت ولد طيب ياأحمد ـ سأصنع لك قفصا قبل الليل ان شاء الله .

(1) عليه = ici : pour lui.

4. Traduire en arabe :

La voiture du médecin s'arrête devant la maison du malade. Le médecin en descend et entre dans la maison. Le chauffeur regarde la voiture et [se] dit : « Cette voiture est sale ; elle a besoin d'être lavée » (=... du lavage) (1). Il entre lui aussi dans la maison du malade et rapporte (= revient avec) de l'eau et du savon, puis il lave la voiture. Lorsque le médecin revient, il dit au chauffeur : "Tu l'as bien lavée ; j'ai cru que c'était (= qu'elle [est]) une autre voiture.»

(1) lavage : غَسْلٌ

5. Vocaliser puis traduire :

يقول الخياط لمساعده : « أنا ذاهب الى الدار لأني عطشت . سأرجع بعد قليل » ـ ثم يغيب الخياط عن دكانه ـ يذهب الى داره فيشرب كأس ماء بارد ثم يرجع الى دكانه ـ لكن حين يصل الى الدكان لا يجد فيه مساعده ويجد شابا آخر . يقول الخياط لهذا الشاب : « من أنت ؟ ماذا تفعل في هذا الدكان ؟ » ـ يقول له الشاب : « أنا صاحب مساعدك . قد تركني في مكانه لأن أمه دعته الى الدار » .

6. Traduire en arabe :

Salîm pleure parce que sa balle est tombée dans la maison du jardinier. Nadîr appelle le jardinier, mais le jardinier n'est pas chez lui (= dans sa maison). Alors Nadîr soulève Salîm et le pose sur le mur du jardin, puis il lui demande : «Est-ce que tu vois la balle ?». Salîm regarde longuement, puis il dit : « Maintenant je la vois ». Nadîr lui dit : «Tu vas rester sur le mur, et tu me diras où elle [est]». Nadîr saute par-dessus (= فَوْقَ) le mur. Salîm lui dit : « Elle est devant la porte, près de l'arrosoir ». Nadîr trouve la balle, la prend et revient vers Salîm. Maintenant Salîm n'est pas triste.

7. Vocaliser puis traduire :

تقول ام فاطمة لبنتها :

ـ يافاطمة ما لك لا تقولين شيئا فهل أنت مريضة ؟

ـ فاطمة : أشعر بألم في عيني .

- الأم : هل أدعو لك الطبيب ؟

- زينب : لا ياأمي لست في حاجة الى طبيب ولا الى دواء . ما أنا في حاجة إلا إلى النوم .

- الأم : وهل تنامين الآن في النهار ؟

- فاطمة : نعم أنام الآن لأني ما نمت جيدا في الليل .

تخرج الأم من غرفة فاطمة فتذهب فاطمة إلى فراشها وتنام . وبعد النوم لا تشعر بألم .

8. Traduire en arabe :

Aḥmad dit à Naḏîr :
- Ta sœur m'a dit qu'une souris vivait (= vit) dans ta chambre.
- Naḏîr : oui, elle est dans cette fente-là.
- Aḥmad : pourquoi n'en sort-elle pas ?
- Naḏîr : parce que le chat est dans la chambre. La souris en a peur, et elle reconnaît son odeur.
Aḥmad soulève le chat, le met sous son nez et dit :
- Moi je ne sens rien ; ce chat n'a pas d'odeur.
Naḏîr lui répond (= lui dit) :
- Si, le chat a une odeur, mais toi tu ne la sens pas parce que tu n'es pas un animal.

9. Vocaliser puis traduire :

- المعلم : ياأحمد لماذا تنام في حجرة الدرس ؟

- أحمد : ياسيدي أنا ما نمت جيدا في الليل لأني نمت على كرسي .

- المعلم : لماذا تركت فراشك ونمت على كرسي ؟

- أحمد : لأن أختي الصغيرة خافت في الليل فبكت فذهبت الى غرفتها وجلست على كرسي قرب فراشها فرجع اليها النوم . لكني أنا أيضا نمت في غرفتها وبقيت على الكرسي حتى الصباح (1) !

- المعلم : ياأحمد أنا أسمح لك بالرجوع إلى دارك الآن لأنك في حاجة إلى النوم في فراشك .

(1) صَبَاحٌ = matin

10. Traduire en arabe :

La petite fille se lève de son lit parce qu'elle a soif, mais elle ne trouve pas sa lampe. Alors elle appelle sa mère. Sa mère lui demande :
- Pourquoi m'appelles-tu ?
La petite fille lui répond (= lui dit) qu'elle a soif. La mère se lève, prend un verre, y met de l'eau fraîche et le porte à (= va avec lui vers) sa fille. La petite fille boit, puis elle s'endort peu après. Sa mère lui laisse un autre verre près de son lit, puis elle revient dans sa chambre, et s'endort elle aussi jusqu'au matin (1).

(1) matin : صَبَاحٌ

11. Recopier le texte de l'exercice n° 1 (p.138) en remplaçant نذير par فاطمة et قط par قطة .

12. Recopier le texte de l'exercice n° 5 (p. 139) en le mettant à l'accompli.

13. Recopier le texte de l'exercice n° 7 (p. 139) en remplaçant فاطمة par أحمد .

14. Recopier le texte de l'exercice n° 9 (p. 140) en remplaçant أحمد par سليم et أختي الصغيرة par زينب .

اَلدَّرْسُ اَلْحَادِي وَالْعِشْرُونَ Vingt et unième leçon

. زَيْنَبُ وَنَذِيرٌ ذَاهِبَانِ إِلَى اَلْمَدْرَسَةِ . تَسْأَلُهُمَا أُمُّهُمَا :

- كَمْ دَرْساً لَكُمَا اَلْيَوْمَ ؟

يَقُولُ لَهَا نَذِيرٌ :

- لَنَا دَرْسَانِ .

- فَهَلْ تَرْجِعَانِ بَعْدَ سَاعَتَيْنِ ؟

- لَعَلَّنَا نَلْعَبُ سَاعَةً فِي مَلْعَبِ اَلْمَدْرَسَةِ بَعْدَ هَذَيْنِ اَلدَّرْسَيْنِ .

يَحْمِلُ نَذِيرٌ وَزَيْنَبُ مِحْفَظَتَيْهِمَا وَيَفْتَحَانِ بَابَ اَلدَّارِ لَكِنَّ اَلْأُمَّ تَنْظُرُ إِلَى قَدَمَيْ بِنْتِهَا فَتَقُولُ لَهَا :

- لِمَاذَا لَبِسْتِ هَاتَيْنِ اَلنَّعْلَيْنِ اَلْجَدِيدَتَيْنِ ؟ أَيْنَ نَعْلَاكِ اَلْقَدِيمَتَانِ ؟

- زَيْنَبُ : تَرَكْتُهُمَا فِي غُرْفَتِي لِأَنَّهُمَا فِي حَاجَةٍ إِلَى إِصْلَاحٍ . سَأَذْهَبُ بِهِمَا غَداً إِلَى اَلْإِسْكَافِ إِنْ شَاءَ اَللّٰهُ .

Grammaire

- Le duel

En arabe il y a 3 nombres : le singulier (1), le duel (2) et le pluriel (3 ou plus).

- le duel du nom (ou de l'adjectif, du participe, etc...) s'obtient en ajoutant au singulier la désinence ـَانِ (au nominatif) ou ـَيْنِ (aux cas direct et indirect, car au duel ces 2 cas sont indentiques).

Ex : دَرْسٌ ← دَرْسَانِ ou دَرْسَيْنِ

Lorsque le singulier est terminé par ة , cette lettre devient ت au duel.

Ex : جَدِيدَةٌ ← جَدِيدَتَانِ ou جَدِيدَتَيْنِ

Lorsqu'un nom au duel est terminé par un complément de nom (ou un pronom affixe), il perd son ن .

	indéterminé	avec article	avec complément de nom	avec pronom affixe
nominatif	نَعْلَانِ	اَلنَّعْلَانِ	نَعْلَا زَيْنَبَ	نَعْلَاهَا
cas direct et indirect	نَعْلَيْنِ	اَلنَّعْلَيْنِ	نَعْلَيْ زَيْنَبَ	نَعْلَيْهَا

- Les pronoms affixes du duel sont :

ـنَا pour la 1ère personne (masculin et féminin)

ـكُمَا pour la 2e personne (masculin et féminin)

ـهُمَا pour la 3e personne (masculin et féminin)

Remarques :

- le pronom affixe نَا est commun à la 1ère personne du duel et à la 1ère personne du pluriel.

- هُمَا devient هِمَا s'il est précédé d'un i long ou bref ou d'un yâ portant un sukûn :

بِ + هُمَا ← بِهِمَا = avec elles

مِحْفَظَتَيْهِمَا = leurs (2) cartables ← (مِحْفَظَتَيْهُمَا)

- le duel de هَذَا est هَذَانِ ou هَذَيْنِ
- le duel de هَذِهِ est هَاتَانِ ou هَاتَيْنِ

- Le duel du verbe à l'inaccompli indicatif.

A l'inaccompli indicatif, la 1ère personne du duel (et du pluriel) se distingue de la 1ère personne du singulier par le préfixe pronominal : نَ (au lieu de أَ)

أَلْعَبُ = je joue   نَلْعَبُ = nous jouons

Aux 2e et 3e personnes, la forme du verbe rappelle celle du nom :

- la 2e personne (masculin et féminin) s'obtient en ajoutant : ـانِ à la 2e personne du masculin singulier ;

- la 3e personne du masculin s'obtient en ajoutant la même désinence à la 3e personne du masculin singulier ;

- la 3e personne du féminin s'obtient en ajoutant : ـانِ à la 3e personne du féminin singulier.

		duel
1ère pers.		نَفْعَلُ
2e pers.	masc.	تَفْعَلَانِ
	fém.	تَفْعَلَانِ
3e pers.	masc.	يَفْعَلَانِ
	fém.	تَفْعَلَانِ

Remarques :

- au duel, la 3e radicale des verbes défectueux se comporte comme une consonne normale.

Ex : (mis pour تَبْنِيُ) تَبْنِي ← تَبْنِيَانِ = vous construisez

(mis pour يَبْنِي) يَبْنِي ← يَبْنِيَانِ = ils construisent

- un verbe ayant un sujet au duel ou 2 sujets au singulier ne se met au duel que si ce ou ces sujets le précèdent, ou s'ils sont sous-entendus, ou remplacés par des pronoms personnels. Si le verbe précède son ou ses sujets, il s'accorde en genre, mais reste au singulier :

يَحْمِلُ نَذِيرٌ وَزَيْنَبُ مِحْفَظَتَيْهِمَا = Nadîr et Zaynab portent leurs cartables.

Notons enfin que lorsque les sujets ne sont pas du même genre, c'est le masculin qui l'emporte :

نَذِيرٌ وَزَيْنَبُ يَفْتَحَانِ بَابَ ٱلدَّارِ = Nadîr et Zaynab ouvrent la porte de la maison.

- Un nouvel interrogatif : كَمْ = combien ... ?

Après cet interrogatif, le nom sur lequel porte l'interrogation se met au singulier, et au cas direct :

كَمْ دَرْساً لَكُمَا ؟ = combien de leçons avez-vous ?

كَمْ تِلْمِيذاً فِي ٱلْمَدْرَسَةِ ؟ = combien d'élèves y a-t-il dans l'école ?

- Le cas du complément circonstanciel.

Le complément circonstanciel (de temps, de lieu, de manière, de but, de cause, etc...), s'il n'est pas précédé d'une préposition, se met au cas direct.

سَنَلْعَبُ سَاعَةً فِي مَلْعَبِ ٱلْمَدْرَسَةِ = nous jouerons une heure sur le terrain de jeu de l'école.

Dans cette phrase, le mot سَاعَةً (heure ; parfois : moment) est au cas direct comme complément circonstanciel de temps (ou plus exactement de durée).

- Les noms de lieu ou de temps (suite).

Nous avons déjà vu (p. 109) que la forme : مَفْعَلٌ (ou مَفْعِلٌ , ou مَفْعَلَةٌ) est celle des noms de lieu ou de temps. Dans ce texte, nous avons : مَلْعَبٌ , qui vient de (a) لَعِبَ (jouer) et qui signifie «lieu où l'on joue», c'est-à-dire stade ou terrain de jeu.

- Les noms d'instruments (suite).

Nous avons vu (p. 96) que la forme مِفْعَلٌ , (ou مِفْعَلَةٌ ou مِفْعَالٌ) est celle des noms d'instruments. مِحْفَظَةٌ , qui vient de حَفِظَ (garder, conserver, préserver), signifie étymologiquement «instrument qui sert à garder» (les affaires de classe), c'est-à-dire cartable ou serviette.

Vocabulaire

a لَعِبَ = jouer

سَاعَةٌ = heure, moment

كَمْ = combien

قَدَمٌ (fém.) = pied

غَدًا = demain

إِصْلَاحٌ = réparation

i حَمَلَ = porter, transporter, apporter, emporter

a لَبِسَ = mettre (un vêtement ou des chaussures)

مَلْعَبٌ = stade, terrain de jeu

مِحْفَظَةٌ = cartable, serviette

نَعْلٌ (fém.) = chaussure, sandale

إِسْكَافٌ = cordonnier, savetier

Exercices

1. Répondre aux questions :

إِلَى أَيْنَ يَذْهَبُ نَذِيرٌ وَزَيْنَبُ ؟ كَمْ دَرْساً لَهُمَا ؟ هَلْ يَرْجِعَانِ بَعْدَ هَذَيْنِ ٱلدَّرْسَيْنِ ؟ أَيْنَ يَلْعَبَانِ ؟

مَاذَا يَحْمِلُ نَذِيرٌ وَأُخْتُهُ ؟ مَاذَا يَفْتَحَانِ ؟ إِلَامَ تَنْظُرُ أُمُّهُمَا ؟ مَاذَا لَبِسَتْ زَيْنَبُ ؟ أَيْنَ تَرَكَتِ ٱلنَّعْلَيْنِ ٱلْقَدِيمَتَيْنِ ؟ لِمَاذَا تَرَكَتْهُمَا فِي غُرْفَتِهَا ؟ إِلَى مَنْ تَذْهَبُ بِهِمَا غَداً ؟

2. Mettre au duel les mots soulignés dans les phrases suivantes :

<u>هَذَا تِلْمِيذٌ</u> خَارِجٌ مِنْ مَدْرَسَتِهِ ـ هَذَا ٱلْوَلَدُ لَا يَعْرِفُ ٱلْقِرَاءَةَ ـ ٱلْوَلَدُ يَدْعُو أُمَّهُ ـ <u>هَذِهِ</u> <u>ٱلْخَيَّاطَةُ</u> تَصْنَعُ فُسْتَاناً ـ ٱلطَّبِيبُ يَغْسِلُ <u>يَدَهُ</u> بِٱلْمَاءِ وَٱلصَّابُونِ ـ هَذَا ٱلرَّجُلُ لَا يَقُولُ شَيْئاً ـ هَذِهِ ٱلْبِنْتُ تَبْكِي لِأَنَّ أُمَّهَا لَيْسَتْ مَعَهَا ـ ٱلنَّجَّارُ فِي دُكَّانِهِ مَعَ <u>مُسَاعِدِهِ</u> ـ قَرَأْتُ فِي هَذَا ٱلْكِتَابِ قِصَّةً جَمِيلَةً ـ يَخْرُجُ ٱلْمُعَلِّمُ مِنَ ٱلْمَدْرَسَةِ ـ

Ex : <u>هَذَا تِلْمِيذٌ</u> خَارِجٌ مِنْ مَدْرَسَتِهِ ← هَذَانِ تِلْمِيذَانِ خَارِجَانِ مِنْ مَدْرَسَتِهِمَا

3. Vocaliser puis traduire :

اليوم ألبس سروالا وقميصا جديدين ـ صنع لي الاسكاف نعلين جميلتين ـ أذنا الحمار طويلتان ـ هو يغسل قدميه بالماء البارد ـ إن سيارتك في حاجة الى إصلاح ـ قد كتبت رسالتين وجعلتهما في محفظتي ـ نذير وأحمد يلعبان بكرة القدم ـ سأبقى في الملعب ساعتين ـ سيرجع الطبيب غدا ـ الولد يرفع عينيه الى الطائر ـ

4. Même exercice.

كم ولدا في هذه الغرفة ؟ فيها ولدان وبنت ـ هذا التلميذ يحمل معه كتابين لأن له درسين ـ البنتان تلعبان بكرة السلة ـ هي تشعر بألم في قدميها لأن نعليها جديدتان ـ هذه البنت قد لبست سروالا ـ في محفظتي كتاب ودفتران ـ هل ذهب في السيارة أو على قدميه ؟ ـ هذا الاسكاف له مساعدان ـ هذان الكرسيان في حاجة الى اصلاح ـ سأذهب بهما الى النجار ـ سيصل الطبيب بعد ساعة ـ

5. Traduire en arabe :

Lorsqu'il ouvrit les yeux (= ses yeux), il vit devant lui une infirmière et un médecin - Aḥmad et Naḏīr vont au terrain de jeu et emportent avec eux leur balle neuve - La voiture s'arrête : deux hommes en descendent et entrent dans notre maison - J'ai deux chats et un chien : les deux chats n'ont pas peur du chien, et ils jouent avec lui - Dans l'arbre de notre jardin vivent deux oiseaux - Ces deux filles sont les élèves de ma mère - Ma sœur est sortie avec ses deux compagnes : elle reviendra dans deux heures (= après deux heures). Mes deux enfants ne sortent la nuit (= dans la nuit) qu'avec moi - Aḥmad et Naḏīr laissent leurs cartables à l'école parce qu'ils ont un cours le soir (= dans le soir) - Il laisse ses chaussures devant la porte parce qu'elles sont sales.

Vingt-deuxième leçon اَلدَّرْسُ ٱلثَّانِي وَٱلْعِشْرُونَ

أَحْمَدُ جَالِسٌ إِلَى مَائِدَةِ غُرْفَةِ ٱلْأَكْلِ ، وَلَيْسَ مَعَهُ أَحَدٌ . عَلَى ٱلْمَائِدَةِ أَمَامَ أَحْمَدَ صَحْنٌ وَكَأْسٌ ، وَفِي يَدَيْهِ سِكِّينٌ وَتُفَّاحَةٌ . أَحْمَدُ يَقْشُرُ ٱلتُّفَّاحَةَ بِٱلسِّكِّينِ ثُمَّ يَأْكُلُهَا .

يَدْخُلُ نَذِيرٌ وَأُخْتُهُ ، فَيَقُولُ نَذِيرٌ لِأَحْمَدَ :

‒ لِمَاذَا تَأْكُلُ وَحْدَكَ ؟ أَيْنَ وَالِدَاكَ ؟

أَحْمَدُ : آكُلُ وَحْدِي لِأَنَّ وَالِدَيَّ قَدْ ذَهَبَا إِلَى دَارِ جَدَّتِي ، فَإِنَّهَا مَرِيضَةٌ .

زَيْنَبُ : أَيُّ جَدَّتَيْكَ هِيَ ؟

أَحْمَدُ : هِيَ أُمُّ أُمِّي .

يَجْلِسُ نَذِيرٌ وَأُخْتُهُ ، فَيَسْأَلُهُمَا أَحْمَدُ :

‒ هَلْ أَنْتُمَا جَائِعَانِ ؟

- نَذِيرٌ : نَحْنُ لَسْنَا جَائِعَيْنِ لِأَنَّنَا قَدْ أَكَلْنَا فَشَبِعْنَا . وَٱلْحَمْدُ لِلَّهِ .

- أَحْمَدُ : هَلْ عَطِشْتُمَا ؟

- نَذِيرٌ : نَعَمْ أَنَا عَطْشَانٌ .

- زَيْنَبُ : أَنَا أَيْضاً عَطْشَانَةٌ .

يَذْهَبُ أَحْمَدُ إِلَى ٱلثَّلَّاجَةِ فَيَرْجِعُ بِزُجَاجَةِ مَاءٍ بَارِدٍ .

Grammaire

- <u>Le duel (suite)</u>
- <u>Les pronoms isolés du duel sont</u> :

- نَحْنُ pour la 1ère personne (masculin et féminin)
- أنتما pour la 2ème personne (masculin et féminin)
- هُما pour la 3ème personne (masculin et féminin)

Remarque :

Le pronom isolé نَحْنُ est commun à la 1ère personne du duel et à la 1ère personne du pluriel.

<u>Le duel du verbe à l'accompli.</u>

- A l'accompli, la 1ère personne du duel (et du pluriel) se distingue de la 1ère personne du singulier par le suffixe نَا (au lieu de تُ):

أَكَلْتُ = j'ai mangé - أَكَلْنَا = nous avons mangé.

- A la 2ème personne (masculin et féminin), le suffixe rappelle le pronom isolé :

أَنْتُمَا أَكَلْتُمَا = vous (2) avez mangé.

- A la 3ème personne, le duel s'obtient en ajoutant un alif au singulier :

ذَهَبَ = il est parti   ذَهَبَا = ils sont partis (tous deux)

ذَهَبَتْ = elle est partie   ذَهَبَتَا = elles sont parties (toutes deux).

		Duel
1ère pers.		فَعَلْنَا
2ème pers.	masc.	فَعَلْتُمَا
	fém.	فَعَلْتُمَا
3ème pers.	masc.	فَعَلَا
	fém.	فَعَلَتَا

Remarque :

A la 3ème personne du masculin du duel, la 3ème radicale des verbes défectueux prend sa valeur consonantique :

دَعَوَا ← دَعَا (mis pour دَعَوَ)   بَنَيَا ← بَنَى (mis pour بَنَيَ)

- Le pronom affixe de la 1ère personne du singulier (ي) prend un fatha (يَ ←) lorsqu'il suit un nom au duel :

nominatif   وَالِدَايَ ← وَالِدَانِ

cas direct et indirect   وَالِدَيَّ ← (وَالِدَيْيَ) ← وَالِدَيْنِ

mes parents (père et mère)

- Un nouvel interrogatif : أَيُّ =quel ? lequel ?...

Cet interrogatif s'emploie en annexion avec un nom au sin-

gulier, au duel ou au pluriel pour dire : quel...? lequel de... ?
Il se met au cas voulu par sa fonction.

Ex :   أَيُّ تِلْمِيذٍ خَرَجَ ؟ = quel élève est sorti ?

أَيَّ تِلْمِيذٍ دَعَوْتَ ؟ = quel élève as-tu appelé ?

مَعَ أَيِّ تِلْمِيذٍ خَرَجْتَ ؟ = avec quel élève es-tu sorti ?

أَيُّ جَدَّتَيْكَ هِيَ ؟ = laquelle de tes (2) grand-mères est-ce ?

أَحَدٌ = un, quelqu'un

Dans une phrase négative, il prend le sens de personne (comparer avec شَيْءٌ p. 82) :

مَعَهُ أَحَدٌ = [il y a] quelqu'un avec lui

لَيْسَ مَعَهُ أَحَدٌ = il n'y a personne avec lui

تَأْكُلُ وَحْدَكَ = tu manges tout seul.

وَحْدَ (toujours au cas direct) peut être suivi de n'importe quel pronom affixe (masculin, féminin, singulier, duel, pluriel) ; il signifie : tout seul, toute seule, tout seuls, etc...
Lorsqu'il est suivi de la 1ère personne du singulier, le د prend la voyelle i :

أَتَيْتُ وَحْدِي = je suis venu tout seul.

جَائِعٌ = qui a faim, « affamé », est le participe actif du verbe (u) جَاعَ = avoir faim.

عَطْشَانُ = qui a soif, altéré, assoiffé.

Nous avons ici un adjectif d'un type nouveau : le type فَعْلَانُ (fém. فَعْلَانَةٌ). Ce type d'adjectif est assez courant.

Remarque

On hésite souvent sur le point de savoir si un adjectif de ce type est diptote ou triptote. En principe, s'il est diptote (فَعْلَانُ), son féminin est فَعْلَى (et non فَعْلَانَةٌ).

Vocabulaire

قَشَرَ u = peler	شَبِعَ a = être rassasié, repu
جَاعَ u = avoir faim	صَحْنٌ = assiette
تُفَّاحَةٌ = pomme	جَدَّةٌ = grand-mère
اَلْوَالِدَانِ = les parents (le père et la mère)	
عَطْشَانُ = assoiffé, altéré	أَحَدٌ = un, quelqu'un
ثَلَّاجَةٌ = réfrigérateur	زُجَاجَةٌ = bouteille
سِكِّينٌ = couteau	فَإِنَّ (فَـ + إِنَّ) = car, en effet
اَلْحَمْدُ لِلَّه = louange à Dieu, ou : Dieu merci (expression très courante).	

Exercices

1. Répondre aux questions :

أَيْنَ أَحْمَدُ ؟ مَاذَا يَفْعَلُ ؟ مَاذَا يَأْكُلُ ؟ مَا فِي يَدِهِ ؟ مَا يَفْعَلُ بِالسِّكِّينِ ؟ مَا أَمَامَهُ ؟ مَا يَفْعَلُ بِالْكَأْسِ ؟ مَنْ يَأْكُلُ مَعَ أَحْمَدَ ؟ لِمَاذَا يَأْكُلُ وَحْدَهُ ؟ أَيْنَ وَالِدَاهُ ؟ لِمَاذَا ذَهَبَا إِلَى جَدَّتِهِ ؟ أَيُّ جَدَّتَيْهِ هِيَ ؟ هَلْ زَيْنَبُ وَنَذِيرٌ جَائِعَانِ ؟ لِمَاذَا ؟ هَلْ هُمَا عَطْشَانَانِ ؟ مَاذَا يَأْخُذُ أَحْمَدُ ؟ مِنْ أَيْنَ يَأْخُذُ الزُّجَاجَةَ ؟ مَا فِي الزُّجَاجَةِ ؟

2. Mettre au duel les mots soulignés dans les phrases suivantes :

اَلْبِنْتُ فَتَحَتْ بَابَ دَارِهَا ثُمَّ دَخَلَتْ ـ اَلْوَلَدُ جَائِعٌ لِأَنَّهُ مَا أَكَلَ شَيْئاً ـ هَرَبَ الْقِطُّ لِأَنَّهُ

رَأَى كَلْباً ـ اَلطَّائِرُ بَنَى عُشّاً فِي اَلشَّجَرَةِ ـ سَقَطَتْ تُفَّاحَةٌ مِنَ اَلشَّجَرَةِ ـ أَغْسِلُ يَدَيَّ لِأَنَّهَا وَسِخَةٌ ـ أُخْتِي تَشْرَبُ لَبَناً بَارِداً لِأَنَّهَا عَطْشَانَةٌ ـ فَتَحَ اَلتِّلْمِيذُ كِتَابَهُ وَقَرَأَ دَرْسَهُ ـ قَمِيصِي نَظِيفٌ لِأَنِّي غَسَلْتُهُ ـ دَخَلَتِ اَلْمَرْأَةُ وَجَلَسَتْ عَلَى كُرْسِيٍّ ـ

3. Même exercice :

أَنْتَ قَدْ أَكَلْتَ لَكِنْ مَا شَبِعْتَ ـ أَنَا مَا خَرَجْتُ مِنَ اَلدَّارِ لِأَنِّي كُنْتُ مَحْمُوماً ـ هِيَ كَتَبَتْ دَرْسَهَا فِي دَفْتَرِهَا ـ لَيْسَتْ جَالِسَةً عَلَى بِسَاطٍ ـ هُوَ مُعَلِّمِي ـ أَيْنَ وَجَدْتِ هَذِهِ اَلْوَرْدَةَ ؟ ـ سَتَجِدِينَ سَيَّارَتِي أَمَامَ دَارِكِ ـ دَعَا اَلطَّبِيبُ لِأَنَّ بِنْتَهُ مَرِيضَةٌ ـ قَدْ خَرَجْتُ مِنَ اَلدَّارِ مَعَ وَالِدَيَّ ـ قَالَتْ إِنَّهَا سَتَرْجِعُ فِي اَلْمَسَاءِ ـ

4. Vocaliser puis traduire :

ذهب نذير وزينب إلى دار أحمد فوجداه وحده ـ ما قشرت تفاحتي لأني ما وجدت سكينا ـ الصحنان ليسا على المائدة ـ بأي قلم يكتب المعلم ؟ ـ يكتب بالقلم الأحمر ـ أمي بنت جدتي ـ لستما في حاجة الى دواء لأنكما لستما مريضين ـ هل في هذا المكتب أحد ؟ لا . ليس فيه أحد ـ الرجل يسأل الولدين : أيكما هو نذير ؟ يقول له أحدهما : ليس أحدنا نذيرا ـ هل الطبيب وحده في مكتبه ؟ لا . معه رجل مريض ـ أنا أعيش مع والدي لأني صغير ـ

5. Traduire en arabe :

Je suis revenu de l'école à pied (= sur mes (2) pieds). Aujourd'hui j'ai lu une leçon et dessiné deux cartes. Ces 2 bouteilles ne sont pas à moi. Vous 2, vous resterez à la maison avec votre petite sœur. Nos parents nous ont laissés seuls, mais ils reviendront avant la nuit. Ma mère a appelé le médecin car ma sœur se plaint d'une douleur aux oreilles (= dans ses oreilles). La mère d'Aḥmad a lavé sa robe puis l'a étendue sur une corde entre 2 arbres. Ce menuisier a 2 rabots : un pour lui (= un rabot pour lui) et un (= un rabot) pour son apprenti. Nous (2) avions faim (= nous étions « affamés »), mais nous n'avons rien pris dans le (= du) réfrigérateur. J'ai eu soif, et j'ai bu 2 verres d'eau et un verre de lait.

Vingt-troisième leçon — اَلدَّرْسُ اَلثَّالِثُ وَٱلْعِشْرُونَ

هَذَا مَطَارُ اَلدَّارِ اَلْبَيْضَاءِ فِي اَلْجَزَائِرِ. نَذِيرٌ وَزَيْنَبُ فِي سَطْحِ اَلْمَطَارِ يَنْظُرَانِ إِلَى اَلطَّائِرَاتِ. إِنَّ إِحْدَى اَلطَّائِرَاتِ وَصَلَتْ مِنْ تُونِسَ مُنْذُ قَلِيلٍ. وَبَدَأَ اَلسَّافِرُونَ يَنْزِلُونَ. عَلَى اَلسُّلَّمِ وَلَدٌ يَحْمِلُ فِي يَدِهِ مِحْفَظَةً. هُوَ مُحَمَّدٌ اِبْنُ عَمِّ نَذِيرٍ وَزَيْنَبَ.

يَنْزِلُ مُحَمَّدٌ وَيَقِفُ مَعَ اَلْمُسَافِرِينَ اَلْآخَرِينَ قُرْبَ اَلطَّائِرَةِ. ثُمَّ يَذْهَبُ بِهِمْ أَحَدُ مُسْتَخْدِمِي اَلْمَطَارِ إِلَى اَلْقَاعَةِ. فِي هَذِهِ اَلْقَاعَةِ شُرْطِيَّانِ يَنْظُرَانِ فِي جَوَازَاتِ اَلسَّفَرِ. يَنْظُرُ أَحَدُهُمَا فِي جَوَازِ مُحَمَّدٍ ثُمَّ يَجْعَلُ عَلَيْهِ طَابَعًا.

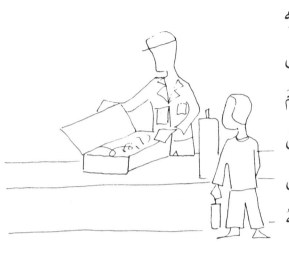

وَبَعْدَ قَلِيلٍ يَجِدُ مُحَمَّدٌ حَقِيبَتَيْهِ فَيَحْمِلُهُمَا وَيَذْهَبُ بِهِمَا إِلَى الْمَخْرَجِ. عِنْدَ الْمَخْرَجِ يَقِفُ أَمَامَ أَحَدِ الْجُمْرُكِيِّينَ فَيَأْمُرُهُ الْجُمْرُكِيُّ بِفَتْحِ إِحْدَى حَقِيبَتَيْهِ: يَنْظُرُ فِي الْحَقِيبَةِ وَفِي الْمِحْفَظَةِ ثُمَّ يَسْمَحُ لَهُ بِالْخُرُوجِ.

Grammaire

- Le pluriel.

- Le pluriel des noms (des adjectifs, des participes...)

Il existe 3 catégories de pluriel :
- le pluriel externe masculin ;
- le pluriel externe féminin ;
- le pluriel interne.

Les pluriels externes sont ainsi appelés parce qu'ils s'obtiennent en général en ajoutant au singulier un élément extérieur, une désinence du pluriel.

- Le pluriel externe masculin

Il s'obtient en ajoutant au singulier la désinence ـُونَ (au nominatif) ou ـِينَ (aux cas direct et indirect). Le ن final disparaît si le nom est déterminé par un complément de nom ou un pronom affixe.

Déclinaison de مُسْتَخْدِمُونَ (pluriel de مُسْتَخْدِمٌ = employé)

	indéterminé	avec article	avec complément de nom	avec pronom affixe
nominatif	مُسْتَخْدَمُونَ	اَلْمُسْتَخْدَمُونَ	مُسْتَخْدَمُو ٱلْمَطَارِ	مُسْتَخْدَمُوهُ
cas direct et indirect	مُسْتَخْدَمِينَ	اَلْمُسْتَخْدَمِينَ	مُسْتَخْدَمِي ٱلْمَطَارِ	مُسْتَخْدَمِيهِ

- <u>Le pluriel externe féminin.</u>

Il s'obtient en ajoutant au singulier la désinence ـَاتٌ (au nominatif) ou ـَاتٍ (aux cas direct et indirect). Si le singulier est terminé par un tâ marbûta, celui-ci est préalablement supprimé.

Ex : (passeport) جَوَازٌ ← جَوَازَاتٌ ou جَوَازَاتٍ

(avion) طَائِرَةٌ ← طَائِرَاتٌ ou طَائِرَاتٍ

	indéterminé	avec article	avec complément de nom	avec pronom affixe
nominatif	جَوَازَاتٌ	اَلْجَوَازَاتُ	جَوَازَاتُ ٱلسَّفَرِ	جَوَازَاتُنَا
cas direct et indirect	جَوَازَاتٍ	اَلْجَوَازَاتِ	جَوَازَاتِ ٱلسَّفَرِ	جَوَازَاتِنَا

Remarque

En principe, seul l'usage permet de savoir si tel nom ou tel adjectif prend un pluriel externe ou interne, et lequel. C'est pourquoi le dictionnaire indique le pluriel de chaque mot, qu'il faut tâcher de retenir en même temps que le singulier. Si c'est un pluriel externe masculin, il est indiqué par les lettres ون ; si c'est un pluriel externe féminin, il est indiqué par ات

Ex : جُمْرُكِيٌّ ج و ن = douanier

مَطَارٌ ج ا ت = aéroport

La lettre ج est l'abréviation de جَمْعٌ = pluriel.

Conjugaison

Nous reparlerons de la conjugaison du pluriel dans les prochaines leçons. Mais notons dès à présent qu'à l'inaccompli

indicatif, la 3ème personne du masculin pluriel se forme en ajoutant la désinence ـُونَ à la 3ème personne du masculin singulier :
il descend = يَنْزِلُ   ils descendent = يَنْزِلُونَ

Notons aussi que le verbe ne se met au pluriel (ou au duel) que s'il suit son ou ses sujets. S'il le (ou les) précède, il reste au singulier :

بَدَأَ ٱلْمُسَافِرُونَ يَنْزِلُونَ =les voyageurs ont commencé à descendre (littéralement : ...ont commencé ils descendent). بَدَأَ est au singulier parce qu'il précède le sujet, يَنْزِلُونَ est au pluriel parce qu'il le suit.

Morphologie

- مَطَارٌ (aéroport, aérodrome) est un « nom de lieu » tiré du verbe (i) طَارَ = voler

- طَائِرٌ (oiseau) est un participe actif substantivé (masc.) tiré du même verbe

- طَائِرَةٌ (avion) est un participe actif substantivé (fém.) tiré du même verbe

- مَخْرَجٌ (sortie) est un « nom de lieu » tiré du verbe (u) خَرَجَ = sortir.

- Construction du verbe (u) أَمَرَ = ordonner.

Ce verbe se construit avec 2 compléments : un complément d'objet direct (la personne à qui s'adresse l'ordre) et un complément d'objet indirect introduit par بِـ , et qui est un maṣdar :

اَلْجُمْرُكِيُّ أَمَرَ ٱلْمُسَافِرَ بِفَتْحِ حَقِيبَتِهِ = le douanier ordonna

au voyageur d'ouvrir sa valise (litt. : l'ouverture de sa valise).

Vocabulaire

نَظَرَ (u) فِي = examiner أَمَرَ (u) بـ = ordonner

مَطَارٌ ج ا ت = aéroport سَطْحٌ = terrasse

تُونِسُ (fém.) = Tunis, ou la Tunisie

اَلدَّارُ اَلْبَيْضَاءُ = Maison Blanche (aéroport d'Alger)

مُسَافِرٌ ج و ن = voyageur جُمْرُكِيٌّ ج و ن = douanier

إِحْدَى (indéclinable) = une (fém. de أَحَدٌ)

سُلَّمٌ = escalier, échelle, passerelle عَمٌّ = oncle (paternel)

مُسْتَخْدَمٌ ج و ن = employé قَاعَةٌ ج ا ت = salle, hall

شُرْطِيٌّ = policier سَفَرٌ = voyage جَوَازٌ ج ا ت = passeport

جَوَازُ اَلسَّفَرِ = passeport حَقِيبَةٌ = valise مَخْرَجٌ = sortie

مُنْذُ = depuis

Exercices

1. Répondre aux questions :

مَا هُوَ هَذَا اَلْمَطَارُ ؛ أَيْنَ مَطَارُ اَلدَّارِ اَلْبَيْضَاءِ ؛ أَيْنَ زَيْنَبُ وَنَذِيرٌ ؛ إِلَامَ يَنْظُرَانِ ؛ مَتَى وَصَلَتِ اَلطَّائِرَةُ ؛ مِنْ أَيْنَ وَصَلَتْ ؛ مَا يَفْعَلُ اَلْمُسَافِرُونَ ؛ أَيْنَ مُحَمَّدٌ ؛ مَنْ هُوَ مُحَمَّدٌ ؛ مَاذَا يَحْمِلُ ؛ أَيْنَ يَقِفُ اَلْمُسَافِرُونَ ؛ ثُمَّ إِلَى أَيْنَ يَذْهَبُونَ ؛ مَنْ يَذْهَبُ بِهِمْ إِلَى اَلْقَاعَةِ ؛ مَنْ فِي اَلْقَاعَةِ ؛ مَاذَا يَفْعَلُ هَذَانِ اَلشُّرْطِيَّانِ ؛ مَاذَا يَجْعَلُ أَحَدُهُمَا عَلَى جَوَازِ مُحَمَّدٍ ؛ كَمْ حَقِيبَةً لِمُحَمَّدٍ ؛ مَنْ يَحْمِلُهُمَا ؛ إِلَى أَيْنَ يَذْهَبُ بِهِمَا ؛ أَمَامَ مَنْ يَقِفُ بِهِمَا ؛ بِمَ يَأْمُرُهُ اَلْجُمْرُكِيُّ ؛ هَلْ يَنْظُرُ اَلْجُمْرُكِيُّ فِي اَلْحَقِيبَتَيْنِ ؛ ثُمَّ مَاذَا يَفْعَلُ ؛

2. Mettre au pluriel externe masculin les mots soulignés d'un trait, et au pluriel externe féminin les mots soulignés de 2 traits :

اَلسَّائِقُ يَسُوقُ اَلسَّيَّارَةَ ـ أَنَا لَا أَعْرِفُ مَطَارَ اَلْجَزَائِرِ ـ اَلْمُسَافِرُ يَنْزِلُ مِنَ اَلطَّائِرَةِ ـ اَلْمُسَافِرَةُ جَالِسَةٌ فِي قَاعَةِ اَلْمَطَارِ ـ اَلْمُعَلِّمُ يَدْخُلُ اَلْمَدْرَسَةَ ـ اَلْخَيَّاطُ جَائِعٌ ـ خَرَجَتْ

اَلْمُعَلِّمَةُ مِنَ ٱلْمَدْرَسَةِ ـ ٱلطَّبِيبُ يَدْعُو ٱلْمُمَرِّضَ ـ مِنْ أكل ٱلتُّفَّاحَةَ ؟ سَائِقُ ٱلطَّائِرَةِ هُوَ⁽¹⁾ ٱلطَّيَّارُ ـ

(1) le pluriel de هُوَ est هُمْ

Ex : اَلسَّائِقُ يَسُوقُ ٱلسَّيَارَةَ ← اَلسَّائِقُونَ يَسُوقُونَ ٱلسَّيَارَاتِ

3. Même exercice :

اَلْمُسَافِرُ يَخْرُجُ مِنَ ٱلْمَطَارِ ـ جُمْرُكِيُّ ٱلْمَطَارِ وَاقِفٌ عِنْدَ ٱلْمَخْرَجِ ـ ٱلْوَلَدُ يَحْمِلُ زُجَاجَةَ لَبَنٍ ـ سَأَرْجِعُ مِنَ ٱلْمَدْرَسَةِ بَعْدَ سَاعَةٍ مِنَ ٱلدَّرْسِ ـ ٱلْمُعَلِّمَةُ تَسْأَلُ تِلْمِيذَتَهَا ـ ٱلزُّجَاجَةُ فِي ٱلثَّلَّاجَةِ ـ مُسْتَخْدَمُ ٱلْمَطَارِ يَقْرَأُ جَوَازَ ٱلسَّفَرِ ـ ٱلْخَيَّاطُ قَدْ خَرَجَ لَكِنَّ مُسَاعِدَهُ فِي ٱلدُّكَّانِ ـ ٱلْجَنَّانُ يَحْمِلُ مِرَشَّةً ـ ٱلْوَلَدُ يَنْظُرُ إِلَى ٱلْبَقَرَةِ ـ

4. Vocaliser puis traduire :

في سطح المطار ولدان ينظران إلى الطائرات ـ إن المسافرين يذهبون إلى تونس بالطائرة ـ هل يرجعون من تونس بالطائرة ؟ لا . يرجعون الى الجزائر بالسيارة ـ يأمر الجمركي أحد المسافرين بفتح حقيبتيه ـ السفر بالطائرة ليس طويلا ـ سيصلون الى تونس بعد ساعتين ـ ينزل نذير وأخته من سطح المطار إلى قاعته ـ هذا المسافر ليس له جواز سفر ـ ليس في حاجة إلى جواز السفر لأنه ليس خارجا من الجزائر ـ الشرطي ينظر في جوازات المسافرين الخارجين من الجزائر ـ

5. Traduire en arabe :

J'ai une valise parce que je pars en voyage (= parce que je suis un voyageur). Je demande à l'un des employés : «Quand part l'avion de Tunis ?». Il me répond : (= me dit) : «Cet avion partira dans (= après) une heure ». Je lui demande : « Quel avion est-ce ? ». Il me répond : « C'est l'avion rouge ». L'employé prend ma valise et appelle un des douaniers. Mais le douanier n'examine pas ma valise. Ensuite je vais vers le policier : il prend mon passeport et l'examine, puis y met un cachet. Je regarde les autres voyageurs, mais je ne connais personne. Je m'assieds, je prends un livre, et je commence à le lire (= sa lecture). Peu après, un des employés appelle les voyageurs allant à Tunis. Je mets mon livre dans ma serviette, et je me lève.

Vingt-quatrième leçon   اَلدَّرْسُ اَلرَّابِعُ وَالْعِشْرُونَ

زَيْنَبُ وَنَذِيرٌ وَمُحَمَّدٌ يَزُورُونَ حَدِيقَةً مِنْ حَدائِقِ اَلْجَزَائِرِ. عَلَى اَلْيَسَارِ رِجَالٌ جَالِسُونَ عَلَى مَقَاعِدَ فِي ظِلِّ اَلْأَشْجَارِ. أَمَامَ هَؤُلَاءِ اَلرِّجَالِ أَوْلَادٌ صِغَارٌ يَلْعَبُونَ عَلَى اَلْعُشْبِ: اَلرِّجَالُ يَقْرَأُونَ جَرَائِدَهُمْ وَيَحْرُسُونَ أَوْلَادَهُمْ. عَلَى اَلْيَمِينِ أَوْلَادٌ كِبَارٌ يَجْرُونَ بَيْنَ اَلْأَشْجَارِ. يَقُولُ مُحَمَّدٌ: لِمَاذَا لَا نَلْعَبُ مَعَ هَؤُلَاءِ اَلْأَوْلَادِ؟

يَدْنُو نَذِيرٌ وَمُحَمَّدٌ مِنَ اَلْأَوْلَادِ اَلْآخَرِينَ. لَكِنَّ زَيْنَبَ لَا تَتْبَعُهُمَا.

تَمْشِي زَيْنَبُ فِي اَلْحَدِيقَةِ. فَتَلْقَى جَمَاعَةً مِنَ اَلْبَنَاتِ. تَفْرَحُ هَؤُلَاءِ اَلْبَنَاتُ بِزَيْنَبَ لِأَنَّهُنَّ يَعْرِفْنَهَا جَيِّداً.
تَسْأَلُهُنَّ زَيْنَبُ:

- مَاذَا تَفْعَلْنَ ؟
- نَصْنَعُ بَاقَاتٍ مِنَ ٱلْأَزْهَارِ .

تَجْنِي زَيْنَبُ أَزْهَاراً وَتَصْنَعُ هِيَ أَيْضاً بَاقَةً جَمِيلَةً ، ثُمَّ تَقُولُ :
- سَأَعْرِضُ هَذِهِ ٱلْبَاقَةَ لِأُمِّي .

Grammaire

- Le pluriel (suite)
- Le pluriel des noms
- Le pluriel interne.

On appelle « pluriel interne » un pluriel qui s'obtient en modifiant la structure interne du mot. Il existe de nombreux types de pluriel interne.

Nous en avons dans ce texte 4, qui sont parmi les plus courants :

- le type فِعَالٌ

Ex : رَجُلٌ ج رِجَالٌ

صَغِيرٌ ج صِغَارٌ

- le type أَفْعَالٌ

Ex : وَلَدٌ ج أَوْلَادٌ

شَجَرَةٌ ج أَشْجَارٌ

Ex : مَقْعَدٌ ج مَقَاعِدُ - le type مَفَاعِلُ

- le type فَعَائِلُ

Ex : حَدِيقَةٌ ج حَدَائِقُ = jardin, parc

جَرِيدَةٌ ج جَرَائِدُ = journal

Remarques

Quand un adjectif a un pluriel interne, celui-ci est le même pour le masculin et le féminin :

كِبَارٌ = grands ou grandes

صِغَارٌ = petits ou petites.

- Les pluriels des types مَفَاعِلُ et فَعَائِلُ sont diptotes. Ce sont des « pluriels quadrisyllabiques ».

- اَلْجَزَائِرُ (Alger, l'Algérie) est un pluriel quadrisyllabique du type : فَعَائِلُ. C'est le pluriel de : جَزِيرَةٌ = île. اَلْجَزَائِرُ signifie donc, à l'origine, « les îles ».

- Un même mot peut avoir deux ou plusieurs pluriels.

- **Les pronoms affixes**

- Le pronom affixe de la 1ère personne du pluriel (masculin et féminin) est نَا (comme celui de la 1ère personne du duel) ;

- Le pronom affixe de la 3ème personne du masculin pluriel est هُمْ ;

- Le pronom affixe de la 3ème personne du féminin pluriel est هُنَّ .

هُمْ et هُنَّ deviennent هِمْ et هِنَّ lorsqu'ils sont précédés d'un i (bref ou long) ou d'un yâ portant un sukûn.

- Conjugaison de l'inaccompli indicatif au pluriel.

- La 1ère personne du pluriel est la même que celle du duel. Elle se distingue de la 1ère personne du singulier par le préfixe نَ au lieu de أَ : نَفْعَلُ ← أَفْعَلُ

- La 2ème et la 3ème personne du masculin pluriel s'obtiennent en ajoutant le suffixe ـُونَ à la 2ème et à la 3ème personne du masculin singulier :

تَفْعَلُ → تَفْعَلُونَ

يَفْعَلُ → يَفْعَلُونَ

- la 2ème et la 3ème personne du féminin pluriel se caractérisent par le suffixe نَ

تَفْعَلِينَ → تَفْعَلْنَ

(هِيَ) تَفْعَلُ → يَفْعَلْنَ

		Pluriel
1ère pers.		نَفْعَلُ
2ème pers.	masc.	تَفْعَلُونَ
	fém.	تَفْعَلْنَ
3ème pers.	masc.	يَفْعَلُونَ
	fém.	يَفْعَلْنَ

Rappelons que, dans les verbes défectueux, en cas de rencontre de 2 lettres faibles, seule se maintient celle qui a une valeur grammaticale (v. p. 118)

Ex : (يَجْرِيُونَ) ← يَجْرُونَ = ils courent

Vocabulaire

جَرَى i	= courir	زَارَ u	= visiter, rendre visite à...
تَبِعَ a	= suivre	حَرَسَ u	= garder, surveiller
مَشَى i	= marcher	دَنَا (u) مِنْ	= s'approcher de...
عَرَضَ i	= offrir	لَقِيَ a	= rencontrer

فَرِحَ (a) بِ = être content de, être content de voir...

زَهْرَةٌ ج أَزْهَارٌ	= fleur	جَنَى i	= cueillir
اَلْيَسَارُ	= la gauche	حَدِيقَةٌ ج حَدَائِقُ	= jardin, verger, parc
اَلْيَمِينُ	= la droite	بَاقَةٌ ج ا ت	= bouquet
جَرِيدَةٌ ج جَرَائِدُ	= journal	عُشْبٌ ج أَعْشَابٌ	= herbe
جَمَاعَةٌ ج ا ت	= groupe	بَيْنَ	= entre, parmi

هَؤُلَاءِ (pl. de هَذَا et de هَذِهِ) = ceux-ci ; celles-ci ; ces...

بَنَاتٌ (pl. de بِنْتٌ) est considéré comme un pl. ext. fém.

Exercices

1. Répondre aux questions :

مَاذَا يَزُورُ نَذِيرٌ وَزَيْنَبُ وَمُحَمَّدٌ ؛ مَنْ عَلَى ٱلْيَسَارِ ؛ عَلَامَ هُمْ جَالِسُونَ ؛ مَنْ أَمَامَهُمْ ؛ مَاذَا يَفْعَلُ آلَأَوْلَادُ ٱلصِّغَارِ ؛ عَلَامَ يَلْعَبُونَ ؛ مَا يَقْرَأُ ٱلرِّجَالُ ؛ مَا يَفْعَلُونَ أَيْضاً ؛ مَنْ عَلَى ٱلْيَمِينِ ؛ مَا يَفْعَلُونَ ؛ مَا يَقُولُ مُحَمَّدٌ ؛ مَا يَفْعَلُ مُحَمَّدٌ وَنَذِيرٌ ؛ هَلْ تَتْبَعُهُمَا زَيْنَبُ ؛

مَا تَفْعَلُ زَيْنَبُ ؛ مَنْ تَلْقَى ؛ هَلْ يَفْرَحْنَ بِهَا ؛ لِمَ يَفْرَحْنَ بِهَا ؛ مَا تَفْعَلُ هَؤُلَاءِ ٱلْبَنَاتُ ؛ مَا تَجْنِي زَيْنَبُ ؛ مَا تَصْنَعُ بِبَاقَتِهَا ؛ كَيْفَ تَعْرِضُ زَيْنَبُ بَاقَتَهَا ؛

2. Mettre au pluriel les mots soulignés dans les phrases suivantes :

(1) pl. ext. masc. - (2) pl. ext. fém. - (3) pl. du type فِعَالٌ - (4) pl. du type أَفْعَالٌ

(5) pl. du type مَفَاعِلُ - (6) pl. du type فَعَائِلُ

هذه اَلْبِنْتُ⁽²⁾ سَمِينَةٌ ـ اَلْوَلَدُ⁽⁴⁾ يَرْسُمُ خَرِيطَةً⁽⁶⁾ ـ اَلْمُسَافِرُ⁽¹⁾ يَحْمِلُ حَقِيبَةً⁽⁶⁾ ـ الْإِسْكَافُ يَصْنَعُ نَعْلًا⁽³⁾ ـ اَلْمُعَلِّمَةُ⁽²⁾ جَالِسَةٌ⁽²⁾ أَمَامَ مَكْتَبِهَا⁽⁵⁾ ـ مُسَاعِدُ⁽¹⁾ اَلنَّجَّارِ يُنْجِزُ لَوْحَةً⁽⁴⁾ ـ اَلْبِنْتُ⁽²⁾ تَمْشِي عَلَى قَدَمَيْهَا⁽⁴⁾ ـ اَلْوَلَدُ⁽⁴⁾ يَجْعَلُ دَفْتَرَهُ⁽⁵⁾ فِي مِحْفَظَتِهِ⁽⁵⁾ ـ تَسْقُطُ اَلْوَرَقَةُ⁽⁴⁾ مِنَ اَلشَّجَرَةِ⁽⁴⁾ ـ فِي دَارِنَا كَلْبٌ⁽³⁾ وَقِطٌّ⁽³⁾.

3. Même exercice :

اَلتِّلْمِيذَةُ⁽²⁾ تَكْتُبُ رِسَالَةً⁽⁶⁾ ـ اَلْمُعَلِّمُ⁽¹⁾ يَكْتُبُ بِقَلَمِهِ⁽⁴⁾ ـ اَلْبِنْتُ⁽²⁾ تَحْمِلُ بَاقَةً⁽²⁾ أَزْهَارٍ فِي سَلَّةٍ⁽³⁾ ـ هذا اَلْوَلَدُ⁽⁴⁾ لَا يَذْهَبُ إِلَى اَلْمَدْرَسَةِ⁽³⁾ ـ اَلرَّجُلُ⁽³⁾ يَرْجِعُ مِنَ اَلْمَلْعَبِ⁽⁵⁾ ـ صَاحِبِي⁽⁴⁾ يَلْعَبُ بِالْكُرَةِ ـ هذا اَلرَّجُلُ⁽³⁾ طَوِيلٌ⁽³⁾ ـ هذا اَلْوَلَدُ⁽⁴⁾ صَحِيحٌ⁽³⁾ ـ اَلنَّجَّارُ⁽¹⁾ يَجْعَلُ اَللَّوْحَةَ⁽⁴⁾ عَلَى اَلْمِنْضَدَةِ⁽⁵⁾ ـ اَلْوَلَدُ⁽⁴⁾ اَلْقَصِيرُ⁽³⁾ أَمَامَ اَلْوَلَدِ⁽⁴⁾ اَلطَّوِيلِ⁽³⁾.

4. Vocaliser puis traduire :

البنات يجنين أزهارا ـ الأولاد والبنات يمشون على العشب ـ الأولاد الصغار لا يقرؤون الجرائد ـ قد فرح نذير وأخته بابن عمهما ـ الأولاد يلقون أصحابهم في الحديقة ـ كلبنا يحرس دارنا حين نغيب عنها ـ سنزور تونس مع عمنا ـ نذير يعرض زهرة لأمه ـ القط يدنو من الفأر ـ دارنا بين المدرسة والحديقة.

5. Traduire en arabe :

Je ne cours pas avec les enfants parce que je suis vieux (= grand). Je m'assois sur un banc et je lis mon journal. Un de mes camarades arrive et s'assoit prèsde moi. Je suis content de le voir (= ...de lui) et je lui offre mon journal. Il me dit qu'il l'a déjà lu, puis me demande :
- est-ce que tu connais bien Tunis ?
- j'ai visité Tunis avec mes parents, quand j'étais petit.
- moi je ne connais pas Tunis, mais je vais y aller demain, par avion.
- avec qui pars-tu ?
- je partirai tout seul.
- chez qui vas-tu ?
- chez mon oncle ; il sera à l'aéroport lorsque l'avion arrivera.

Vingt-cinquième leçon ۞ اَلدَّرْسُ ٱلْخَامِسُ وَٱلْعِشْرُونَ

هٰذَا مَلْعَبُ ٱلْمَدْرَسَةِ. هٰؤُلَاءِ ٱلْأَوْلَادُ تَلَامِيذُ وَهٰؤُلَاءِ ٱلْبَنَاتُ تِلْمِيذَاتٌ. لٰكِنْ أَيْنَ مَحَافِظُهُمْ وَكُتُبُهُمْ وَأَقْلَامُهُمْ؟ قَدْ تَرَكُوهَا فِي قَاعَةِ ٱلرِّيَاضَةِ لِأَنَّهُمْ فِي دَرْسِ ٱلرِّيَاضَةِ. دَرْسُ ٱلرِّيَاضَةِ لَيْسَ كَٱلدُّرُوسِ ٱلْأُخْرَى. اَلْأَوْلَادُ قَدْ خَلَعُوا سَرَاوِيلَهُمْ وَقُمْصَانَهُمْ وَصُدْرَهُمْ وَلَبِسُوا ثِيَابًا خَفِيفَةً لِلرِّيَاضَةِ. اَلْبَنَاتُ كَذٰلِكَ خَلَعْنَ فَسَاتِينَهُنَّ وَلَبِسْنَ ثِيَابًا خَفِيفَةً.

هٰذِهِ مُعَلِّمَةُ ٱلرِّيَاضَةِ تَدْنُو مِنْ جَمَاعَةٍ مِنَ ٱلتِّلْمِيذَاتِ وَتَسْأَلُهُنَّ:
- هَلْ جَرَيْتُنَّ حَوْلَ ٱلْمَيْدَانِ كَمَا أَمَرْتُكُنَّ؟
- نَعَمْ قَدْ جَرَيْنَا.

تَأْخُذُ ٱلْمُعَلِّمَةُ صَفَّارَةً وَكُرَةً كَبِيرَةً ثُمَّ تَذْهَبُ بِتِلْمِيذَاتِهَا إِلَى مَيْدَانِ كُرَةِ ٱلسَّلَّةِ.

هٰؤُلَاءِ تَلَامِيذُ يَلْعَبُونَ بِكُرَةِ ٱلْقَدَمِ. يَأْتِيهِمْ مُعَلِّمُهُمْ فَيَقُولُ لَهُمْ:

- مِنْ أَيْنَ أَخَذْتُمْ هٰذِهِ ٱلْكُرَةَ؟
- وَجَدْنَاهَا هُنَا فِي ٱلْمَيْدَانِ.
- مَنْ سَمَحَ لَكُمْ بِدُخُولِ هٰذَا ٱلْمَيْدَانِ؟

يَسْكُتُ ٱلتَّلَامِيذُ. فَيَأْخُذُ ٱلْمُعَلِّمُ ٱلْكُرَةَ وَيَقُولُ لَهُمْ:

- سَتَلْعَبُونَ بِٱلْكُرَةِ بَعْدَ تَسَلُّقِ ٱلْحَبْلِ.

Grammaire

- Le pluriel interne (suite)

Nous avons dans ce texte 6 nouveaux types de pluriel interne : - le type مَفَاعِيلُ

Ex : تِلْمِيذٌ ج تَلَامِيذُ

سِرْوَالٌ ج سَرَاوِيلُ

فُسْتَانٌ ج فَسَاتِينُ

مَفَاعِيلُ est un pluriel « quadrisyllabique » ; il est diptote.

- le type فُعُولٌ   Ex : دَرْسٌ ج دُرُوسٌ

Ce type de pluriel est très courant.

- le type فُعَلٌ   Ex : كِتَابٌ ج كُتُبٌ

- le type فُعْلَانٌ   Ex : قَمِيصٌ ج قُمْصَانٌ

- le type أَفْعِلَةٌ   Ex : حِذَاءٌ ج أَحْذِيَةٌ = chaussure, soulier

- le type فُعَلٌ   Ex : صُدْرَةٌ ج صُدَرٌ

Presque tous les noms qui ont au singulier la forme فُعْلَةٌ font au pluriel فُعَلٌ, de même que les noms du type فِعْلَةٌ font au pluriel فِعَلٌ

- Les pronoms affixes du pluriel (suite)

- Le pronom affixe de la 2ème personne du masculin pluriel est كُمْ : مَنْ سَمَحَ لَكُمْ...؟ = qui vous a permis...?

- Le pronom affixe de la 2ème personne du féminin pluriel est كُنَّ : كَمَا أَمَرْتُكُنَّ ... = ... comme je vous [l']ai ordonné

- Conjugaison de l'accompli au pluriel.

A l'accompli, le pluriel se caractérise par les suffixes pronominaux suivants :

- 1ère personne (masc. et fém.) : نَا (comme au duel)

- 2ème personne masc. : تُمْ   - 2ème pers. fém. : ـتُنَّ

- 3ème pers. masc. : ـُوا   - 3ème pers. fém. : نَ

		Pluriel
1ère pers.		فَعَلْنَا
2ème pers.	masc.	فَعَلْتُمْ
	fém.	فَعَلْتُنَّ
3ème pers.	masc.	فَعَلُوا
	fém.	فَعَلْنَ

Remarque :

L'alif de la 3ème pers. du masculin pluriel est un alif orthographique. Il disparaît si le verbe a pour complément d'objet direct un pronom affixe :

تَرَكُوا + هَا → تَرَكُوهَا = ils les ont laissés.

- <u>L'accord du pluriel.</u>

Dans l'exemple que nous venons de voir (تَرَكُوهَا), le pronom affixe de la 3ème personne du féminin singulier remplace : (مَحَافِظَهُمْ وَكُتُبَهُمْ وَأَقْلَامَهُمْ) leurs serviettes, leurs livres et leurs crayons).

En effet, quand un nom au pluriel désigne autre chose que des êtres humains, tout ce qui s'y rapporte (verbe (placé avant ou après le sujet), pronom personnel, pronom démonstratif, pronom relatif, épithète, attribut...) se met généralement au féminin singulier :

تَرَكُوهَا ← تَرَكُوا مَحَافِظَهُمْ وَكُتُبَهُمْ وَأَقْلَامَهُمْ = ils les ont laissés

اَلدُّرُوسُ الْأُخْرَى (أُخْرَى : fém. sing. de آخَرُ) = les autres cours

ثِيَابٌ خَفِيفَةٌ (خَفِيفَةٌ fém. sing. de خَفِيفٌ) = des vêtements légers

Un pluriel ne désignant pas des personnes, c'est-à-dire désignant des animaux ou des choses concrètes ou abstraites est appelé « pluriel d'êtres non doués de raison ».

Vocabulaire

خَلَعَ = ôter   a

حِذَاءٌ ج أَحْذِيَةٌ = soulier, chaussure

سَكَتَ = se taire   u

ثَوْبٌ ج ثِيَابٌ = vêtement

خَفِيفٌ = léger

كَذَلِكَ (كَ + ذَلِكَ) = ainsi, de même

تَسَلُّقٌ = (le) grimper (nom verbal)

هُنا = ici

رِيَاضَةٌ = sport, gymnastique

صَفَّارَةٌ ج ا ت = sifflet

مَيْدَانٌ ج مَيَادِينُ = domaine, champ, terrain

كَ = comme (comparaison)

Exercices

1. Répondre aux questions :

ما هُوَ هَذَا ٱلْمَلْعَبُ ؟ مَنْ هَؤُلاءِ ٱلْبَنَاتُ ؟ مَنْ هَؤُلاءِ ٱلْأَوْلادُ ؟ أَيْنَ تَرَكُوا مَحَافِظَهُمْ ؟ لِمَاذَا تَرَكُوهَا فِي قَاعَةِ ٱلرِّيَاضَةِ ؟ هَلْ دَرْسُ ٱلرِّيَاضَةِ كَٱلدُّرُوسِ ٱلْأُخْرَى ؟ مَا فَعَلَ ٱلْأَوْلادُ بِسَرَاوِيلِهِمْ وَقُمْصَانِهِمْ وَصُدُرِهِمْ ؟ أَيْنَ خَلَعُوهَا ؟ مَا فَعَلَتِ ٱلْبَنَاتُ بِفَسَاتِينِهِنَّ ؟ مَاذَا لَبِسْنَ ؟ كَيْفَ أَحْذِيَةُ ٱلرِّيَاضَةِ ؟

مِمَّنْ (= مِنْ مَنْ) تَدْنُو ٱلْمُعَلِّمَةُ ؟ مَاذَا تَسْأَلُهُنَّ ؟ مَاذَا تَقُولُ ٱلْبَنَاتُ ؟ مَاذَا تَأْخُذُ ٱلْمُعَلِّمَةُ ؟ إِلَى أَيْنَ تَذْهَبُ بِتِلْمِيذَاتِهَا ؟

بِمَ يَلْعَبُ هَؤُلاءِ ٱلْأَوْلادُ ؟ أَيْنَ وَجَدُوا هَذِهِ ٱلْكُرَةَ ؟ هَلْ سَمَحَ لَهُمْ مُعَلِّمُهُمْ بِدُخُولِ ٱلْمَيْدَانِ ؟ هَلْ يَقُولُونَ شَيْئاً ؟ مَتَى يَلْعَبُونَ بِٱلْكُرَةِ ؟

2. Mettre au pluriel les mots soulignés :

- (7) type مَفَاعِيل   - (8) type فُعُول   - (9) type فُعُل
- (10) type فُعْلَان   - (11) type أَفْعِلَة   - (12) type فُعَل

(pour les numéros 1 à 6, voir leçon précédente, exercice n° 2, p. 166)

- عَلَى ٱلْمَائِدَةِ صَحْنٌ ⁽⁸⁾ وَكَأْسٌ ⁽⁸⁾ - ٱلْجِنَانُ ⁽¹⁾ فِي بُسْتَانِهِ ⁽⁷⁾ - عَلَى ٱلْفِرَاشِ ⁽⁹⁾ غِطَاءٌ ⁽¹¹⁾ أَبْيَضُ - ٱلْبِنْتُ ⁽²⁾ لَبِسَتْ فُسْتَاناً ⁽⁷⁾ جَدِيداً - ٱلْوَلَدُ ⁽⁴⁾ يَنَامُ فِي غُرْفَتِهِ ⁽¹²⁾
- فِي غُرْفَةِ ٱلِٱسْتِقْبَالِ بِسَاطٌ ⁽⁹⁾ جَمِيلٌ - ٱلتِّلْمِيذُ ⁽⁷⁾ فِي حُجْرَةِ ⁽¹²⁾ ٱلدَّرْسِ
- هَذَا ٱلشَّابُّ ⁽¹⁰⁾ مُسَاعِدُ ⁽¹⁾ ٱلنَّجَّارِ - مُعَلِّمُ ⁽¹⁾ ٱلرِّيَاضَةِ يَدْعُو تِلْمِيذَهُ ⁽⁷⁾ بِصَفَّارَتِهِ ⁽²⁾
- هَذَا ٱلثَّوْبُ ⁽³⁾ لَيْسَ نَظِيفاً -

(Ne pas oublier que tout ce qui se rapporte à un pluriel d'êtres non doués de raison peut se mettre au féminin singulier).

3. Même exercice :

- ٱلْوَلَدُ ⁽⁴⁾ يَقْشِرُ تُفَّاحَتَهُ ⁽²⁾ بِسِكِّينِهِ ⁽⁷⁾ - هَذَا ٱلْحَائِطُ فِيهِ شَقٌّ ⁽⁸⁾ - هَذَا ٱلْإِنَاءُ ⁽¹¹⁾ لَيْسَ فِيهِ لَبَنٌ - ٱلْمَرِيضُ يَشْرَبُ دَوَاءَهُ ⁽¹¹⁾ ثُمَّ يَنَامُ - ٱلْوَلَدُ ⁽⁴⁾ لَا يَحْمِلُ عَلَى رَأْسِهِ ⁽⁸⁾ شَيْئاً لِأَنَّهُ فِي ٱلظِّلِّ - هَذَا ٱلْقَمِيصُ ⁽¹⁰⁾ نَظِيفٌ لِأَنِّي غَسَلْتُهُ - ٱلْبِنْتُ ⁽²⁾ غَسَلَتِ ٱلثَّوْبَ ⁽³⁾ ثُمَّ نَشَرَتْهُ عَلَى ٱلْحَبْلِ ⁽³⁾ - أَنْفُ ⁽³⁾ ٱلْقِطِّ ⁽⁸⁾ لَيْسَ كَأَنْفِ ⁽³⁾ ٱلْكَلْبِ ⁽³⁾ - عَيْنُ ⁽³⁾ ٱلْقِطِّ ⁽⁸⁾ تَرَى جَيِّداً فِي ٱللَّيْلِ - أُذُنُ ⁽⁴⁾ ٱلْحِمَارِ ⁽⁹⁾ طَوِيلَةٌ -

4. Vocaliser puis traduire :

الرجال خلعوا نعالهم ثم جلسوا على البسط ـ يأمر معلم الرياضة تلميذه بتسلق الحبل ـ هذه المرأة ساكتة لأنها حزينة ـ الطيور تنام في الأعشاش ـ في فم الشرطي صفارة ـ سائق السيارة عليه ثياب بيضاء ـ ثياب الرياضة خفيفة ـ المستخدمون قد فتحوا أبواب المدرسة ـ الأولاد في ميدان كرة القدم والبنات في ميدان كرة السلة ـ

5. Traduire en arabe :

Aujourd'hui nous allons à l'école mais nous n'emportons pas nos cartables. Les élèves de notre école vont jouer au football avec les élèves d'une autre école. Nous avons mis des vêtements beaux [et] propres. Nos maîtres sont venus avec nous au stade de l'école. Les maîtres sont assis sur des bancs et nous, nous sommes debout près d'eux. Nos camarades sont déjà arrivés sur le terrain. Ils ont mis des tenues (= des vêtements) vertes. Il y a avec eux un homme ; il porte (= sur lui [sont]) des vêtements noirs. Dans une de ses mains il y a une balle et dans l'autre un sifflet.

Vingt-sixième leçon اَلدَّرْسُ ٱلسَّادِسُ وَٱلْعِشْرُونَ

هذَا ٱلرَّجُلُ هُوَ أَبُو نَذِيرٍ وَزَيْنَبَ. قَدْ أَتَى ٱلْيَوْمَ إِلَى شَطِّ ٱلْبَحْرِ مَعَ أُسْرَتِهِ لِأَنَّهُ لَا يَعْمَلُ. نَرَاهُ جَالِساً عَلَى ٱلرَّمْلِ مَعَ زَوْجَتِهِ. أَمَامَهُمَا ٱبْنُهُمَا سَلِيمٌ يَلْعَبُ وَحْدَهُ عَلَى ٱلرَّمْلِ. مَاذَا يَفْعَلُ سَلِيمٌ؟ يَبْنِي قَصْراً مِنَ ٱلرَّمْلِ. أَيْنَ زَيْنَبُ؟ هِيَ فِي ٱلْمَاءِ تَسْبَحُ مَعَ أَخِيهَا نَذِيرٍ. هُمَا ذَاهِبَانِ إِلَى تِلْكَ ٱلصَّخْرَةِ ٱلْكَبِيرَةِ، لِأَنَّهُمَا يَسْبَحَانِ جَيِّداً.

يَقُومُ سَلِيمٌ وَيَذْهَبُ إِلَى وَالِدَيْهِ. يَسْأَلُ أَبَاهُ:

- يَاأَبِي هَلَّا تَشْرِي لَنَا مَشْرُوبَاتٍ بَارِدَةً؟

تَقُولُ ٱلْأُمُّ: أَنَا أَيْضاً عَطِشْتُ لِأَنَّ ٱلشَّمْسَ حَارَّةٌ.

يَحْمِلُ ٱلْأَبُ سَلَّةً وَيَذْهَبُ بِهَا إِلَى بَائِعِ ٱلْمَشْرُوبَاتِ:

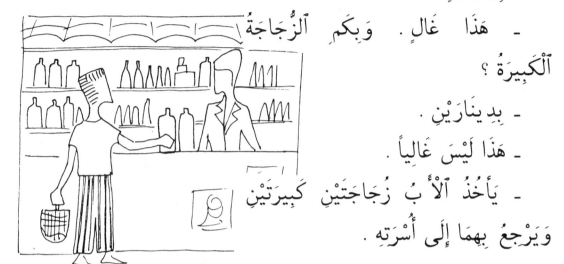

- بِكَمْ تَبِيعُ ٱلزُّجَاجَةَ ٱلصَّغِيرَةَ؟
- بِدِينَارٍ.
- هَذَا غَالٍ. وَبِكَمِ ٱلزُّجَاجَةُ ٱلْكَبِيرَةُ؟
- بِدِينَارَيْنِ.
- هَذَا لَيْسَ غَالِياً.
- يَأْخُذُ ٱلْأَبُ زُجَاجَتَيْنِ كَبِيرَتَيْنِ وَيَرْجِعُ بِهِمَا إِلَى أُسْرَتِهِ.

Grammaire

- Déclinaison de أَبٌ (père) et أَخٌ (frère).

Ces deux noms ont une déclinaison normale lorsqu'ils sont indéterminés ou déterminés par l'article. Lorsqu'ils sont déterminés par un complément de nom (ou un pronom affixe), leur 2ème syllabe s'allonge :

	indéterminé	avec article	avec complément de nom	avec pronom affixe
nominatif	أَبٌ - أَخٌ	اَلْأَبُ - اَلْأَخُ	أَبُو زَيْنَبَ - أَخُو زَيْنَبَ	أَبُوهَا - أَخُوهَا
cas direct	أَباً - أَخاً	اَلْأَبَ - اَلْأَخَ	أَبَا زَيْنَبَ - أَخَا زَيْنَبَ	أَبَاهَا - أَخَاهَا
cas indirect	أَبٍ - أَخٍ	اَلْأَبِ - اَلْأَخِ	أَبِي زَيْنَبَ - أَخِي زَيْنَبَ	أَبِيهَا - أَخِيهَا

Avec le pronom affixe de la 1ère personne du singulier, on a

أَبِي = mon père - أَخِي = mon frère.

Au duel, on dit : أَبَوَانِ - أَخَوَانِ.

Nous verrons plus tard d'autres mots ayant la même déclinaison, ou une déclinaison analogue.

- Déclinaison du participe actif des verbes défectueux.

Le mot غَالٍ (cher) est le participe actif du verbe (u) غَلَا être (ou devenir) cher. غَالٍ est mis pour غَالِيٌ. Le yâ est remplacé par le tanwîn, au nominatif et au cas indirect ; au cas direct, le yâ se maintient. Il se maintient aussi si le mot est déterminé, mais il ne prend de voyelle qu'au cas direct.

	indéterminé	déterminé
nominatif	قَمِيصٌ غَالٍ	اَلْقَمِيصُ ٱلْغَالِي
cas direct	قَمِيصًا غَالِيًا	اَلْقَمِيصَ ٱلْغَالِيَ
cas indirect	قَمِيصٍ غَالٍ	اَلْقَمِيصِ ٱلْغَالِي

Le yâ se maintient aussi au féminin : غَالِيَةٌ = chère.
Cette déclinaison est celle du participe actif (masculin singulier) des verbes défectueux, des pluriels «quadrisyllabiques» de racines défectueuses, et de quelques rares substantifs non dérivés de verbes.

بَائِعُ ٱلْمَشْرُوبَاتِ = le marchand de boissons.

بَائِعٌ est le participe actif de : بَاعَ (i) = vendre ;
مَشْرُوبَاتٌ est le pluriel (externe féminin) de مَشْرُوبٌ

participe passif de (a) شرب = boire.

On n'emploie بَائِعٌ avec le sens de «marchand de» qu'en annexion avec le nom du produit vendu. Il y a un autre mot pour dire «commerçant»

Vocabulaire

أَبٌ ج آبَاءٌ = père | أَخٌ ج إِخْوَةٌ = frère | أُسْرَةٌ ج أُسَرٌ = famille

اِبْنٌ ج أَبْنَاءٌ (alif instable) = fils | زَوْجَةٌ ج زَوْجَاتٌ = épouse

زَوْجٌ ج أَزْوَاجٌ = époux | شَطٌّ ج شُطُوطٌ = bord, rivage

صَخْرَةٌ ج صُخُورٌ = rocher | بَحْرٌ ج بِحَارٌ = mer

قَصْرٌ ج قُصُورٌ = château, palais | رَمْلٌ ج رِمَالٌ = sable

حَارٌّ = chaud | شَمْسٌ ج شُمُوسٌ (fém.) = soleil

غَالٍ = cher | دِينَارٌ ج دَنَانِيرُ = dinar (1 DA ≠ 1 FF)

travailler عَمِلَ a | مَشْرُوبٌ ج ا ت = boisson

acheter شَرَى i | vendre بَاعَ i | nager سَبَحَ a

Exercices

1. Répondre aux questions :

مَنْ هُوَ هَذَا الرَّجُلُ ؟ أَيْنَ هُوَ ؟ لِمَاذَا أَتَى الْيَوْمَ إِلَى شَطِّ الْبَحْرِ ؟ مَعَ مَنْ أَتَى ؟ أَيْنَ هُوَ جَالِسٌ ؟ مَعَ مَنْ ؟ مَنْ أَمَامَهُمَا ؟ مَعَ مَنْ يَلْعَبُ سَلِيمٌ ؟ مَاذَا يَبْنِي ؟ أَيْنَ زَيْنَبُ ؟ مَعَ مَنْ هِيَ ؟ مَاذَا يَفْعَلُ نَذِيرٌ وَزَيْنَبُ ؟ إِلَى أَيْنَ يَذْهَبَانِ ؟ كَيْفَ يَسْبَحَانِ ؟ إِلَى مَنْ يَذْهَبُ سَلِيمٌ ؟ مَاذَا يَقُولُ لِأَبِيهِ ؟ لِمَاذَا يَقُولُ ذَلِكَ ؟ مَنْ عَطِشَ أَيْضًا ؟ مَاذَا يَحْمِلُ الْأَبُ ؟ إِلَى أَيْنَ يَذْهَبُ ؟ مَنْ يَبِيعُ الْمَشْرُوبَاتِ ؟ بِكَمْ يَبِيعُ الزُّجَاجَةَ الصَّغِيرَةَ ؟ بِكَمْ يَبِيعُ الزُّجَاجَةَ الْكَبِيرَةَ ؟ كَمْ زُجَاجَةً يَشْتَرِي الْأَبُ ؟ هَلْ يَشْتَرِي زُجَاجَتَيْنِ كَبِيرَتَيْنِ أَوْ صَغِيرَتَيْنِ ؟ أَيْنَ يَذْهَبُ بِهِمَا ؟

2. Vocaliser puis traduire :

لا أشري هذا القميص لأنه غال ـ الخياط ما فتح دكانه اليوم لأنه لا يعمل ـ أبي باع سيارته القديمة وشرى سيارة جديدة ـ قد ذهبت أمس إلى شط البحر لكن ما

سبحت لأن الماء كان باردا ـ لبس الولد مظلا لأنه تحت الشمس ـ نذير يحمل أخاه الصغير على رأسه ـ قد لبست المرأة نعليها لأن الرمل حار ـ ليس على شط البحر أشجار ـ هذا الرجل يخاف من الماء لأنه لا يسبح جيدا ـ يبني الأب قصرا من الرمل مع ابنه ـ

3. Même exercice

هذه الكرة الكبيرة لسليم . شراها له أبوه ـ يلعب بها هو وأخوه في شط البحر ـ أختهما لا تلعب معهما لأنها تخاف من الشمس ـ تقول الأخت لأخيها : هل عندك دينار ؟

ـ يقول لها أخوها : ماذا تفعلين به ؟

ـ أشري به مشروبا لأني عطشانة .

ـ ستجدين دينارين في قميصي .

تأخذ الأخت الدينارين فتذهب بهما إلى بائع المشروبات . ثم ترجع بزجاجة كبيرة . تشرب هي ويشرب أخوها الصغير . ويبقى شيء في الزجاجة . تسأل أخاها الآخر : ـ هلا تشرب ؟

ـ لست عطشانا .

4. Traduire en arabe :

Ma famille est venue à la plage parce que mon père ne travaille pas. Ma mère nage bien, mais elle reste près de ma sœur et de mon petit frère. Mon père est sur le gros rocher. Il m'appelle, et je vais vers lui. Je n'ai pas peur de la mer, parce que mon père est avec moi. Il y a avec nous d'autres hommes et d'autres enfants. Un enfant saute dans l'eau et va vers un autre rocher. Mon père me dit :

- Pourquoi ne le suis-tu pas ?

Je lui réponds (= lui dis) :

- Je vais revenir au rivage, car l'eau est froide.

Je saute dans l'eau, j'arrive au rivage et je m'assois sur le sable. Je vais construire un château pour mon petit frère.

Vingt-septième leçon   اَلدَّرْسُ ٱلسَّابِعُ وَٱلْعِشْرُونَ

هَذَا ٱلسَّيِّدُ عَبْدُ ٱللَّهِ . أَبُو نَذِيرٍ . هُوَ فِي سُوقٍ مِنْ أَسْوَاقِ مَدِينَةِ ٱلْجَزَائِرِ ، وَاقِفٌ أَمَامَ تَاجِرٍ . هَذَا ٱلتَّاجِرُ يَبِيعُ ٱلْبُقُولَ . يَشْرِي ٱلسَّيِّدُ عَبْدُ ٱللَّهِ كِيلُو مِنَ ٱلْخِيَارِ وَكِيلُو مِنَ ٱلْبَصَلِ وَكِيلُو مِنَ ٱلْجُلْبَانِ . يَجْعَلُ هَذِهِ ٱلْبُقُولَ فِي سَلَّتِهِ ، ثُمَّ يَقُولُ لَهُ ٱلتَّاجِرُ :

- اَلْخِيَارُ بِثَلَاثَةِ دَنَانِيرَ ، وَٱلْبَصَلُ بِدِينَارٍ وَٱلْجُلْبَانُ بِأَرْبَعَةِ دَنَانِيرَ : فَٱلْمَجْمُوعُ ثَمَانِيَةُ دَنَانِيرَ .

يَدْفَعُ ٱلسَّيِّدُ عَبْدُ ٱللَّهِ إِلَى ٱلتَّاجِرِ عَشَرَةَ دَنَانِيرَ ، فَيَرُدُّ إِلَيْهِ دِينَارَيْنِ وَيَقُولُ لَهُ : شُكْراً .

يَمُرُّ ٱلسَّيِّدُ عَبْدُ ٱللَّهِ بِتُجَّارٍ آخَرِينَ ، ثُمَّ يَقِفُ أَمَامَ أَحَدٍ مِنْهُمْ يَبِيعُ ٱلْفَوَاكِهَ :

- بِكَمِ ٱلْكِيلُو مِنَ ٱلتُّفَّاحِ؟
- بِسِتَّةِ دَنانيرَ.
- أَبْغي ثَماني تُفَّاحاتٍ كَبيرَةٍ.

يَأْخُذُ ٱلتَّاجِرُ ثَمانيَ تُفَّاحاتٍ كَبيرَةٍ فَيَزِنُها بِميزانِهِ ثُمَّ يَقولُ:
- تَزِنُ كِيلُو وَنِصْفاً.

يَدْفَعُ ٱلسَّيِّدُ عَبْدُ ٱللهِ تِسْعَةَ دَنانيرَ، ثُمَّ يَسْأَلُ عَنْ ثَمَنِ ٱلْمَوْزِ.

يَقولُ لَهُ ٱلتَّاجِرُ:
- اَلْمَوْزُ غالٍ: اَلْمَوْزَةُ بِدينارٍ وَٱلْكِيلُو بِسَبْعَةِ دَنانيرَ.
- كَمْ مَوْزَةً فِي ٱلْكِيلُو؟
- فيهِ ثَماني مَوْزاتٍ أَوْ تِسْعٌ.
- إِذاً أَشْري كِيلُو فَأَرْبَحُ إِحْدى أَوِ ٱثْنَتَيْنِ.

يَجْعَلُ ٱلسَّيِّدُ عَبْدُ ٱللهِ مَوْزَهُ في سَلَّتِهِ ثُمَّ يَخْرُجُ مِنَ ٱلسُّوقِ.

Grammaire

- Les nombres de 1 à 10.

- Le nombre 1 n'est généralement pas exprimé : c'est l'indétermination et l'emploi du singulier qui en tiennent lieu.

Ex : دِينَارٌ = un dinar.

Cependant, lorsque le nombre un est seul (c'est-à-dire lorsqu'il n'est pas accompagné d'un nom), on dit :

أَحَدٌ (un)   ou   إِحْدَى (une).

- Il en est de même du nombre deux, qui est généralement exprimé par l'emploi du duel.

Ex : دِينَارَانِ = deux dinars.

Si le nombre deux n'est pas accompagné d'un nom, on emploie : اِثْنَانِ pour le masculin et اِثْنَتَانِ pour le féminin. Ce mot, dont l'alif initial est instable, se décline comme un nom au duel.

- De 3 à 10, les noms de nombre ont la particularité de prendre un tâ marbûta au masculin, et de perdre ce tâ marbûta au féminin :

	féminin	masculin
3 - ٣	ثَلَاثَةٌ	ثَلَاثٌ
4 - ٤	أَرْبَعَةٌ	أَرْبَعٌ
5 - ٥	خَمْسَةٌ	خَمْسٌ
6 - ٦	سِتَّةٌ	سِتٌّ
7 - ٧	سَبْعَةٌ	سَبْعٌ
8 - ٨	ثَمَانِيَةٌ	ثَمَانٍ
9 - ٩	تِسْعَةٌ	تِسْعٌ
10 - ١٠	عَشَرَةٌ	عَشْرٌ

- Syntaxe des nombres de 3 à 10.

Ces nombres sont considérés comme des noms, non comme des adjectifs. Ils se mettent au cas voulu par leur fonction, et l'objet compté se met au pluriel et au cas indirect, comme complément de nom.

Ex : فِي ٱلْكِيلُو ثَمَانِي مَوْزَاتٍ = dans le kilo [il y a] 8 bananes.

(Le mot ثَمَانِي est au nominatif en tant que «sujet». Littéralement : dans le kilo [est] une huitaine de bananes).

يَدْفَعُ عَشَرَةَ دَنَانِيرَ = il paie 10 dinars.

(عَشَرَةَ est au cas direct, comme complément d'objet direct du verbe يَدْفَعُ _ Littéralement : il paie une dizaine de dinars).

ٱلْكِيلُو مِنَ ٱلتُّفَّاحِ بِسِتَّةِ دَنَانِيرَ = le kilo de pommes coûte 6 dinars.

(Le mot سِتَّةِ est au cas indirect parce qu'il est précédé d'une préposition : بِ. Litt. : le kilo de pommes [se vend] pour (ou avec) une « demi-douzaine » de dinars).

Remarques :

- ثَمَانٍ (= 8, féminin) se décline comme les participes actifs de verbes défectueux (v. leçon 26 p 177)
- Le genre du nom de nombre est celui de l'objet compté au singulier.

- Le collectif.

Un mot collectif est un mot qui désigne une espèce, animale, végétale, ou autre. Il est singulier par la forme, pluriel par le sens.

Ex : تُفَّاحٌ = des pommes
تُفَّاحَاتٌ = des pommes.

Le collectif s'emploie pour désigner l'espèce en général (par exemple pour dire : j'aime les pommes), tandis que le pluriel s'emploie pour parler d'un nombre déterminé (par exemple pour dire : je vous apporte des pommes de mon jardin).

La différence entre تُفَّاحٌ (collectif) et تُفَّاحَاتٌ (pluriel) peut être comparée, en français, à celle qui existe entre «du pain» et «des pains», «du savon» et «des savons», etc...

Le singulier s'obtient souvent en ajoutant au collectif un tâ marbûṭa ; dans ce cas il (le singulier) est du genre féminin.

Ex : تُفَّاحٌ = des pommes (nombre indéterminé).

تُفَّاحَةٌ = une pomme

تُفَّاحَاتٌ = des pommes (nombre déterminé).

مَوْزٌ = des bananes (nombre indéterminé)

مَوْزَةٌ = une banane

مَوْزَاتٌ = des bananes (nombre déterminé).

Lorsque, comme dans ces 2 exemples, le collectif a un nom d'unité de même racine, ce qui s'y rapporte se met au masculin singulier.

Ex : اَلْمَوْزُ غَالٍ = les bananes [sont] chères (غَالٍ est au masc. sing.).

- Les pluriels internes (suite).

Nous avons dans ce texte 2 nouveaux types de pluriel interne :

- فَوَاعِلُ Ex : فَوَاكِهُ , pluriel de فَاكِهَةٌ = fruit

- فَوَاعِلُ est encore un pluriel «quadrisyllabique», diptote.

- فُعَّالٌ Ex : تُجَّارٌ , pluriel de تَاجِرٌ = marchand, commerçant.

Le pluriel du type فُعَّالٌ est celui du participe actif substantivé du verbe. تَاجِرٌ est le participe actif substantivé du verbe.(u) تَجَرَ = se livrer au commerce.

- عَبْدُ ٱللَّهِ = °Abdallâh.

Ce nom propre est composé de 2 noms en annexion. Il signifie : le serviteur de Dieu. Comme dans toute annexion, le 2ème terme reste au cas indirect comme complément de nom, tandis que le 1er se met au cas voulu par sa fonction.

Ex : أَنَا عَبْدُ ٱللَّهِ = je suis °Abdallâh (litt. : je suis le serviteur de Dieu)

أَعْرِفُ عَبْدَ ٱللَّهِ = je connais °Abdallâh (litt. : je connais le serviteur de Dieu).

مَعَ عَبْدِ ٱللَّهِ = avec °Abdallâh (litt. : avec le serviteur de Dieu).

- مِيزَانٌ = balance.

Ce mot est un nom d'instrument tiré du verbe (i) وَزَنَ = peser. Il faut noter qu'il est mis pour (مِوْزَانٌ), qui n'existe pas parce que la diphtongue iw n'existe pas en arabe. Le wâw reparaît au pluriel : مَوَازِينُ = des balances.

Vocabulaire

سَيِّدٌ ج سَادَةٌ	= Monsieur, seigneur	كِيلُو	= kilo (indéclinable)
تَاجِرٌ ج تُجَّارٌ	= marchand, commerçant	إِذاً = إِذَنْ	= donc, alors
مِيزَانٌ ج مَوَازِينُ	= balance	مَدِينَةٌ ج مُدُنٌ	= ville
(coll.) بَصَلٌ	= oignons	نِصْفٌ ج أَنْصَافٌ	= demi, moitié
(coll.) خِيَارٌ	= concombres	u رَدَّ	= rendre
(coll.) مَوْزٌ	= bananes	a رَبِحَ	= gagner
فَاكِهَةٌ ج فَوَاكِهُ	= fruit	i وَزَنَ	= peser
بَقْلٌ ج بُقُولٌ	= légume	i بَغَى	= vouloir, désirer

(coll.) جُلْبَانٌ = petits pois		دَفَعَ a = remettre, verser, payer.	
ثَمَنٌ ج أَثْمَانٌ = prix		سُوقٌ ج أَسْوَاقٌ (fém.) = marché, souk	
مَجْمُوعٌ ج مَجَامِيعُ = total			
شُكْراً = merci		مَرَّ u بِ = passer près de..., passer par	

Exercices

1. Répondre aux questions :

مَنْ هُوَ ٱلسَّيِّدُ عَبْدُ ٱللهِ ؛ أَيْنَ هُوَ ؛ أَمَامَ مَنْ وَقَفَ ؛ مَاذَا يَبِيعُ هذَا ٱلتَّاجِرُ ؛ كَمْ يَشْتَرِي ٱلسَّيِّدُ عَبْدُ ٱللهِ مِنَ ٱلْخِيَارِ ؛ كَمْ يَشْتَرِي مِنَ ٱلْبَصَلِ ؛ كَمْ يَشْتَرِي مِنَ ٱلْجُلْبَانِ ؛ بِكَمِ ٱلْكِيلُو مِنَ ٱلْخِيَارِ ؛ بِكَمِ ٱلْكِيلُو مِنَ ٱلْبَصَلِ ؛ بِكَمِ ٱلْكِيلُو مِنَ ٱلْجُلْبَانِ ؛ مَا هُوَ ٱلْمَجْمُوعُ ؛ مَاذَا يَدْفَعُ إِلَى بَائِعِ ٱلْبُقُولِ ؛ مَا يَرُدُّ إِلَيْهِ بَائِعُ ٱلْبُقُولِ ؛ مَاذَا يَقُولُ لَهُ ؛

ثُمَّ بِمَنْ يَمُرُّ ٱلسَّيِّدُ عَبْدُ ٱللهِ ؛ أَمَامَ مَنْ يَقِفُ ؛ مَاذَا يَبِيعُ هذَا ٱلتَّاجِرُ ؛ كَمْ تُفَّاحَةً يَبْغِي ٱلسَّيِّدُ عَبْدُ ٱللهِ ؛ أَيْنَ يَجْعَلُ ٱلتَّاجِرُ ٱلتُّفَّاحَاتِ ؛ كَمْ تَزِنُ هذِهِ ٱلتُّفَّاحَاتُ ؛ بِكَمِ ٱلْكِيلُو مِنَ ٱلتُّفَّاحِ ؛ بِكَمِ ٱلْكِيلُو وَٱلنِّصْفُ ؛ ثُمَّ عَمَّ (1) يَسْأَلُ ٱلسَّيِّدُ عَبْدُ ٱللهِ ؛ مَا هُوَ ثَمَنُ ٱلْمَوْزَةِ ؛ مَا هُوَ ثَمَنُ ٱلْكِيلُو مِنَ ٱلْمَوْزِ ؛ هَلِ ٱلْمَوْزُ غَالٍ ؛ كَمْ يَشْتَرِي مِنْهُ ٱلسَّيِّدُ عَبْدُ ٱللهِ ؛ كَمْ مَوْزَةً يَرْبَحُ ؛ أَيْنَ يَجْعَلُ مَوْزَهُ ؛ ثُمَّ مَاذَا يَفْعَلُ ؛

(1) عَمَّ est mis pour (عَنْ مَا) = au sujet de quoi ?

2. Vocaliser puis traduire :

في دارنا ست غرف ـ في مدينتكم خمس أسواق ـ هذا التاجر يبيع البقول ولا يبيع الفواكه ـ بائع الفواكه يزن الموز بميزانه ـ قد زرت ثلاث مدن كبيرة في تونس ـ مررت بصاحبي عبد الله في الليل فما عرفني ـ اليوم ما ربحت شيئا لأني ما عملت ـ هذه التفاحات كبيرة : أربع منها تزن كيلو ـ شريت نصف كيلو من الموز بثلاثة دنانير ونصف ـ في مدرستنا سبع معلمات وعشرة معلمين ـ

3. Même exercice :

قرب دارنا سوق صغيرة ـ تجار هذه السوق يعرفونني وأعرفهم ـ يصل هؤلاء التجار إلى السوق في الصباح ـ اليوم حملت سلة كبيرة وذهبت إلى هذه السوق ـ سألت عن أثمان البقول والفواكه فوجدت أنها غالية ـ شريت بقولا من أحد التجار وشريت فواكه من تاجر آخر ـ بائع الفواكه ليس عنده موز ـ قال لي : « كان عندي الموز في الصباح لكن بعته . سيكون عندي موز آخر غدا إن شاء الله ـ سأترك لك منه كيلو أو اثنين » ـ

4. Traduire en arabe :

Dans notre jardin il y a trois arbres Un de ces arbres est un pommier (= un arbre de pommes). Il n'y a pas d'autres fruits, mais il y a des légumes.
Aujourd'hui je vais au marché. J'achète un kilo de petits pois pour 3 dinars, un kilo d'oignons pour un dinar et un kilo de bananes pour 5 dinars. Le total [fait] 9 dinars. Je donne (= paie) au marchand 10 dinars. Il me rend 1 dinar. Je lui demande le prix des bananes. Il me répond : 1 dinar la pièce (= la banane pour 1 dinar). Je prends une banane, et je lui laisse ce dinar.

5. Même exercice :

Ce marchand vend des pommes (= les pommes). Le kilo de pommes est à 3 dinars. Ce prix n'est pas élevé (= cher). Cette dame (= femme) voudrait (= veut) six pommes. Le marchand prend 6 petites pommes et les met sur sa balance. Elles pèsent un kilo. La dame donne au marchand 3 dinars. Il met les pommes dans le panier de la dame. Elle lui dit : merci, puis va vers un autre marchand. Ce marchand vend des légumes (= les légumes). La dame achète une livre (= un demi-kilo) de petits pois et un kilo d'oignons, puis elle revient chez elle, parce qu'elle a laissé ses enfants tout seuls.

Vingt-huitième leçon ‏اَلدَّرْسُ ٱلثَّامِنُ وَٱلْعِشْرُونَ‏

‏تَقُولُ أُمُّ نَذِيرٍ لِزَوْجِهَا :‏
‏- هَلْ سَمِعْتَ أَنَّ فِي حَيِّنَا حَانُوتاً جَدِيداً ؟‏
‏- مَنْ هُوَ صَاحِبُهُ ؟‏
‏- صَاحِبُهُ جَزَّارٌ .‏
‏- مَتَى فَتَحَ حَانُوتَهُ ؟‏
‏- فَتَحَهُ مُنْذُ أَيَّامٍ .‏
‏- أَنَا ذَاهِبٌ إِلَيْهِ . هَلْ أَشْرِي لَكِ شَيْئاً مِنَ ٱللَّحْمِ ؟‏
‏- نَعَمْ . نَحْنُ فِي حَاجَةٍ إِلَى شَيْءٍ مِنْ لَحْمِ ٱلْغَنَمِ .‏

‏يَذْهَبُ ٱلسَّيِّدُ عَبْدُ ٱللَّهِ إِلَى ٱلْمَجْزَرَةِ .‏
‏فَيَجِدُ ٱلْجَزَّارَ مَعَ مُسَاعِدِهِ :‏

‏- ٱلسَّلَامُ عَلَيْكُمَا !‏
‏- وَعَلَيْكَ ٱلسَّلَامُ !‏
‏- هَلْ عِنْدَكَ لَحْمٌ غَنَمِيٌّ ؟‏

- نَعَمْ ، هَلْ تَبْغِي قِطْعَةً مِنْ هَذَا ٱلْخَرُوفِ ؟

- نَعَمْ .

يَأْخُذُ ٱلْجَزَّارُ سِكِّيناً كَبِيراً فَيَقْطَعُ قِطْعَةً مِنَ ٱلْخَرُوفِ ثُمَّ يَجْعَلُهَا عَلَى ٱلْمِيزَانِ : فَإذَا هِيَ تَزِنُ نِصْفَ كِيلُو .

يَقُولُ ٱلسَّيِّدُ عَبْدُ ٱللَّهِ :

- كَمْ حَقُّكَ ؟

- ثَمَانِيَةُ دَنَانِيرَ .

- هَذَا ٱلثَّمَنُ كَثَمَنِ ٱلسُّوقِ . سَأَقُولُ لِسُكَّانِ ٱلْحَيِّ إِنَّ لَحْمَكَ طَيِّبٌ وَإِنَّهُ لَيْسَ غَالِياً .

يَفْرَحُ ٱلْجَزَّارُ بِهَذَا ٱلْكَلَامِ . فَيَشْكُرُ ٱلسَّيِّدَ عَبْدَ ٱللَّهِ ، ثُمَّ يَسْأَلُهُ :

- مِنْ أَيْنَ كَانَ سُكَّانُ ٱلْحَيِّ يَشْرُونَ ٱللَّحْمَ ؟

- كُنَّا نَشْرِيهِ مِنَ ٱلسُّوقِ لَكِنْ مِنْ هَذَا ٱلْيَوْمِ سَنَشْرِيهِ مِنْ عِنْدِكَ إِنْ شَاءَ ٱللَّهُ .

Grammaire

- Le collectif (suite)

Le mot غَنَمٌ est un collectif, qui désigne l'espèce ovine. Ce collectif n'a pas de nom d'unité de même racine ; c'est-à-dire que pour dire « un ovin », ou pour parler d'un nombre déterminé d'ovins (moutons, brebis, agneaux), on est obligé d'employer des mots de racine différente.

Ex : خَرُوفٌ = agneau.

Contrairement aux collectifs qui ont un nom d'unité de même racine, les collectifs qui n'en ont pas (comme غَنَمٌ) ont un accord du féminin singulier.

Ex : اَلْغَنَمُ غَالِيَةٌ = les ovins sont chers.

- غَنَمِيٌّ -

Ce mot est un nom-adjectif de relation, dérivé de غَنَمٌ par adjonction du suffixe ـِيٌّ :

لَحْمٌ غَنَمِيٌّ = (de la viande ovine) = du mouton.

Ce suffixe est d'un emploi très courant. Au féminin, il prend un tâ marbûṭa, et au pluriel les désinences du pluriel externe.

Ex : اَلْجَزَائِرُ = l'Algérie

جَزَائِرِيٌّ = un Algérien   جَزَائِرِيُّونَ = des Algériens

جَزَائِرِيَّةٌ = une Algérienne   جَزَائِرِيَّاتٌ = des Algériennes

تُونِسُ = la Tunisie

تُونِسِيٌّ = un Tunisien   تُونِسِيُّونَ = des Tunisiens

تُونِسِيَّةٌ = une Tunisienne   تُونِسِيَّاتٌ = des Tunisiennes

- مَجْزَرَةٌ = boucherie

Ce mot est un « nom de lieu » tiré du verbe (u) جَزَرَ = tuer, égorger.
Quant à جَزَّارٌ (boucher), c'est un « nom d'artisan » tiré du même verbe. Il a la même forme que نَجَّارٌ (menuisier) et خَيَّاطٌ (tailleur).

- Un nouvel emploi de كَانَ -

Le verbe كَانَ s'emploie souvent comme auxiliaire d'un autre verbe. Si cet autre verbe est à l'inaccompli indicatif, l'ensemble des 2 verbes exprime une action qui dure ou qui se répète dans le passé : on traduit par l'imparfait de l'indicatif.

Ex : كُنَّا نَشْرِي ٱللَّحْمَ مِنَ ٱلسُّوقِ = nous achetions la viande au marché.

Le sujet peut être placé entre كَانَ et l'autre verbe. Dans ce cas كَانَ suit les règles d'accord du verbe précédant son sujet, tandis que le 2ème verbe s'accorde comme un verbe qui suit son sujet.

Ex : كَانَ سُكَّانُ ٱلْحَيِّ يَشْرُونَ ٱللَّحْمَ مِنَ ٱلسُّوقِ =
les habitants du quartier achetaient la viande au marché.
(كَانَ est au singulier parce qu'il précède le sujet, يَشْرُونَ est au pluriel parce qu'il le suit).

- إِذَا

Suivie d'un nom ou d'un pronom (avec ou sans بِ), cette particule sert à marquer une constatation, ou une surprise. Dans notre texte, par exemple, elle équivaut aux 2 points.

Ex : يَجْعَلُ (قِطْعَةَ ٱللَّحْمِ) عَلَى ٱلْمِيزَانِ . فَإِذَا هِيَ تَزِنُ نِصْفَ كِيلُو
= il pose (le morceau de viande) sur la balance : il pèse une livre.

Vocabulaire

صَاحِبٌ ج أَصْحَابٌ = compagnon, propriétaire, maître, auteur

سَمِعَ a = entendre, entendre dire, apprendre

يَوْمٌ ج أَيَّامٌ = jour   غَنَمٌ (coll.) = ovins

جَزَّارٌ ج و ن = boucher   خَرُوفٌ ج خِرْفَانٌ = agneau

مَجْزَرَةٌ ج مَجَازِرُ = boucherie   شَيْءٌ مِنْ ... = un peu de

لَحْمٌ ج لُحُومٌ = viande   سَاكِنٌ ج سُكَّانٌ = habitant

قِطْعَةٌ ج قِطَعٌ = morceau, pièce   إِذَا = voici que

حَانُوتٌ ج حَوَانِيتُ = magasin, boutique   كَلَامٌ (coll.) = paroles, langage

حَقٌّ ج حُقُوقٌ = droit, dû

شَكَرَ u = remercier   قَطَعَ a = couper

Exercices

1. Questions :

مَاذَا تَقُولُ أُمُّ نَذِيرٍ لِزَوْجِهَا ؛ مَنْ هُوَ صَاحِبُ هَذَا الْحَانُوتِ ؛ مَاذَا يَبِيعُ الْجَزَّارُ ؛ مَتَى فَتَحَ الْجَزَّارُ حَانُوتَهُ ؛ هَلْ تَبْغِي الْأُمُّ شَيْئًا مِنَ اللَّحْمِ ؛ مِنْ أَيِّ لَحْمٍ ؛ مَنْ يَجِدُ السَّيِّدَ عَبْدَ اللَّهِ فِي الْمَجْزَرَةِ ؛ مَاذَا يَقُولُ لَهُمَا ؛ مَاذَا يَقُولَانِ لَهُ ؛ مَاذَا يَسْأَلُ السَّيِّدُ عَبْدُ اللَّهِ ؛ مَاذَا يَقْطَعُ لَهُ الْجَزَّارُ ؛ كَمْ تَزِنُ هَذِهِ الْقِطْعَةُ ؛ كَمْ ثَمَنُهَا ؛ كَيْفَ هَذَا الثَّمَنُ ؛ كَيْفَ اللَّحْمُ ؛ هَلْ هُوَ غَالٍ ؛ بِمَا يَفْرَحُ الْجَزَّارُ ؛ مَاذَا يَقُولُ الْجَزَّارُ ؛ مِنْ أَيْنَ كَانَ سُكَّانُ الْحَيِّ يَشْرُونَ اللَّحْمَ ؛ مِنْ أَيْنَ يَشْرُونَهُ بَعْدَ هَذَا الْيَوْمِ ؛

2. Vocaliser puis traduire :

أنا ذاهب إلى صاحبي عبد الله لأني سمعت أنه مريض ـ الكلب يتبع صاحبه في الشارع ـ في حينا مجزرة جديدة منذ أيام ـ فيه أيضا حوانيت أخرى ـ القط والكلب يأكلان اللحم ـ هذا اللحم طيب لأنه لحم خروف صغير ـ نذير يقطع قطعا صغيرة من اللحم لقطه ـ سكان حينا يشرون البقول والأثمار من السوق ـ الكلب يعرف رائحة صاحبه ويفرح بها ـ الجزار يشكر السيد عبد الله على كلامه الطيب ـ

3. Même exercice :

الجزار واقف أمام منضدته ـ هو يقطع اللحم بسكينه الكبير ـ قط الجزار ينظر إلى صاحبه ـ يثب القط على المنضدة ويهرب بقطعة لحم ـ تأتي مرأة ومعها ولد صغير ـ تسأل مساعد الجزار عن ثمن اللحم الغنمي فتجد أنه غال ـ يقول لها الجزار إن اللحم غال لأن الغنم غالية في هذه الأيام ـ تقول المرأة : « هل عندكم لحم آخر ؟ » ـ يقول الجزار : « ليس عندي لحم آخر » ـ تشري المرأة نصف كيلو من هذا اللحم ـ يقول لها الجزار : « إنه لحم خروف . سترين أنه طيب » ـ

4. Traduire en arabe :

Le tailleur de notre quartier a un nouvel apprenti. Cet apprenti travaillait chez un autre tailleur, dans un autre quartier. Mais il connaissait bien notre quartier. Quand il était enfant, il venait à l'école de ce quartier. Il a déjà confectionné un pantalon pour mon père, et mon père en a été content.
Un des habitants du quartier entre dans la boutique du tailleur et lui dit :
- j'ai appris que tu avais (= qu'à toi [est]) un nouvel apprenti ; combien d'apprentis as-tu maintenant ?
- j'[en] ai 2.
- je croyais que tu avais 2 apprentis avant l'arrivée de ce nouveau.
- oui, mais l'un d'eux est parti ; il a ouvert une boutique dans un autre quartier, et maintenant il travaille seul.

5. Même exercice :

Dans notre quartier, il y avait une vieille boutique. Cette boutique appartenait (= était) à un tailleur. Le tailleur l'a vendue parce qu'il est devenu vieux. Elle a été achetée par un jeune boucher (= l'a achetée un jeune boucher). Les habitants du quartier ont appris que ce boucher vend de la bonne viande. Ils disent aussi que cette nouvelle boucherie est propre. J'ai regardé le boucher et son apprenti, et j'ai vu que leurs vêtements n'étaient pas (= ne sont pas) sales.
Mon père a demandé à ce boucher :
- où travaillais-tu avant ce jour ?
- je travaillais avec mon père, dans sa boucherie. Lorsque j'ai appris que votre quartier n'avait pas de boucherie (= ..n'est pas dans lui une boucherie), j'ai acheté la boutique du tailleur.

Vingt-neuvième leçon
اَلدَّرْسُ اَلتَّاسِعُ وَالْعِشْرُونَ

اَلسَّيِّدُ عَبْدُ اَللَّهِ يَعْمَلُ فِي مَتْجَرٍ كَبِيرٍ مِنْ مَتَاجِرِ مَدِينَةِ اَلْجَزَائِرِ.

فِي اَلصَّبَاحِ سَقَطَ صُنْدُوقُ صَابُونٍ عَلَى رِجْلِ عَامِلٍ مِنَ اَلْعُمَّالِ فَأَتَتْ سَيَّارَةُ اَلْإِسْعَافِ وَحَمَلَتْهُ إِلَى اَلْمُسْتَشْفَى.

فِي اَلْمَسَاءِ يَذْهَبُ اَلسَّيِّدُ عَبْدُ اَللَّهِ وَاثْنَانِ مِنْ زُمَلَائِهِ إِلَى اَلْمُسْتَشْفَى لِعِيَادَةِ صَاحِبِهِمُ اَلْجَرِيحِ.

يَصِلُونَ إِلَى بَابِ اَلْمُسْتَشْفَى فَيَسْأَلُهُمُ اَلْبَوَّابُ:

ـ هَلْ أَنْتُمْ مِنْ عُمَّالِ اَلْمُسْتَشْفَى؟

ـ لَسْنَا مِنْ عُمَّالِ اَلْمُسْتَشْفَى.

ـ إِذًا سَتَدْخُلُونَ بَعْدَ قَلِيلٍ. كَهَؤُلَاءِ اَلنَّاسِ.

يَنْظُرُ اَلسَّيِّدُ عَبْدُ اَللَّهِ وَصَاحِبَاهُ حَوْلَهُمْ. فَإِذَا كَثِيرٌ مِنَ وَالنِّسَاءِ اَلرِّجَالِ وَاقِفُونَ قُرْبَهُمْ. بَعْضُ اَلنِّسَاءِ يَحْمِلْنَ سِلَالًا فِيهَا اَلْفَوَاكِهُ.

- هَلْ هَؤُلَاءِ النِّسَاءُ يَبِعْنَ الْفَوَاكِهَ؟
- لَا. هُنَّ أَتَيْنَ لِعِيَادَةِ أَقَارِبِهِنَّ مِنَ الْمَرْضَى.

ثُمَّ بَعْدَ قَلِيلٍ يَسْمَعُونَ صَوْتَ جَرَسٍ فَيَفْتَحُ لَهُمْ الْبَوَّابُ الْبَابَ. أَمَامَ أَحَدِ الْأَبْنِيَةِ يَرَوْنَ ثَلَاثَ نِسَاءٍ لَابِسَاتٍ ثِيَاباً بَيْضَاءَ، فَيَسْأَلُهُنَّ أَحَدُهُمْ:

- هَلْ أَنْتُنَّ مُمَرِّضَاتٌ؟
- نَعَمْ نَحْنُ مُمَرِّضَاتٌ.
- أَيْنَ قَاعَةُ الْجَرْحَى مِنْ فَضْلِكُنَّ؟

تَذْهَبُ بِهِمْ إِحْدَاهُنَّ إِلَى قَاعَةِ الْجَرْحَى فَيَجِدُونَ صَاحِبَهُمْ رَاقِداً عَلَى فِرَاشِهِ.

- كَيْفَ حَالُكَ يَا إِبْرَاهِيمْ؟
- أَنَا فَرِحٌ لِأَنَّ الْجَرَّاحَ قَدْ فَحَصَ رِجْلِي فَمَا وَجَدَ كَسْراً. سَأَخْرُجُ مِنَ الْمُسْتَشْفَى غَداً وَأَرْجِعُ إِلَى الْعَمَلِ بَعْدَ أُسْبُوعٍ إِنْ شَاءَ اللهُ لِأَنَّ رِجْلِي سَتَكُونُ صَحِيحَةً كَأَرْجُلِكُمْ.
- هَلْ مَعَكَ كَثِيرٌ مِنَ الْمَرْضَى فِي هَذِهِ الْقَاعَةِ؟
- مَعِي مَرْضَى آخَرُونَ لَكِنْ لَيْسُوا كَثِيرِينَ: هُمْ خَمْسَةٌ.

Grammaire

- Les pronoms isolés (suite et fin)

Les pronoms isolés du pluriel sont :

- 1ère pers. (masc. et fém.) : نَحْنُ

- 2ème pers. masc. : أَنْتُمْ

- 2ème pers. fém. : أَنْتُنَّ

- 3ème pers. masc : هُمْ

- 3ème pers. fém. : هُنَّ

- Conjugaison de لَيْسَ au pluriel.

Au pluriel comme au singulier et au duel, ce «verbe» prend les suffixes de la conjugaison de l'accompli. Le yâ disparaît aux personnes où la 3ème radicale porte un sukûn :

- 1ère pers. (masc. et fém.) : لَسْنَا

- 2ème pers. masc. : لَسْتُمْ

- 2ème pers. fém. : لَسْتُنَّ

- 3ème pers. masc. : لَيْسُوا

- 3ème pers. fém. : لَسْنَ

- النِّساءُ يَبِعْنَ = les femmes vendent...

Dans يَبِعْنَ , la 2ème radicale du verbe (le yâ) a disparu, parce qu'on ne peut pas garder une voyelle longue devant un sukûn : يَبِعْنَ ← (يَبِيعْنَ)

- نِسَاءٌ (femmes) sert de pluriel à مَرْأَةٌ qui n'a pas un pluriel de même racine.

- لَابِسَاتٌ est un participe actif (fém. plur.) de (a) لَبِسَ = mettre, porter (des vêtements).

- بَعْضٌ

Ce mot est le plus souvent employé en annexion avec un autre mot. Il signifie « une partie » lorsque le nom qui le détermine est au singulier ; lorsque le nom qui le détermine est au pluriel, il signifie « certains » (ou certaines) ou, plus rarement, « un certain » (ou une certaine) :

بَعْضُ ٱلنِّسَاءِ = certaines femmes (ou, selon le contexte, une certaine femme).

- Le pluriel interne : nouveaux types.

Nous avons dans ce texte 3 nouveaux types de pluriel interne :

- le type فُعَلَاءُ , qui est diptote, et qui correspond à un singulier du type فَاعِلٌ ou فَعِيلٌ

Ex : زَمِيلٌ ج زُمَلَاءُ = collègue, camarade

- le type فَعْلَى , qui est indéclinable.

Ex : مَرِيضٌ ج مَرْضَى = malade جَرِيحٌ ج جَرْحَى = blessé

- le type أَفْعُلٌ Ex : رِجْلٌ ج أَرْجُلٌ = jambe

- مَتْجَرٌ : magasin, établissement commercial.

Ce mot est un « nom de lieu » du verbe تَجَرَ u = faire du commerce.

Vocabulaire

إِسْعَافٌ ج ا ت = secours	صُنْدُوقٌ ج صَنَادِيقُ = caisse
مَتْجَرٌ ج مَتَاجِرُ = magasin	سَيَّارَةُ الإِسْعَافِ = ambulance
جَرِيحٌ ج جَرْحَى = blessé	عِيَادَةٌ = visite (d'un malade)
حَوْلَ = autour de...	نَاسٌ (coll.) = personnes, gens
بَوَّابٌ ج و ن = portier, concierge	
كَثِيرٌ مِنْ = beaucoup de...	سِلَالٌ = pl. de سَلَّةٌ panier
جَرَسٌ ج أَجْرَاسٌ = cloche, sonnette	كَثِيرٌ (adj.) = nombreux
فَرِحٌ ج و ن = content	صَوْتٌ ج أَصْوَاتٌ = son, bruit, voix
عَمَلٌ ج أَعْمَالٌ = travail	حَالٌ ج أَحْوَالٌ = situation, état
إِبْرَاهِيمُ = Ibrâhîm (nom d'homme)	مِنْ فَضْلِكُنَّ = s'il vous plaît
قَرِيبٌ ج أَقَارِبُ = proche ; parent	أُسْبُوعٌ ج أَسَابِيعُ = semaine
	رِجْلٌ ج أَرْجُلٌ = jambe
جَرَّاحٌ ج و ن = chirurgien	زَمِيلٌ ج زُمَلَاءُ = collègue, camarade
رَاقِدٌ ج و ن = couché	
كَسْرٌ ج كُسُورٌ = cassure, fracture	نِسَاءٌ = femmes
بَعْضٌ = une partie, certains	

عَامِلٌ ج عُمَّالٌ = travailleur, ouvrier, employé

مُسْتَشْفًى ج مُسْتَشْفَيَاتٌ = hôpital

Exercices

1. Répondre aux questions :

أَيْنَ يَعْمَلُ ٱلسَّيِّدُ عَبْدُ ٱللّٰهِ ؛ مَا سَقَطَ عَلَى رِجْلِ ٱلْعَامِلِ ؛ مَتَى سَقَطَ عَلَى رِجْلِهِ هٰذَا ٱلصُّنْدُوقُ ؛ أَيْنَ هٰذَا ٱلْعَامِلُ ٱلْآنَ ؛ مَاذَا حَمَلَهُ إِلَى ٱلْمُسْتَشْفَى ؛ مَتَى يَذْهَبُ ٱلسَّيِّدُ عَبْدُ ٱللّٰهِ إِلَى ٱلْمُسْتَشْفَى ؛ مَنْ يَذْهَبُ مَعَهُ ؛ لِمَاذَا يَذْهَبُونَ إِلَى ٱلْمُسْتَشْفَى ؛ مَنْ يَجِدُونَ عِنْدَ بَابِ ٱلْمُسْتَشْفَى ؛ مَاذَا يَقُولُ لَهُمُ ٱلْبَوَّابُ ؛ مَاذَا يَقُولُونَ لَهُ ؛ مَنْ حَوْلَهُمْ ؛ لِمَ أَتَى هٰؤُلَاءِ ٱلنَّاسُ ؛ مَاذَا تَحْمِلُ بَعْضُ ٱلنِّسَاءِ ؛ مَا فِي هٰذِهِ ٱلسِّلَالِ ؛ إِلَى مَنْ يَحْمِلْنَ هٰذِهِ ٱلْفَوَاكِهَ ؛ ثُمَّ مَاذَا يَسْمَعُونَ ؛ فَمَا يَفْعَلُ ٱلْبَوَّابُ ؛ مَنْ يَرَوْنَ أَمَامَ أَحَدِ ٱلْأَبْنِيَةِ ؛ مَاذَا لَبِسَتْ هٰؤُلَاءِ ٱلنِّسَاءُ ؛ مَنْ هُنَّ ؛ مَاذَا يَسْأَلُهُنَّ أَحَدُهُمْ ؛ أَيْنَ يَجِدُونَ صَاحِبَهُمْ ؛ كَيْفَ هُوَ ؛ مَنْ فَحَصَ رِجْلَهُ ؛ هَلْ وَجَدَ كَسْرًا ؛ مَتَى يَخْرُجُ إِبْرَاهِيمُ مِنَ ٱلْمُسْتَشْفَى ؛ مَتَى يَرْجِعُ إِلَى ٱلْعَمَلِ ؛ هَلْ مَعَهُ مَرْضَى آخَرُونَ فِي قَاعَتِهِ ؛ هَلْ هُمْ كَثِيرُونَ ؛ كَمْ هُمْ ؛

2. Vocaliser puis traduire :

في مدينة الجزائر كثير من المتاجر الكبيرة ـ هل أنتم جزائريون ؛ نعم ، لكن لسنا من مدينة الجزائر ـ العمال يحملون صناديق الصابون من السيارة إلى المتجر ـ زميلنا إبراهيم في المستشفى لأنه سقط عليه صندوق ـ سمعت أن بإحدى رجليه كسرا ـ في المساء أذهب إلى المستشفى لعيادته ـ الناس يدخلون المستشفى في ساعات العيادة ـ أسأل الممرضات عن قاعة الجرحى فيقلن إنها قرب الباب ـ في القاعة أجد بعض المرضى راقدين على فرشهم ـ إن الجرحى ليسوا كثيرين في هذا اليوم ـ

3. Même exercice :

يفتح البواب الباب حين يسمع صوت الجرس ـ في هذا المستشفى أبنية كثيرة ـ في هذا البناء قاعتان : إحداهما قاعة الجرحى ـ الطبيب يسأل الممرضات عن أحوال

المرضى ـ إن سيارة الإسعاف قد حملت إلى المستشفى ولدا جريحا ـ يذهب اليه أحد الجراحين فيفحصه ـ يدعو الجراح أبا الولد فيقول له إن ابنه له كسر في رجله ـ يسأله الأب : « كم يوما يبقى في المستشفى ؟ » ـ يقول له الجراح : « سيخرج من المستشفى بعد أسبوعين إن شاء الله . لكن لا يذهب إلى المدرسة قبل أربعة أسابيع أو خمسة ـ »

4. Traduire en arabe :
- pourquoi es-tu venu à l'hôpital ?
- je suis venu parce qu'un de mes parents est blessé ; il est tombé d'un arbre.
- comment est-il venu à l'hôpital ?
- sa sœur a appelé l'ambulance, qui (= et alors elle) est arrivée peu après.
- est-ce qu'un chirurgien l'a examiné ?
- oui, et il a dit qu'il avait (= qu'il a) une fracture au pied.
- est-ce que tu connais les infirmiers de cet hôpital ?
- je connais certaines infirmières, parce que ma femme était infirmière.
- quand reviendras-tu pour lui rendre visite (= pour sa visite) ?
- je reviendrai demain, lorsque je sortirai du bureau.

5. Même exercice :
- as-tu des parents parmi les habitants de cette ville ?
- je n'y ai pas de parents, mais je la connais bien. J'y travaillais lorsque j'étais jeune.
- où travaillais-tu ?
- j'étais chauffeur dans un grand magasin. Le portier de ce magasin me connaît, car il y travaillait déjà lorsque j'étais chauffeur. Lorsque je viens dans la ville, je lui rends visite, et il est content de me voir.
- as-tu d'autres collègues dans ce magasin ?
- mes autres collègues sont partis.
- connais-tu les hôpitaux de la ville ?
- j'en connais un, car j'y ai transporté un des employés du magasin, [qui] était blessé.

Trentième leçon

اَلدَّرْسُ ٱلثَّلَاثُونَ

زَيْنَبُ جَالِسَةٌ فِي غُرْفَتِهَا إِذْ تَسْمَعُ صَوْتَ ٱلْجَرَسِ . تَذْهَبُ إِلَى ٱلْبَابِ فَتَجِدُ وَلَداً يَحْمِلُ كِتَاباً جَدِيداً . يَسْأَلُهَا ٱلْوَلَدُ :

- هَلْ نَذِيرٌ هُنَا ؟
- نَعَمْ هُوَ هُنَا لَكِنْ مَا زَالَ نَائِماً .
- أَنَا ٱبْنُ ٱلْكُتْبِيِّ . وَهَذَا كِتَابٌ بَعَثَهُ إِلَيْهِ أَبِي .

تَشْكُرُ زَيْنَبُ ٱبْنَ ٱلْكُتْبِيِّ وَتَرْجِعُ إِلَى غُرْفَتِهَا . ثُمَّ حِينَ يَنْهَضُ نَذِيرٌ مِنْ فِرَاشِهِ تَذْهَبُ إِلَيْهِ فَتَقُولُ لَهُ :

- هَذَا كِتَابٌ بَعَثَهُ إِلَيْكَ ٱلْكُتْبِيُّ . أَهُوَ هَدِيَّةٌ ؟

- لَيْسَ هَدِيَّةً . كُنْتُ قَدْ دَخَلْتُ أَمْسِ ٱلْمَكْتَبَةَ فَشَرَيْتُ هَذَا ٱلْكِتَابَ وَدَفَعْتُ ثَمَنَهُ ، إِذْ سَمِعْتُ وَلَداً يَبْكِي . فَخَرَجْتُ إِلَيْهِ فَإِذَا هُوَ وَحْدَهُ . فَسَأَلْتُهُ :

- لِمَ تَبْكِي ؟ هَلْ ضَرَبَكَ أَحَدٌ ؟
- لَا ، مَا ضَرَبَنِي أَحَدٌ .
- مَا اسْمُكَ ؟
- اِسْمِي سَمِيرٌ .
- أَيْنَ تَسْكُنُ ؟
- لَا أَدْرِي .
- مَا اسْمُ أَبِيكَ ؟
- اِسْمُهُ الْحَاجُّ أَبُو بَكْرٍ .

فَأَخَذْتُهُ مِنْ يَدِهِ وَجَعَلْتُ أَمْشِي بِهِ فِي شَوَارِعِ الْحَيِّ وَأَدْخُلُ كُلَّ دَارٍ فَأَسْأَلُ : مَنْ يَعْرِفُ هَذَا الْوَلَدَ ؟ أَوْ : مَنْ يَعْرِفُ الْحَاجَّ أَبَا بَكْرٍ ؟ . وَمَا وَجَدْتُ دَارَ الْحَاجِّ أَبِي بَكْرٍ إِلَّا بَعْدَ سَاعَةٍ لِأَنَّهَا بَعِيدَةٌ عَنِ الْمَكْتَبَةِ . وَعِنْدَ وُصُولِي فَرِحَ بِي أَبُو الْوَلَدِ وَشَكَرَنِي كَثِيرًا ثُمَّ دَعَانِي إِلَى شُرْبِ قَهْوَةٍ . وَلَمَّا خَرَجْتُ مِنْ دَارِهِ نَسِيتُ كِتَابِي فَمَا رَجَعْتُ إِلَى الْمَكْتَبَةِ .

Grammaire

- مَا زَالَ نَائِماً

Le verbe زَالَ a-u (cesser) est le plus souvent employé avec une négation, dans le sens de «ne pas cesser d'être». Dans cet emploi, il est considéré comme un verbe d'état, après lequel l'attribut se met au cas direct, comme après كَانَ , لَيْسَ , etc...

Ex : مَا زَالَ نَائِماً = (il n'a pas cessé d'être dormant, ou endormi) = il dort encore.

L'attribut peut être remplacé par un verbe à l'inaccompli indicatif : مَا زِلْتُ أَسْكُنُ فِي هَذِهِ ٱلدَّارِ =
(je n'ai pas cessé d'habiter dans cette maison) = j'habite encore dans cette maison.

- Emploi de كَانَ (suite).

De même qu'il peut être employé comme auxiliaire d'un verbe à l'inaccompli (v. supra p. 191), le verbe كَانَ peut s'employer comme auxiliaire d'un verbe à l'accompli, le plus souvent précédé de قَدْ . L'ensemble des deux verbes équivaut à un plus-que-parfait.

Ex : كُنْتُ قَدْ دَخَلْتُ ٱلْمَكْتَبَةَ = j'étais entré dans la librairie.

(Si le sujet est placé entre كَانَ et l'autre verbe, même remarque que p. 191).

- إِذْ

Cette particule s'emploie devant un verbe pour exprimer la soudaineté d'une action.

Ex : زَيْنَبُ جَالِسَةٌ فِي غُرْفَتِهَا إِذْ تَسْمَعُ صَوْتَ ٱلْجَرَسِ =
Zaynab est assise dans sa chambre quand soudain elle entend sonner (= ... le bruit de la sonnette).

- كُتُبِيٌّ ج و ن = libraire

Ce mot est un nom-adjectif de relation dérivé de كُتُبٌ = livres.

- اَلْحَاجُّ -

Ce mot est le participe actif (masc. sing.) du verbe حَجَّ (u), qui signifie : faire le pèlerinage (à la Mecque). On peut parfois le traduire par «pèlerin», mais il vaut mieux, dans la plupart des cas, se contenter de le transcrire (par al-Ḥâǧǧ, ou el-Hâdj), car c'est un titre qu'une personne qui a accompli le pèlerinage à la Mecque garde jusqu'à la fin de sa vie.

- أَبُو بَكْرٍ = Abû-Bakr

Comme عَبْدُ اللَّهِ , ce nom propre est composé de deux noms en annexion. Le 1er de ces noms se met au cas voulu par sa fonction ; le 2e reste au cas indirect, puisqu'il garde la même fonction :

اِسْمُهُ اَلْحَاجُّ أَبُو بَكْرٍ = son nom est al-Ḥâǧǧ Abû-Bakr

مَنْ يَعْرِفُ اَلْحَاجَّ أَبَا بَكْرٍ؟ = qui connaît al-Ḥâǧǧ Abû-Bakr ?

وَصَلْتُ إِلَى دَارِ اَلْحَاجِّ أَبِي بَكْرٍ = je suis arrivé à la maison d'al-Ḥâǧǧ Abû-Bakr.

Dans la transcription, on ne suit pas la déclinaison : on écrit toujours Abû-Bakr.

- جَعَلْتُ أَمْشِي

Le verbe جَعَلَ à l'accompli, suivi d'un autre verbe à l'inaccompli indicatif, sert à exprimer le commencement d'une action.

Ex : جَعَلْتُ أَمْشِي je me suis mis à marcher.

D'autres verbes peuvent être employés dans le même sens, notamment le verbe بَدَأَ (a) = commencer. Ces verbes sont appelés «verbes inchoatifs».

- كُلٌّ = tout, totalité.

Ce mot peut être employé, en annexion avec un nom au singulier indéterminé, avec le sens de «chaque».

Ex : أَدْخُلُ كُلَّ دَارٍ = j'entre dans chaque maison.

En annexion avec un nom au singulier déterminé, il signifie : tout, ou toute (la totalité de ...) :

Ex : كُلُّ ٱلْأُسْرَةِ فِي شَطِّ ٱلْبَحْرِ = toute la famille est à la plage.

En annexion avec un nom au pluriel déterminé, il signifie « tous » ou « toutes » :

فَرِحَ مُعَلِّمُنَا بِكُلِّ تَلَامِيذِهِ = notre maître a été content de tous ses élèves.

Enfin, كُلٌّ est souvent mis en apposition à un nom (sing. ou pl.) déterminé :

زُرْنَا ٱلْمَدِينَةَ كُلَّهَا = nous avons visité la ville toute entière (ou : ... toute la ville).

Vocabulaire

ضَرَبَ i	= frapper	شَارِعٌ ج شَوَارِعُ	= rue, boulevard, avenue
أَبُو بَكْرٍ	= Abû-Bakr (nom d'homme)	زَالَ a	= cesser
سَمِيرٌ	= Samîr (nom d'homme)	مَا زَالَ	= continuer
دَرَى i	= savoir	سَكَنَ u	= habiter
بَعَثَ a إلى	= envoyer à...	نَسِيَ a	= oublier
قَهْوَةٌ	= café	حَاجٌّ ج حُجَّاجٌ	= pèlerin ; hâǧǧ
شُرْبٌ	masdar de شَرِبَ a (= boire)	هَدِيَّةٌ ج هَدَايَا	= don, cadeau
إِذْ	= quand ; quand soudain...	بَعِيدٌ عَنْ ...	= éloigné de ...
نَهَضَ a	= se lever	كُلٌّ	= tout, totalité
كُتُبِيٌّ ج و ن	= libraire		
اسْمٌ ج أَسْمَاءٌ	= nom (alif instable)	مَكْتَبَةٌ ج ا ت	= librairie, bibliothèque

Exercices

1. Répondre aux questions :

أَيْنَ زَيْنَبُ ؛ مَاذَا تَسْمَعُ ؛ مَاذَا تَفْعَلُ حِينَ تَسْمَعُ صَوْتَ ٱلْجَرَسِ ؛ مَنْ تَجِدُ عِنْدَ ٱلْبَابِ ؛ مَنْ هُوَ هَذَا ٱلْوَلَدُ ؛ مَاذَا يَحْمِلُ ؛ مَنْ بَعَثَ هَذَا ٱلْكِتَابَ ؛ إِلَى مَنْ بَعَثَهُ ؛ أَيْنَ نَذِيرٌ ؛ مَاذَا يَفْعَلُ ؛ مَاذَا تَقُولُ زَيْنَبُ لِٱبْنِ ٱلْكُتُبِيِّ ؛ إِلَى أَيْنَ تَذْهَبُ ؛ مَتَى تَذْهَبُ إِلَى نَذِيرٍ ؛ مَاذَا تَسْأَلُهُ ؛ مَاذَا يَقُولُ نَذِيرٌ ؛ مَتَى كَانَ نَذِيرٌ قَدْ شَرَى هَذَا ٱلْكِتَابَ ؛ مَاذَا سَمِعَ نَذِيرٌ حِينَ كَانَ فِي ٱلْمَكْتَبَةِ ؛ مَاذَا فَعَلَ لِمَّا سَمِعَ هَذَا ٱلْوَلَدُ ؛ هَلْ كَانَ مَعَ ٱلْوَلَدِ أَحَدٌ ؛ هَلْ ضَرَبَهُ أَحَدٌ ؛ مَا ٱسْمُهُ ؛ مَا هُوَ ٱسْمُ أَبِيهِ ؛ أَيْنَ يَسْكُنُ ؛ مَاذَا جَعَلَ نَذِيرٌ يَفْعَلُ ؛ أَيْنَ يَدْخُلُ ؛ مَاذَا يَسْأَلُ ؛ مَتَى يَجِدُ دَارَ ٱلْحَاجِّ أَبِي بَكْرٍ ؛ مَاذَا يَقُولُ لَهُ ؛ إِلَامَ يَدْعُوهُ ؛ ثُمَّ هَلْ يَرْجِعُ نَذِيرٌ إِلَى ٱلْمَكْتَبَةِ ؛ لِمَ لَا يَرْجِعُ إِلَيْهَا ؛

2. Vocaliser puis traduire :

هل تسكن في هذه الدار ؛ لا أسكن فيها لكن لي فيها أقارب ـ ما أتى أخي الى المدرسة اليوم لأنه ما زال مريضا ـ هذا الكتبي لا يبيع الا الكتب الجديدة ـ ينهض أبي من فراشه قبل كل الأسرة ـ الولد يبكي لأن أخاه ضربه ـ يعرف المعلم أسماء كل تلاميذه ـ في المساء أمشي على قدمي في شوارع الحي ـ أذهب الى المدرسة بالسيارة لأنها بعيدة عن دارنا ـ في كل صباح أشرب قهوة باللبن ـ يقرأ أحمد في كتاب صاحبه لأنه نسي كتابه في الدار ـ

3. Même exercice.

في مدينة الجزائر مكتبات كثيرة ـ أعرف كتبيا يبيع الكتب القديمة ـ يأتي الناس إلى مكتبته فيبيعون كتبهم ويشرون كتبا أخرى ـ صاحب هذه المكتبة يقرأ كثيرا من الكتب ـ يبيع الكتب بنصف أثمانها ـ لهذا يذهب اليه كثير من تلاميذ مدرستنا ـ

يشرون من عنده كتبا مدرسية⁽¹⁾ وكتبا أخرى ـ أمس مررت بهذه المكتبة فدخلتها وأخذت كتابا فبدأت أقرأ. وبعد ساعة قلت للكتبي : « هذا كتاب جيد⁽²⁾. سأرجع في المساء وأشريه » ـ لكن الكتبي جعله في محفظتي وقال : « هذه هدية مني إليك » ـ ففرحت كثيرا⁽³⁾ بهذه الهدية وشكرت الكتبي وقلت له : « أنت رجل طيب »

(1) مَدْرسيٌّ = scolaire.
(2) جَيِّدٌ = bon
(3) كثيرا = beaucoup, très...

4. Traduire en arabe :

Dans chaque quartier il y a une école - Ce garçon est jeune : il va encore à l'école - Pourquoi cet enfant pleure-t-il ? Son père l'a frappé parce qu'il avait frappé un chien - Je n'ai pas bien dormi parce que j'avais bu beaucoup de café - J'ai un parent dans cette ville, mais je ne sais pas où il habite - Le médecin a interdit à mon grand-père de boire du café - Mes parents m'ont envoyé de jolis cadeaux - La librairie n'est pas loin de l'école - Je connais tous les commerçants de ce quartier et je connais leurs noms.

5. Même exercice.

Ce matin (= dans ce matin) je me suis levé du dlit avant mes parents - Je me suis lavé la figure ⁽¹⁾ et les mains avec un savon et de l'eau froide (= avec le savon et l'eau...) - J'ai mis certains de mes livres dans mon cartable, et j'ai pris des vêtements de sport - J'ai commencé à boire mon café, quand soudain j'ai entendu la voix de ma mère :

- pourquoi sors-tu maintenant ? Les cours ne commencent que dans (= après) une heure et demie.
- je vais au stade.
- est-ce que tu n'as pas de cours ?
- si, mais nous allons jouer au football avant d'entrer à l'école (= avant l'entrée de l'école).

Je suis sorti de la maison et j'ai couru vers le stade. J'y ai trouvé de nombreux camarades. Nous avons bien joué, et au bout d'une heure (= après une heure) nous sommes allés à l'école.

(1) figure = وَجْهٌ ج وُجُوهٌ

Récapitulation

- Le duel

Nous avons vu (p. 143) qu'on forme le duel des noms (ou des adjectifs, ou des participes, etc...) en ajoutant au singulier la désinence : ـَانِ ou ـَيْنِ .

Il faut noter que lorsque le mot est terminé par un a long, le yâ sans points ou l'alif se transforment respectivement en yâ (avec points) ou en wâw.

Ex : hôpital = مُسْتَشْفًى   2 hôpitaux = مُسْتَشْفَيَانِ ou مُسْتَشْفَيَيْنِ

(une) autre = أُخْرَى   2 autres (fém.) = أُخْرَيَانِ ou أُخْرَيَيْنِ

- Le pluriel

La connaissance des principaux types de pluriel doit surtout permettre de dégager la racine du mot. Par exemple, devant un mot comme أَعْمَالٌ , l'essentiel est de pouvoir se dire que le hamza est <u>certainement</u> un préfixe, et que la racine <u>doit être</u> عمل .

Mais pour connaître le pluriel d'un mot, ou pour retrouver son singulier à partir de son pluriel, il n'y a guère de règles vraiment sûres : il faut toujours consulter un dictionnaire, ou un lexique. Il faut aussi se rappeler qu'un mot peut avoir deux ou plusieurs pluriels.

Ex : قَمِيصٌ (chemise) a pour pluriels أَقْمِصَةٌ , قُمُصٌ et قُمْصَانٌ .

- Principaux types de pluriels.

- Les pluriels externes.

Les principales catégories de mots qui prennent un pluriel externe sont :

- les participes (actifs ou passifs).

Ex : جَالِسٌ ← جَالِسُونَ

جَالِسَةٌ ← جَالِسَاتٌ

مُعَلِّمٌ ← مُعَلِّمُونَ

مُعَلِّمَةٌ ← مُعَلِّمَاتٌ

(مُعَلِّمٌ et مُعَلِّمَةٌ sont des participes actifs d'un verbe d'une forme particulière que nous verrons plus tard ; ils signifient «enseignant» et «enseignante»)

- les noms du type فَعَّالٌ (ou noms d'artisans)

Ex : خَيَّاطٌ ← خَيَّاطُونَ

خَيَّاطَةٌ ← خَيَّاطَاتٌ

- les noms-adjectifs de relation, qui se caractérisent par le suffixe ـِيّ -

Ex : جَزَائِرِيٌّ ← جَزَائِرِيُّونَ

جَزَائِرِيَّةٌ ← جَزَائِرِيَّاتٌ

Lorsque le pluriel externe masculin est suivi du pronom affixe de la 1ere personne du singulier, la voyelle longue de la désinence du pluriel se confond avec le yâ du pronom.

Ex : mes maîtres = مُعَلِّمِيَّ (dans les 3 cas)

- Les pluriels internes.

Les types les plus courants de pluriel interne sont : فِعَالٌ , أَفْعَالٌ , فُعُولٌ et les pluriels quadrisyllabiques.

- les pluriels des types أَفْعَالٌ et فُعُولٌ correspondent généralement à des mots singuliers de 3 lettres (le tâ marbûta, s'il y en a un, ne compte pas).

Ex : وَلَدٌ ج أَوْلَادٌ

قَلَمٌ ج أَقْلَامٌ

وَرَقَةٌ ج أَوْرَاقٌ

(racine بوب) بَابٌ ج أَبْوَابٌ

دَرْسٌ ج دُرُوسٌ

عَيْنٌ ج عُيُونٌ

صَحْنٌ ج صُحُونٌ

- le type فِعَالٌ sert de pluriel à des substantifs de 3 lettres, ou à des adjectifs du type فَعِيل

Ex : رَجُلٌ ج رِجَالٌ

كَلْبٌ ج كِلَابٌ

حَبْلٌ ج حِبَالٌ

كَبِيرٌ ج كِبَارٌ

صَغِيرٌ ج صِغَارٌ

سَمِينٌ ج سِمَانٌ

- les pluriels quadrisyllabiques sont de 5 types :
- le type مَفَاعِل , qui correspond à un singulier de 4 lettres, (le tâ marbūṭa, s'il y en a un, ne comptant pas) :

Ex : مَكْتَبٌ ج مَكَاتِبُ

دَفْتَرٌ ج دَفَاتِرُ

مَدْرَسَةٌ ج مَدَارِسُ

- le type فَعَائِلُ, qui correspond à un singulier de 4 lettres dont la 3ᵉ est une voyelle longue :

Ex : رِسَالَةٌ ج رَسَائِلُ

خَرِيطَةٌ ج خَرَائِطُ

حَقِيبَةٌ ج حَقَائِبُ

- le type فَوَاعِلُ, qui correspond à un singulier de 4 lettres dont la 2ᵉ est un alif :

Ex : نَافِذَةٌ ج نَوَافِذُ

شَارِعٌ ج شَوَارِعُ

- le type مَفَاعِيلُ, qui correspond à un singulier de 5 lettres dont la 4ᵉ est une voyelle longue.

Ex : تِلْمِيذٌ ج تَلَامِيذُ

مِصْبَاحٌ ج مَصَابِيحُ

دُكَّانٌ ج دَكَاكِينُ (mis pour دُكْكَانٌ)

كُرْسِيٌّ ج كَرَاسِيُّ (mis pour كَرَاسِيُّ)

سِرْوَالٌ ج سَرَاوِيلُ

- le type فَوَاعِلُ, qui correspond à un singulier de 5 lettres dont la 2ᵉ est un alif et la 4ᵉ une voyelle longue :

Ex : حَانُوتٌ ج حَوَانِيتُ

Rappelons que tous ces pluriels quadrisyllabiques sont diptotes.

- Conjugaison du pluriel.

- Accompli

Quel que soit le type de verbe, les 2 premières personnes du pluriel se conjuguent comme les 2 premières personnes du singulier, en remplaçant les suffixes : تُ par نَا

تَ par تُمْ

تِ par تَنَّ

La 3ème personne du masculin pluriel s'obtient en ajoutant à la 3ème personne du masculin singulier le suffixe ـُوا . Rappelons que l'alif de ce suffixe est orthographique, et qu'il disparaît si le verbe a pour complément d'objet direct un pronom affixe.

La 3ème personne du féminin pluriel se distingue de la 1ère personne du pluriel par le suffixe نْ (au lieu de نَا).

- Inaccompli.

- La 1ère pers. du pluriel se distingue de la 1ère pers. du singulier par l'emploi du préfixe نَ au lieu de أ (et ce, quel que soit le type de verbe).

- Les 2ème et 3ème pers. du masc. pluriel s'obtiennent à partir des 2ème et 3ème pers. du masc. singulier en y ajoutant le suffixe ـُونَ .

(tu fais) تَفْعَلُ ← تَفْعَلُونَ (vous faites)

(il fait) يَفْعَلُ ← يَفْعَلُونَ (ils font)

Il faut observer que, dans les verbes défectueux, il y a rencontre de 2 lettres faibles, et que l'usage commande d'en supprimer une : on maintient celle qui a une valeur grammaticale, c'est-à-dire celle du suffixe.

Ex : (تَبْنِيُونَ) ← تَبْنُونَ = vous construisez

(يَبْقَيُونَ) ← يَبْقَوْنَ = ils restent

- Les 2ème et 3ème pers. du fém. pluriel s'obtiennent à partir des 2ème et 3ème pers. du masc. singulier, en supprimant la voyelle de la 3ème radicale et en ajoutant le suffixe نَ :

tu t'assois (masc.) = تَجْلِسُ تَجْلِسْنَ = vous vous asseyez (fém.)

يَعْمَلُ = il travaille   يَعْمَلْنَ = elles travaillent

Il faut noter que, dans les verbes concaves, la suppression de la voyelle de la 3ème radicale entraîne la suppression de la 2ème radicale, puisqu'on ne peut pas garder une voyelle longue devant une consonne munie d'un sukûn.

Ex : تَقُلْنَ ← (تَقُولْنَ) = vous dites (fém. pl.)

يَزُرْنَ ← (يَزُورْنَ) = elles visitent

Rappelons enfin qu'un verbe ayant pour sujet un pluriel d'êtres non doués de raison se met le plus souvent au fém. sing., qu'il suive ou qu'il précède ce sujet.

اَلْقِطَاطُ تَخَافُ مِنَ ٱلْكِلَابِ
les chats ont peur des chiens
تَخَافُ ٱلْقِطَاطُ مِنَ ٱلْكِلَابِ

Cette règle d'accord du pluriel d'êtres non doués de raison est valable pour tous les autres éléments de la phrase : attribut, épithète, pronom personnel, démonstratif, relatif, etc...

Ex : هَذِهِ ٱلْأَزْهَارُ جَمِيلَةٌ = ces fleurs sont jolies.

- Déclinaison des participes actifs de verbes défectueux (v. supra p.177)

Cette déclinaison est souvent appelée « déclinaison de قَاضٍ » . قَاضٍ (juge) est le participe actif (substantivé) du verbe قَضَى (i) = juger.

	indéterminé	avec article	avec complément de nom	avec pronom affixe
nominatif	قَاضٍ	اَلْقَاضِي	قَاضِي ٱلْمَدِينَةِ	قَاضِينَا
cas direct	قَاضِيًا	اَلْقَاضِيَ	قَاضِيَ ٱلْمَدِينَةِ	قَاضِيَنَا
cas indirect	قَاضٍ	اَلْقَاضِي	قَاضِي ٱلْمَدِينَةِ	قَاضِينَا

214

- **Principaux thèmes nominaux**

Un mot appartient généralement à une racine, et fait partie d'une des catégories suivantes :

- **maṣdar-s, ou noms verbaux**

Nous savons que les maṣdar-s ont des formes variables, mais nous pouvons signaler 2 formes particulièrement courantes :

- la forme فَعْلٌ pour les verbes d'action.

Ex : dessiner : u   رَسَمَ ← رَسْمٌ   = dessin

laver : i   غَسَلَ ← غَسْلٌ   = lavage

conduire : u   سَاقَ ← سَوْقٌ   = conduite

manger : u   أَكَلَ ← أَكْلٌ   = action de manger, consommation

ouvrir : a   فَتَحَ ← فَتْحٌ   = ouverture

marcher : i   مَشَى ← مَشْيٌ   = marche.

- la forme فُعُولٌ pour les verbes de mouvement :

entrer : u   دَخَلَ ← دُخُولٌ   = entrée

sortir : u   خَرَجَ ← خُرُوجٌ   = sortie

descendre : i   نَزَلَ ← نُزُولٌ   = descente

revenir : i   رَجَعَ ← رُجُوعٌ   = retour

s'asseoir : i   جَلَسَ ← جُلُوسٌ   = action de s'asseoir

- **Participes actifs**

Pour les racines normales, ou « saines », le participe actif a la forme فَاعِلٌ (fém. = فَاعِلَةٌ) -

Ex : u خَرَجَ ← خَارِجٌ (sortant)

Dans les verbes sourds, les 2 racines identiques sont confondues :u حَجَّ ← حَاجٌّ = pèlerin - ḥagg.

Dans les verbes concaves, la 2ème radicale se transforme en hamza : i بَاعَ ← بَائِعٌ = vendant - vendeur.

Dans les verbes défectueux, le participe actif est du type de

شار ← شرى i   achetant, acheteur   قاض(v. p. 214)

- Participes passifs

Pour les verbes normaux, le participe passif a la forme مَفْعُولٌ

Ex : rassembler = a جمع ← مَجْمُوعٌ = ensemble, total

boire = a شرب ← مَشْرُوبٌ = boisson

- Adjectifs qualificatifs.

Les adjectifs qualificatifs ont le plus souvent le sens d'un participe actif, quelquefois celui d'un participe passif.
Nous avons déjà vu que la forme la plus courante est فَعِيلٌ (voir p. 53)

Ex : être ou devenir grand (ou vieux) = u كَبُرَ كَبِيرٌ = grand
(= étant grand ou ayant grandi)

être petit u صَغُرَ صَغِيرٌ = petit (étant petit)

- Noms du type فَعَّالٌ , ou noms d'artisans

Ex : raboter : u نجر ← نَجَّارٌ = menuisier

coudre : i خاط ← خَيَّاطٌ = tailleur

égorger, tuer : i جزر ← جَزَّارٌ = boucher

- Noms de temps ou de lieu.

Ils ont la forme مَفْعَلٌ , مَفْعِلٌ ou مَفْعَلَةٌ

Ex : مَكْتَبٌ = bureau (nom de lieu de u كتب)

مَدْرَسَةٌ = école (nom de lieu de u درس = étudier)

مَنْزِلٌ = habitation (litt. : lieu où l'on descend, de i نزل)

- Noms d'instruments

- Ils ont la forme مِفْعَلٌ , مِفْعَلَةٌ ou مِفْعَالٌ

Ex : rabot مِنْجَرٌ = nom d'instrument de u نَجَرَ = raboter

règle مِسْطَرَةٌ = nom d'instrument de u سَطَرَ = tracer

balance مِيزَانٌ (mis pour مِوْزَانٌ) = nom d'instrument de i وَزَنَ = peser

Exercices

1. Vocaliser puis traduire :

في المدرسة منذ أسبوعين تلميذان جديدان . يسألهما نذير :

- هل أنتما أخوان ؟

- نعم نحن أخوان .

- هل تسكنان في هذا الحي ؟

- نعم . نسكن في هذا الحي .

- في أي شارع ؟

- لا نعرف اسم الشارع لكن نعرف أنه ليس بعيدا عن المدرسة .

- ماذا يفعل والداكما ؟

- أبون خياط وأمنا لا تعمل .

يدعوهما نذير الى زيارته في داره بعد يومين ويقول لهما :

- سنفرح بكما كثيرا .

2. Traduire en arabe :

Le marchand dit aux 2 femmes :
- est-ce que votre maison est loin du marché ?
- oui, elle est loin du marché.
- je vais envoyer mon fils avec vous, car vos 2 paniers sont lourds (1).

Les 2 femmes remercient le marchand, et sortent du marché avec le jeune homme.
Devant la porte du marché, elles voient un homme (qui) sort d'une voiture. Cet homme habite dans leur maison. Il va vers elles, prend les paniers, les met dans sa voiture, et leur dit :
- je me suis arrêté parce que je vous ai vues ; je vais vous transporter à la maison.
Les 2 femmes sont contentes. Elles lui disent :
- merci, vous êtes (= tu [es]) un homme bon.

(1) lourd : ثَقِيلٌ

3. Vocaliser puis traduire :

- إلى أين تذهب يا نذير ؟
- أنا ذاهب إلى دار سمير وإبراهيم ـ
- من هما سمير وإبراهيم ؟
- هما تلميذان جديدان قد وصلا إلى مدرستنا منذ قليل ـ
- ماذا تفعل معهما ؟
- قد دعواني لزيارة دارهما ولشرب قهوة معهما ـ
- هل تعرفهما أختك ؟
- نعم . هي تعرفهما لأنها تراهما في المدرسة ـ
- لماذا لا تذهب معك ؟
- لأن سميرا وإبراهيم ليس لهما أخت ـ لكن صاحبتها آمنة ستأتي بعد قليل وتلعب معها ـ

4. Traduire en arabe :

2 garçons portent une cage. Ils passent devant le boucher :
- où avez-vous trouvé cette jolie cage ?
- elle est à nos 2 sœurs.
- où l'ont-elles trouvée ?
- elles l'ont achetée au marché.
- ont-elles un oiseau ?
- non, mais elles ont dit qu'elles en achèteraient (= achèteront) un demain.

Les 2 enfants arrivent chez eux. Une heure après (= après une heure) vient le fils du boucher, (qui) porte 2 oiseaux dans une cage :
- mon père vous envoie (= vous a envoyé) ce cadeau, car nous avons beaucoup d'oiseaux.
Les 2 enfants mettent les 2 oiseaux dans leur cage, et rendent l'autre cage au fils du boucher :
- nous te remercions ; nos 2 sœurs seront très contentes.

5. Vocaliser puis traduire :

في حينا مدرسة بنات. قد زرت هذه المدرسة مع زوجتي لأنها إحدى معلمات هذه المدرسة. لما وصلت إلى المدرسة رأيت بابين : بابا كبيرا وبابا صغيرا. قالت لي زوجتي : « الباب الصغير للتلميذات والباب الكبير للمعلمين والمعلمات لأنهم يأتون الى المدرسة بالسيارات ـ البوابون يعرفون التلميذات ويعرفون المعلمين والمعلمات ».

ـ هل لكم مكتبات ؟

ـ لنا مكتبة

ـ هل لكم ساعات رياضة ؟

ـ نعم. لنا ساعات رياضة في ملعب المدرسة أو في قاعات الرياضة ـ ». ثم دنوت مع زوجتي من الملعب فسمعت صفارات معلمي الرياضة ورأيت بنات يجرين حول ميدان كرة القدم ـ

6. Traduire en arabe :

Monsieur ᶜAbdallâh et ses enfants visitent l'aéroport de Maison Blanche. Nadîr ne connaît que cet aéroport. Il demande à son père :
- est-ce que tu connais d'autres aéroports en Algérie ?
- je connais beaucoup d'autres aéroports.
Zaynab demande à son père :
- qui sont ces employés ?
- ce sont des douaniers.
- quel est ce bureau ?
- c'est le bureau de la police(1).
- que fait la police ici ?
- elle examine les passeports des voyageurs qui entrent en Algérie (= ...des voyageurs entrants vers l'Algérie) ou qui en sortent (= ...ou les sortants d'elle).

Le père et ses enfants vont sur la terrasse, et regardent les avions. Ensuite ils prennent des boissons, et ils reviennent à la maison.

(1) police : شُرْطَةٌ

7. Vocaliser puis traduire :

هؤلاء البنات أتين أمس من تونس إلى الجزائر . هن الآن يزرن إحدى أسواق المدينة . يمررن بالجزارين فيرينهم يقطعون اللحم بسكاكينهم ويزنونه بموازينهم . ثم يمررن ببائعي البقول والفواكه . يقول لهن أحدهم : « لماذا لا تشرين من عندي شيئا ؟ » ـ تقول له إحداهن : « لأننا لا نسكن هنا . نحن تونسيات . سنرجع إلى تونس بعد يومين » . ثم يمشين في السوق فيمررن بتجار يبيعون السلال . وعند الباب يجدن أولادا يبيعون باقات من الأزهار . تسأل احداهن عن ثمن الأزهار فتقول : « هذه الأزهار جميلة وليست غالية لكن ليس لنا آنية نجعلها فيها » ـ

8. Traduire en arabe :

Des filles algériennes rencontrent des filles tunisiennes. Elles les reconnaissent parce qu'elles les ont vues à l'aéroport, lorsqu'elles sont descendues de l'avion. Les Algériennes demandent aux Tunisiennes :
- où habitez-vous ?
- nous avons des parents à Alger ; nous habitons chez eux.
- dans quel quartier habitent-ils ?
- nous ne savons pas le nom du quartier, mais leur maison est près d'un grand parc, et d'une école de filles.
Les Algériennes invitent les Tunisiennes à leur [rendre] visite demain, chez elles (= dans leur maison), parce qu'elles ne vont pas à l'école :
- nous habitons dans le quartier de vos parents, entre l'école des filles et la boucherie. Vous trouverez notre nom sur la porte. Nous mangerons ensemble (1), puis nous visiterons d'autres quartiers d'Alger (= d'autres quartiers parmi les quartiers d'Alger).

(1) ensemble : معا

9. Vocaliser puis traduire :

زوجة الجنان تسأل زوجها :
ـ لماذا رجعت الى الدار في الليل ؟
ـ لأني كنت مع جماعة من أصحابي ـ

- أين كنتم؟
- كنّا في البستان. ثم ذهبنا إلى دار أحد أصحابنا.
- لماذا زاروك اليوم؟ أليس لهم عمل؟
- هم عمّال لكن أتوا بعد عملهم فوجدوني عند باب البستان، خارجا منه.
- ماذا فعلتم؟
- فرحت بهم كثيرا فدخلت معهم إلى البستان فجنوا شيئا من الفواكه ونظروا إلى الأزهار والبقول فوجدوا أن بستاننا جميل وقالوا إنهم سيرجعون إليه. ثم خرجنا من البستان فدعانا أحدنا إلى شرب قهوة في داره.

10. Traduire en arabe :

Âmina dit à Zaynab :
- j'ai soif ; avez-vous des boissons fraîches ?
Zaynab sort de la maison, et rapporte (= revient avec) des bouteilles de boissons ; Amina lui dit :
- pourquoi es-tu sortie de la maison ? Est-ce que vous n'avez pas de réfrigérateur ?
- si, nous avons un réfrigérateur. Ma mère a acheté des boissons hier, et les a mises au réfrigérateur, mais mon père et mes 2 frères les ont bues.
Âmina boit et remercie Zaynab ; Zaynab lui demande :
- désires-tu une autre bouteille, ou un café ?
- non, merci.
- as-tu faim ?
- oui, je voudrais un fruit.
Zaynab lui offre des pommes dans une assiette. Amina en prend une, la pèle et la mange, puis elle dit :
- je suis rassasiée, Dieu merci.

11. Vocaliser puis traduire :

نذير وأخوه سليم مع أبيهما في بستان عمهما. نذير فوق شجرة تفاح. يجني التفاح ويجعله في سلة. أما سليم فهو تحت الشجرة يلقط تفاحات سقطت على الأرض. تسقط تفاحة على رأس سليم فيبكي ويدعو أباه. يقول له أبوه :

- مالك ياسليم ؟

- ضربني نذير .

- بم ضربك ؟

- ضربني بتفاحة .

يقول الأب لنذير :

- لم ضربت أخاك ؟

- ما ضربته يا أبي . لكن التفاحة سقطت وحدها على رأسه .

يقول الأب لسليم :

- ستجعل على رأسك مظلا وهكذا لا تخاف من التفاح .

12. Traduire en arabe :

Cet homme a besoin d'une chemise neuve, mais il n'a pas beaucoup de dinars. Il entre dans la boutique d'un marchand [qui] vend des vêtements neufs et des vêtements usagés (= vieux) :
- as-tu des chemises neuves ?
- oui.
- je voudrais une chemise légère.
- voici des chemises légères.
L'homme en prend une, et en demande le prix (= interroge sur son prix), puis il dit :
- elle est jolie, mais elle est chère.
Le marchand prend une autre chemise :
- celle-ci n'est pas chère, mais elle est usagée.
- je vais acheter la chemise chère, parce que je trouve que l'autre n'est pas jolie.
Il prend la chemise, la paie (= verse son prix), puis sort de la boutique.

13. Vocaliser puis traduire :

هذا مسافر قد رجع من تونس . يحمل حقيبته فيمر بالجمركي . يسأله الجمركي :

- ما عندك في هاتين الحقيبتين ؟

- فيهما ثياب .

- أهي ثياب جديدة أم⁽¹⁾ قديمة ؟

- فيها القديم وفيها الجديد .

يأمر الجمركي المسافر بفتح إحدى الحقيبتين فيجد فيها ثيابا كثيرة . يقول الجمركي :

- أرى هنا أربعة فساتين . فما تفعل بها ؟ هل أنت تاجر ؟

- لست تاجرا لكنها هدايا شريتها لأمي وأخواتي .

يقول الجمركي .

- أرى أيضا أن لك صدرا كثيرة . كم صدرة لك ؟

- ليس لي إلا خمس صدر .

- هل هي جديدة ؟

- شريت إحدى منها في تونس . أما الأخرى فقديمة .

- هل لك شيء آخر جديد ؟

يقول المسافر : لا . فيسمح له الجمركي بالخروج .

(1) أمْ = ou bien (s'emploie dans une phrase interrogative introduite par أ = est-ce que...)

14. Traduire en arabe :

Nadîr est avec un groupe de ses camarades dans le jardin de la maison. Ils sont assis à l'ombre d'un grand arbre parce que le soleil est chaud. Nadîr demande à ses camarades :
- est-ce que vous voulez des boissons fraîches ?
- oui, parce que nous avons soif.
Nadîr entre dans la maison, et rapporte (= revient avec) 8 petites bouteilles. Il dit :
- j'ai trouvé 8 bouteilles, mais nous sommes 9.
Il sort de la maison, va chez le marchand de boissons, et rapporte une bouteille. Puis il s'assoit avec ses camarades, et boit avec eux.

15. Vocaliser puis traduire :

يسأل الحاج أبو بكر بائع الفواكه :

- هل بقي لك شيء من الموز ؟

- لا . ما بقي شيء لكن سيكون عندي غدا إن شاء الله .

- إذن سأرجع غدا .

- في أي ساعة تكون هنا ؟

- بعد العمل .

- كم موزة تبغي ؟

- أبغي عشر موزات .

- سأبعثها إلى دارك قبل رجوعك من العمل .

- هل أدفع لك ثمنها الآن ؟

- لا . لأني لا أدري ما هو ثمنها . سأعرف ثمنها حين أزنها .

- سأمر بك بعد العمل . فأدفع لك حقك .

16. Traduire en arabe :

Un des habitants du quartier entre dans la boutique du boucher et lui demande :
- as-tu du mouton (= ...de la viande ovine) ?
- non, je n'en ai pas.
- en auras-tu ce soir, ou demain ?
- je ne sais pas.
- est-ce que tu n'as pas trouvé de moutons, ou bien les as-tu trouvés chers ?
- non, les moutons sont nombreux, et ne sont pas chers. Je suis allé hier au marché, dans la voiture d'un collègue, car la mienne avait besoin d'être réparée (= d'une réparation), et j'ai acheté 10 agneaux gras. Le marchand m'a dit qu'il me les enverrait
(= enverra) le soir (= dans le soir), mais il ne les a pas envoyés.
- peut-être qu'il a envoyé un chauffeur [qui] ne sait pas où [est] ta boucherie.
- je vais aller tout à l'heure (= bientôt) chez (= vers) ce commerçant, car je sais où il habite ; sa maison n'est pas loin de la ville.

17. Vocaliser puis traduire :

يلقى الحاج أبو بكر أحد زملائه :

- إلى أين تذهب في هذه الساعة ؟

- أنا ذاهب إلى مكتبي لأن لي شيئا من العمل .

- لماذا لا تعمل في دارك ؟

- لأن دارنا فيها كثير من الأولاد وأنا لا أعمل جيدا حين أسمع كثيرا من الاصوات .
- أليس هؤلاء الأولاد تلاميذ ؟
- بعضهم تلاميذ وبعضهم ليسوا تلاميذ لأنهم مازالوا صغارا . أما في هذه الساعة فكلهم يلعبون في الدار أو حول الدار .
- متى ترجع إلى الدار ؟
- سأرجع بعد ساعة أو ساعتين إن شاء الله .

18. Traduire en arabe :

Un homme demande au propriétaire d'un grand magasin :
- je ne vois qu'une partie de tes employés (= travailleurs) ; où sont les autres ?
- ils sont à l'hôpital, parce qu'ils sont blessés.
- comment cela ?
- ils étaient dans la voiture du magasin, quand elle s'est renversée (= ...elle est tombée).
- pourquoi s'est-elle renversée ?
- nous ne savons pas.
- le chauffeur est-il mort ?
- non, personne n'est mort, mais le chauffeur et tous les autres employés sont blessés. Le chirurgien a dit qu'ils resteraient (= resteront) à l'hôpital 3 ou 4 semaines.
- est-ce que les employés bien-portants vont rendre visite à leurs camarades blessés ?
- ils ont maintenant beaucoup de travail, mais chaque jour (= dans chaque jour) certains d'entre eux vont avec moi à l'hôpital.

19. Vocaliser puis traduire :

يقول أحد أولاد الحي لأحد أصحابه :
- قد مررت اليوم بمدرستك فنظرت إلى حجرة الدرس فما رأيت فيها إلا ثلاثة تلاميذ : أنت واثنين آخرين . أين كان أصحابكم ؟
- كانوا في ملعب المدرسة .

- ماذا كانوا يفعلون ؟
- كان بعضهم يلعبون بكرة القدم وبعضهم يلعبون بكرة السلة .
- وأين كان المعلم ؟
- كان مع زملائه وزميلاته .
- وأنتم لم بقيتم في حجرة الدرس ؟
- كان المعلم قد أمرنا بكتابة⁽¹⁾درسنا في دفاترنا لأننا ما كنا كتبناه في دورنا .
- هل يلعب التلاميذ هكذا كل يوم ؟
- نعم . لنا وقت ⁽²⁾راحة⁽³⁾في كل صباح .

(1) كِتابةٌ = écriture (maṣdar de كتب ...)
(2) وَقْتٌ ج أَوْقاتٌ = moment
(3) رَاحَةٌ = repos

20. Traduire en arabe :

Hier soir (= dans le soir) toute la famille était dans le salon ; mes parents lisaient leurs journaux, et moi je jouais avec mes petits frères, quand nous avons entendu une sonnerie.
Je suis allé à la porte : c'était mon oncle (paternel).
Mon père a été très content de [voir] son frère. Ma mère lui a demandé s'il avait faim (= ...lui a demandé est-ce qu'il [est] affamé), mais il avait déjà mangé. Alors elle lui a offert des boissons fraîches et du café, puis mon père lui a dit :
- pourquoi ne nous as-tu pas écrit que tu viendrais (= viendras) aujourd'hui ?
- je vous avais écrit il y a 2 semaines (= avant 2 semaines), mais j'avais laissé la lettre sous un livre, dans mon bureau. Hier j'ai pris ce livre, et j'ai vu que ma lettre était encore dans mon bureau.
Mon père lui a dit :
- nous sommes toujours(1) contents de te [voir] , et tu as toujours ta chambre chez nous.

(1) toujours = دَائِماً

21. Recopier le texte de l'exercice n° 1 (p. 217) en remplaçant :

- تلاميذ جدد par تلميذان جديدان

22. Recopier le texte de l'exercice n° 3 (p. 218) en remplaçant :

- زينب par نذير
- عائشة par إبراهيم et مريم par سمير
- أخ par أخت
- أحمد par آمنة

23. Recopier le texte de l'exercice n° 5 (p. 219) en remplaçant :

- أولاد par بنات
- تلاميذ par تلميذات
- زوجي par زوجتي

24. Recopier le texte de l'exercice n° 7 (p. 220) en remplaçant

أولاد par بنات

25. Recopier le texte de l'exercice n° 9 (pp. 220-221) en remplaçant :

- زوج par زوجة
- زوجة par زوج
- جنانة par جنان

26. Recopier le texte de l'exercice n° 11 (pp. 221-222) en remplaçant

عائشة par سليم et آمنة par نذير

227

27. Recopier le texte de l'exercice n° 13 (pp. 222-223) en remplaçant :

- مسافر par مسافرة
- فساتين par سراويل
- أمي par أبي
- أخواتي par إخواني
- صدر par فساتين

28. Recopier le texte de l'exercice n° 15 (pp. 223-224) en remplaçant :

الحاج أبو بكر par الرجلان

29. Recopier le texte de l'exercice n° 17 (pp. 224-225) en remplaçant

- الحاج أبو بكر par الحاجة عائشة
- زملاء par زميلات
- أولاد par بنات

30. Recopier le texte n° 19 (pp. 225-226) en remplaçant

- أولاد par بنات
- أصحاب par صواحب
- تلاميذ par تلميذات
- اثنان أخران par اثنتان أخربان
- المعلم par المعلمة

Lexique arabe-français

Dans ce lexique ne figurent que les mots employés dans les leçons des 2ème, 3ème et 4ème parties.

Pour chaque mot, nous indiquons entre parenthèses le numéro de la leçon dans laquelle il apparaît pour la première fois, afin que l'élève puisse éventuellement revoir les remarques que nous avons pu faire sur son emploi. Si le mot n'a été employé que dans des exercices, ou a d'abord été employé dans des exercices, le numéro de la leçon est remplacé par l'abréviation «ex.».

Les noms, adjectifs ou participes sont généralement accompagnés d'un pluriel, même si ce pluriel n'a pas été vu, ou n'a été vu que longtemps après le singulier.

Chaque verbe est suivi de sa voyelle de l'inaccompli, ainsi que de son maṣdar ou nom verbal le plus courant, au cas direct, conformément à l'usage des dictionnaires arabes.

A

est-ce que... (4)	أ	
Ibrâhîm (Abraham), (29) nom d'homme	إِبْرَاهِيمُ	
fils (26)	اِبْنٌ ج أَبْنَاءٌ	
père (26)	أَبٌ ج آبَاءٌ	
Abû-Bakr, (30) nom d'homme	أَبُو بَكْرٍ	
voir	بيض	أَبْيَضُ
venir (19)	أَتَى ـ إِتْيَانًا	
un, quelqu'un (22)	أَحَدٌ ج آحَادٌ	
une (23)	إِحْدَى	
voir	حمد	أَحْمَدُ
voir	حمر	أَحْمَرُ
prendre (18)	أَخَذَ ـ أَخْذًا	
autre (masc.) (17)	آخَرُ ج ون	
autre (fém.) (17)	أُخْرَى ج أُخَرُ	
voir	خضر	أَخْضَرُ
frère (26)	أَخٌ ج إِخْوَةٌ	
sœur (18)	أُخْتٌ ج أَخَوَاتٌ	
quand ; quand soudain... (30)	إِذْ	
voici que (28)	إِذَا	
donc ; alors (27)	إِذًا = إِذَنْ	
oreille (7)	أُذُنٌ ج آذَانٌ	
voir	ربع	أَرْبَعَةُ =
terre (6)	أَرْضٌ ج أَرَاضٍ	

B

voir	زرق	أَزْرَقُ
voir	سبع	أُسْبُوعٌ
voir	قبل	اِسْتِقْبَالٌ
famille (26)		أُسْرَةٌ ج أُسَرٌ
voir	سعف	إِسْعَافٌ
voir	سكف	إِسْكَافٌ
nom (30)		اِسْمٌ ج أَسْمَاءٌ
voir	سود	أَسْوَدُ
voir	صفر	أَصْفَرُ
voir	صلح	إِصْلَاحٌ
manger (16)		أَكَلَ ـ أَكْلًا
douleur, mal (18)		أَلَمٌ ج آلَامٌ
dieu, divinité (18)		إِلَهٌ ج آلِهَةٌ
Dieu (18) (contraction de اَلْإِلَهُ)		اَللَّهُ
à, vers (11)		إِلَى
ou, ou bien (ex)		أَمْ
mère (17)		أُمٌّ ج أُمَّهَاتٌ
devant (10)		أَمَامَ
quant à (16)		أَمَّا
quant à..., eh bien...(16)		أَمَّا . . . فَ . . .
ordonner (23)		أَمَرَ ـ أَمْرًا
hier (15)		أَمْسِ
Amina, nom de femme (11)		آمِنَةُ
si (condition) (18)		إِنْ

A

s'il plaît à Dieu (18)	إِنْ شَاءَ ٱللَّهُ
si ce n'est..., sinon... (16) (contraction de إِنْ لَا)	إِلَّا
ne... que... (16)	لَا ... إِلَّا
que ; certes ; assurément... (19)	إِنَّ
que (16)	أَنَّ
moi ; je... (4)	أَنَا
toi ; tu... (masc.) (4)	أَنْتَ
toi ; tu...(fém.)	أَنْتِ
vous (masc. pl.) (29)	أَنْتُمْ

B

vous 2 (22)	أَنْتُمَا
vous (fém. pl.) (29)	أَنْتُنَّ
vase, récipient (10)	إِنَاءٌ ج آنِيَةٌ
bienvenue à... (15)	أَهْلًا بِ
ou ; ou bien... (19)	أَوْ
premier (17)	أَوَّلُ ج و ن
première (17)	أُولَى ج أُوَلٌ
maintenant (13)	اَلْآنَ
aussi (4)	أَيْضًا
où (interrogatif) (5)	أَيْنَ

ب

avec, au moyen de (12)	بِ
mer (26)	بَحْرٌ ج بِحَارٌ
commencer (19)	بَدَأَ ـَ بَدْءًا
être ou devenir froid (14)	بَرَدَ ـُ بَرْدًا
froid ; frais (14)	بَارِدٌ
jardin (11)	بُسْتَانٌ ج بَسَاتِين
tapis (11)	بِسَاطٌ ج بُسُطٌ
oignons (coll.) (27)	بَصَلٌ
envoyer à... (30)	بَعَثَ ـَ بَعْثًا إِلَى
après (19)	بَعْدَ
peu après, bientôt... (19)	بَعْدَ قَلِيلٍ
éloigné de... (30)	بَعِيدٌ عَنْ

une partie, certains (29)	بَعْضٌ
vouloir, désirer, demander (27)	بَغَى ـِ بُغْيَةً
bouquet (24)	بَاقَةٌ ج ات
vache (3)	بَقَرَةٌ ج ات
légume (27)	بَقْلٌ ج بُقُولٌ
rester, demeurer (19)	بَقِيَ ـَ بَقَاءً
pleurer (17)	بَكَى ـِ بُكَاءً
si (affirmation répondant à une négation) (4)	بَلَى
fille (2)	بِنْتٌ ج بَنَاتٌ
construire (17)	بَنَى ـِ بِنَاءً
portier, concierge (29)	بَوَّابٌ ج ون

blanc (5)	أَبْيَض ج بيض	
vendre (26)	باع - بَيْعًا	
marchand de... (26)	بائِع	

A ت B

suivre (24)	تَبِع - تَبَعًا	voir	سَلَق	تَسَلَّق
marchand, commerçant (27)	تاجِر ج تُجَّار	pommes (27) (coll.)	تُفَّاح	
magasin, établissement commercial (29)	مَتْجَر ج مَتاجِر	pomme (22)	تُفَّاحة ج ات	
sous, au-dessous de... (10)	تَحْت	voilà ; celle-là (4)	تِلْك ج أُولئك	
laisser, abandonner (20)	تَرَك - تَرْكًا	élève, écolier (1)	تِلْميذ ج تَلاميذ	
neuf (9) (27)	تِسْعة	élève, écolière (2)	تِلْميذة ج ات	
		Tunis, la Tunisie (23)	تونِس	

ث

		huit (27)	ثَمانية
lourd (ex)	ثَقيل ج ثِقال	puis, ensuite (13)	ثُمَّ
trois (27)	ثَلاثة	prix (27)	ثَمَن ج أَثْمان
réfrigérateur (22)	ثَلَّاجة ج ات	vêtement (25)	ثَوْب ج ثِياب

ج

front (20)	جَبين ج أَجْبِنة	journal (24)	جَريدة ج جَرائد
grand-père (ex)	جَدّ ج أَجْداد	cloche, sonnette (29)	جَرَس ج أَجْراس
grand-mère (22)	جَدّة ج ات	courir (24)	جَرى - جَرْيًا
nouveau, neuf (12)	جَديد ج جُدُد	boucher (28)	جَزَّار ج ون
blessé (29)	جَريح ج جَرْحى	boucherie (28)	مَجْزَرة ج مَجازِر
chirurgien (29)	جَرَّاح ج ون	Alger, l'Algérie (9)	الجَزائِر

A		B	
mettre, placer (12)	جَعَلَ - جَعْلاً	beau, joli (ex)	جَميلٌ ج ون
se mettre à faire... (30)	جَعَلَ يَفْعَلُ	belle, jolie (19)	جَميلةٌ ج ات
géographie (9)	جُغْرافيا	jardinier (7)	جَنّانٌ ج ون
petits pois (coll.) (27)	جُلْبانٌ	cueillir (24)	جَنى - جَنْياً
s'asseoir (ex)	جَلَسَ - جُلوساً	permis, passeport (23)	جَوازٌ ج ات
assis (9)	جالِسٌ ج ون	passeport (23)	جَوازُ سَفَر
assise (9)	جالِسَةٌ ج ات	avoir faim (ex)	جاعَ - جُوعاً
douanier (23)	جُمْرُكيٌّ ج ون	«affamé», qui a faim (22)	جائِعٌ ج ون
groupe (24)	جَماعةٌ ج ات	bon, de bonne qualité (ex.)	جَيّدٌ ج ون
total, ensemble (27)	مَجْموعٌ ج مَجاميعُ	bien (18)	جَيّداً

ح

corde (13)	حَبْلٌ ج حِبالٌ	serviette, cartable (21)	مِحْفَظةٌ ج مَحافِظُ
jusqu'à (19)	حَتّى	valise (23)	حَقيبةٌ ج حَقائِبُ
pèlerin, ḥâǧǧ (30)	حاجٌّ ج حُجّاجٌ	fiévreux (20)	مَحْمومٌ ج ون
pièce, salle (9)	حُجْرةٌ ج حُجَرٌ	louange, grâce, reconnaissance (22)	حَمْدٌ
salle de classe (9)	حُجْرةُ دَرْس	Dieu merci ! Dieu soit loué ! (22)	الحَمْدُ لِلّه
parc, jardin (24)	حَديقةٌ ج حَدائِقُ	Ahmad, nom d'homme (14)	أَحْمَد
chaussure, soulier (25)	حِذاءٌ ج أَحْذِيةٌ	rouge (5)	أَحْمَرُ ج حُمْرٌ
chaud (26)	حارٌّ	porter, transporter, apporter, emporter (21)	حَمَلَ يَحْمِلُ حَمْلاً
garder, surveiller (24)	حَرَسَ - حِراسةً	magasin, boutique (28)	حانوتٌ ج حَوانيتُ
triste (8)	حَزينٌ ج حِزانٌ	besoin (12)	حاجةٌ ج ات
croire, penser, s'imaginer (16)	حَسِبَ - حِسْباناً	j'ai (tu as..., il a...) besoin de... (12)	أَنا (أَنْتَ، هو...) في حاجةٍ إلى...

A		B	
situation, état (29)	خَالٌ ج أَحْوَالٌ	quand, lorsque (16)	حِينَ
mur (10)	حَائِطٌ ج حِيطَانٌ	animal (3)	حَيَوَانٌ ج حَيَوَانَاتٌ

خ

employé (23)	مُسْتَخْدَمٌ ج و ن	léger (25)	خَفِيفٌ ج خِفَافٌ
sortir (15)	خَرَجَ ـُ خُرُوجاً	retirer, ôter (16)	خَلَعَ ـَ خَلْعاً
sortie (lieu) (23)	مَخْرَجٌ ج مَخَارِجُ	cinq (25)	خَمْسَةٌ
carte (9) (de géograhie)	خَرِيطَةٌ ج خَرَائِطُ	craindre, avoir peur (27)	خَافَ ـَ خَوْفاً
		concombres (coll.) (27)	خِيَارٌ
agneau (28)	خَرُوفٌ ج خِرْفَانٌ	tailleur, couturier (ex)	خَيَّاطٌ ج و ن
vert (6)	أَخْضَرُ ج خُضْرٌ	couturière (2)	خَيَّاطَةٌ ج ات

د

entrer (12)	دَخَلَ ـُ دُخُولاً	boutique, échoppe, atelier (12)	دُكَّانٌ ج دَكَاكِينُ
leçon, cours (9)	دَرْسٌ ج دُرُوسٌ	s'approcher de... (24)	دَنَا ـُ دُنُوّاً مِنْ
salle de classe (9)	حُجْرَةُ دَرْسٍ	maison (9)	دَارٌ ج دُورٌ
école (15)	مَدْرَسَةٌ ج مَدَارِسُ	Maison-Blanche (23)	اَلدَّارُ الْبَيْضَاءُ
scolaire (ex.)	مَدْرَسِيٌّ	toujours (ex.)	دَائِماً
savoir (30)	دَرَى ـِ دِرَايَةً	remède, médicament (18)	دَوَاءٌ ج أَدْوِيَةٌ
appeler, inviter, prier (18)	دَعَا ـُ دُعَاءً		
cahier (9)	دَفْتَرٌ ج دَفَاتِرُ		
remettre, payer (27)	دَفَعَ ـَ دَفْعاً	dinar (26)	دِينَارٌ ج دَنَانِيرُ

234

ذ

cela, celui-là ; voilà (4)	ذلك ج أولئك	
queue (8)	ذنبٌ ج أذنابٌ	
partir, aller (14)	ذَهَبَ - ذِهاباً	

ر

A		B	
tête (7)	رأسٌ ج رؤوسٌ	lettre (11)	رسالةٌ ج رسائلُ
voir (20)	رأى - رؤية	dessiner (11)	رسم - رسماً
gagner (27)	ربح - ربحاً	lever, soulever (11)	رفع - رفعاً
quatre (27)	أربعةٌ	arrosoir (7)	مرشّةٌ ج ات
revenir (14)	رجع - رجوعاً	couché (29)	راقدٌ ج ون
homme (1)	رجلٌ ج رجالٌ	sable (26)	رملٌ ج رمالٌ
jambe (29)	رجلٌ ج أرجلٌ	repos (ex.)	راحةٌ
rendre (27)	ردَّ - ردّاً	odeur (20)	رائحةٌ ج روائحُ
		sport (25)	رياضةٌ ج ات

ز

bouteille (22)	زجاجةٌ ج ات	épouse (26)	زوجةٌ ج ات
bleu (5)	أزرقُ ج زرقٌ	visiter, rendre visite à... (24)	زار - زيارة
collègue, camarade (29)	زميلٌ ج زملاءُ	cesser d'être (30)	زال - زوالاً
fleur (7)	زهرةٌ ج أزهارٌ	continuer (30)	ما زال
époux (26)	زوجٌ ج أزواجٌ	Zaynab, nom de femme (2)	زينبُ

س

A		B	
demander, interroger (11)	سَأَلَ ـَ سُؤَالاً	habiter (30)	سكَنَ ـُ سُكُوناً
se lasser, être las de... (19)	سَئِمَ ـَ سَآمَةً	habitant (28)	ساكِنٌ ج سُكَّانٌ
nager (26)	سَبَحَ ـَ سِبَاحَةً	couteau (22)	سِكِّينٌ ج سَكاكِينُ
tableau, ardoise (9)	سَبُّورَةٌ	panier (12)	سَلَّةٌ ج سِلالٌ
sept (27)	سَبْعَةٌ	(le) grimper, action de grimper (23)	تَسَلُّقٌ
semaine (29)	أُسْبُوعٌ ج أَسابيعُ		
six (27)	سِتَّةٌ	échelle, escalier, passerelle (25)	سُلَّمٌ ج سَلالِمُ
pantalon (6)	سِرْوالٌ ج سَراويلُ		
règle (3)	مِسْطَرَةٌ ج مَساطِرُ	Salîm, nom d'homme (4)	سَلِيمٌ
heure (21)	سَاعَةٌ ج ات	permettre de.. (19)	سَمَحَ ـَ سَماحاً بِ
adjoint, aide, apprenti (12)	مُساعِدٌ ج ون	Samîr, nom d'homme (30)	سَمِيرٌ
assistance, secours (29)	إِسْعَافٌ ج ات	entendre, entendre dire... (28)	سَمِعَ ـَ سَماعاً
ambulance (29)	سَيَّارَةُ إِسْعَافٍ	gras (3)	سَمِينٌ ج سِمانٌ
voyage (23)	سَفَرٌ ج أَسْفارٌ	noir (6)	أَسْوَدُ ج سُودٌ
passeport (12)	جَوازُ سَفَرٍ	conduire (15)	ساقَ ـُ سَوْقاً
voyageur (23)	مُسافِرٌ ج ون	conducteur, chauffeur (15)	سائِقٌ ج ون
tomber (12)	سَقَطَ ـُ سُقُوطاً	marché (27)	سُوقٌ ج أَسْواقٌ
se taire (25)	سَكَتَ ـُ سُكُوتاً	maître, seigneur, monsieur (27)	سَيِّدٌ ج سَادَةٌ
savetier, cordonnier (21)	إِسْكافٌ ج أَساكِفَةٌ	voiture, automobile (15)	سَيَّارَةٌ ج ات

A

jeune homme (12)	شابٌ ج شبّانٌ
être rassasié (22)	شبع ـَ شبْعا
arbre (7)	شجرةٌ ج أشجارٌ
boire (14)	شرب ـَ شرْبا
boisson (26)	مشْروبٌ ج ات
police (ex.)	شرْطةٌ
policier (23)	شرْطيٌّ
rue, boulevard, avenue (30)	شارعٌ ج شوارعُ
acheter (26)	شرى ـ شراءٌ
rivage, plage (26)	شطٌّ ج شطوطٌ

ش

sentir, éprouver (19)	شعر ـُ شعورا بـ
hôpital (29)	مسْتشْفى ج مسْتشْفياتٌ
fente, fissure (12)	شقٌّ ج شقوقٌ
remercier (28)	شكر ـُ شكْرا
merci ! (27)	شكْرا
sentir (odorat) (20)	شمَّ ـُ شمّا
soleil (26)	شمْسٌ ج شموسٌ
vouloir (18)	شاء ـ مشيئة
s'il plaît à Dieu (18)	إنْ شاء اللّٰهُ
chose, quelque chose (10)	شيْءٌ ج أشياءُ
un peu de (28)	شيْءٌ منْ ...

ص

matin, matinée (ex.)	صباحٌ
lampe (10)	مصْباحٌ ج مصابيحُ
savon (13)	صابونٌ
sain, bien-portant (4)	صحيحٌ ج صحاحٌ
compagnon, ami.. (11)	صاحبٌ ج أصْحابٌ
propriétaire, maître... (28)	صاحبٌ ج أصْحابٌ
assiette (22)	صحْنٌ ج صحونٌ
rocher (26)	صخْرةٌ ج صخورٌ

veste (8)	صدْرةٌ ج صدرٌ
petit, jeune (4)	صغيرٌ ج صغارٌ
jaune (5)	أصْفرُ ج صفْرٌ
sifflet (25)	صفّارةٌ ج ات
réparation (21)	إصْلاحٌ ج ات
faire, fabriquer (12)	صنع ـَ صنْعا
caisse (29)	صنْدوقٌ ج صناديقُ
voix, son, bruit (29)	صوْتٌ ج أصْواتٌ

ض

frapper (30)	ضرب ـ ضرْبا

ط

A

médecin (1)	طَبيبٌ ج أطِبّاءُ
long, grand (taille) (3)	طَويلٌ ج طِوالٌ
longuement, longtemps (19)	طَويلًا
bon, bien-portant (20)	طَيِّبٌ ج و ن

B

oiseau (7)	طائرٌ ج طُيورٌ
avion (23)	طائرةٌ ج ات
aéroport, aérodrome (23)	مَطارٌ ج ات

ظ

ombre (7)	ظِلٌّ ج ظِلالٌ
chapeau (de paille), sombrero (7)	مِظَلٌّ

ع

présenter, offrir, exposer (24)	عرض – عَرْضًا
connaître, reconnaître ; savoir (11)	عرف – مَعْرِفة
nid (17)	عُشٌّ ج أعْشاشٌ
herbe (24)	عُشْبٌ ج أعْشابٌ
dix (27)	عَشَرة
avoir soif (14)	عطش – عطشًا
altéré, «assoiffé» (22)	عَطْشانٌ ج عطاشى
maître, instituteur (9)	مُعَلِّمٌ ج ون
maîtresse, institutrice (2)	مُعَلِّمةٌ ج ات
sur (5)	على
ʿAlî, nom d'homme (1)	عَلِيٌّ
oncle (paternel) (23)	عَمٌّ ج أعْمامٌ

de quoi... ? sur quoi ? = (ex) contraction de	عمّ = عنْ ما
ʿUmar, nom d'homme (1)	عُمَرُ
travailler (26)	عمل – عملًا
travailleur, ouvrier (29)	عامِلٌ ج عُمّالٌ
de (origine ou éloignement) ; au sujet de... (16)	عنْ
chez, auprès de (6)	عِنْد
à, lors de... (19)	عِنْد
visite (d'un malade) (29)	عِيادةٌ ج ات
vivre (16)	عاش – عَيْشًا
ʿÂʾiša, nom de femme (2)	عائشة
œil (17)	عَيْنٌ ج عُيونٌ

A   غ   B

demain (21)	غداً	cher (26)	غالٍ
pièce, chambre (10)	غرفةٌ ج غرفٌ	moutons, ovins (28)	غنمٌ
le salon (11)	غرفة الاستقبال	de mouton, ovin (adj.) (28)	غنميٌّ
laver (13)	غسل ـ غسلاً	s'absenter, disparaître (16)	غاب ـ غياباً
couverture, couvercle (6)	غطاءٌ ج أغطيةٌ	absent (16)	غائبٌ ج ون

ف

et alors..., donc... (14)	فَ...	robe (6)	فستانٌ ج فساتين
quant à..., eh bien... (16)	أمّا... فَ...	faveur, mérite (29)	فضلٌ ج فضولٌ
souris, rat (16)	فأرٌ ج فئرانٌ	s'il vous plaît (29)	من فضلكنّ
en effet, car (22)	فإنّ	Fâṭima, nom de femme (2)	فاطمةُ
ouvrir (20)	فتح ـ فتحاً	faire (11)	فعل ـ فعلاً
examiner (18)	فحص ـ فحصاً	fruit (27)	فاكهةٌ ج فواكه
être content, se réjouir de (24)	فرح ـ فرحاً بـ...	bouche (8)	فمٌ ج أفواهٌ
joyeux, content (29)	فرحٌ ج ون	sur, au-dessus de..., par-dessus... (10)	فوق
lit (6)	فراشٌ ج فرشٌ	dans (7)	في

ق

accueil, réception (11)	استقبالٌ	pied (21)	قدمٌ ج أقدامٌ
le salon (11)	غرفة الاستقبال	vieux, ancien (12)	قديمٌ ج قدماءُ
avant (ex.)	قبلَ		
déjà (14)	قد	lire (11)	قرأ ـ قراءة
récipient, gobelet (14)	قدحٌ ج أقداحٌ	près de... (6)	قرب

A

proche de... (ex.)	قَرِيبٌ مِنْ
proche, parent (29)	قَرِيبٌ ج أَقارِبُ
peler, éplucher (22)	قَشَرَ ـُ قَشْرًا
histoire, conte (29)	قِصَّةٌ ج قِصَصٌ
palais, château (26)	قَصْرٌ ج قُصُورٌ
court, petit (taille) (3)	قَصِيرٌ ج قِصارٌ
chat (8)	قِطٌّ ج قِطاطٌ
couper (28)	قَطَعَ ـَ قَطْعًا
morceau, pièce (28)	قِطْعَةٌ ج قِطَعٌ

B

banc, siège (9)	مَقْعَدٌ ج مَقاعِدُ
cage (10)	قَفَصٌ ج أَقْفاصٌ
peu nombreux (19)	قَلِيلٌ ج قَلائِلُ
peu après ; bientôt (19)	بَعْدَ قَلِيل
crayon, stylo (3)	قَلَمٌ ج أَقْلامٌ
chemise, tunique (5)	قَمِيصٌ ج قُمْصانٌ
café (30)	قَهْوَةٌ
salle, hall (23)	قاعَةٌ ج ات
dire (17)	قالَ ـُ قَوْلًا
se lever, se dresser (19)	قامَ ـُ قِيامًا

ك

comme (25)	كَـ...
de même, aussi (25)	كَذلِكَ
comme, de même que.. (17)	كَما
verre (11)	كَأْسٌ ج كُؤُوسٌ
grandir ; vieillir (14)	كَبِرَ ـَ كِبَرًا
grand, vieux (4)	كَبِيرٌ ج كِبارٌ
écrire (11)	كَتَبَ ـُ كِتابَةً
livre (9)	كِتابٌ ج كُتُبٌ
bureau (6)	مَكْتَبٌ ج مَكاتِبُ
librairie, bibliothèque (30)	مَكْتَبَةٌ ج ات
libraire (30)	كُتُبِيٌّ ج ون
nombreux (29)	كَثِيرٌ ج ون
beaucoup de... (29)	كَثِيرٌ مِنْ

beaucoup, très... (ex.)	كَثِيرًا
balle (5)	كُرَةٌ ج ات
chaise (5)	كُرْسِيٌّ ج كَراسِيُّ
cassure, fracture (29)	كَسْرٌ ج كُسُورٌ
tout, totalité (30)	كُلٌّ
que non ! pas du tout ! contraction de (4)	كَلّا = كَمْ لا
chien (ex.)	كَلْبٌ ج كِلابٌ
chienne (8)	كَلْبَةٌ ج ات
paroles, langage (coll.) (28)	كَلامٌ
combien (21)	كَمْ
se cacher (16)	كَمَنَ ـُ كُمُونًا
être (15)	كانَ ـُ كَوْنًا
lieu, endroit, place (12)	مَكانٌ ج أَماكِنُ

A

comment (3)	كيْف
à, pour... (5)	لـ ...
non (1)	لا
pas de... (10)	لا
ne... pas (11)	لا
ne... que... (16)	لا ... إلاّ ...
car, parce que (8)	لأنّ
mettre, se vêtir de (21)	لبس ـ لبْسا
lait (14)	لبنٌ ج ألْبانٌ
viande (28)	لحْمٌ ج لحومٌ
jouer (21)	لعب ـ لعبا
(la) nuit (16)	ليْلٌ

quoi ? qu'est-ce que ? qu'est-ce qui... ? (3)	ما = ماذا
voir	متْجرٌ تجر
quand (interrogatif), lorsque (13)	متى
voir	مجْزرةٌ جزر
voir	مجْموعٌ جمع
voir	محْفظةٌ حفظ
voir	محْمومٌ حمم

B

kilo (27)	كيلو
stade, terrain de jeu (21)	ملْعبٌ ج ملاعبُ
peut-être (19)	لعلّ
ramasser (12)	لقط ـ لقْطا
rencontrer (24)	لقي ـ لقاء
mais (9)	لكنْ
mais (8)	لكنّ
quand, lorsque (20)	لمّا
Dieu (18) contraction de الإلٰه = اللّٰه	
planche (12)	لوْحةٌ ج ألْواحٌ
ne pas être (3)	ليْس

voir	مخْرجٌ خرج
voir	مدْرسةٌ درس
voir	مدْرسيٌّ درس
ville (27)	مدينةٌ ج مدنٌ
passer par ou près de... (27)	مرّ ـ مرورا بـ
femme (2)	مرْأةٌ ج نساءٌ
voir	مرشّةٌ رشش
tomber malade (18)	مرض ـ مرضا

241

مُعَلِّمٌ	علم	voir	مَريضٌ ج مَرْضى	malade (4)
مُعَلِّمَةٌ	علم	voir	مُمَرِّضٌ ج ون	infirmier (ex.)
مَقْعَدٌ	قعد	voir	مُمَرِّضَةٌ ج ات	infirmière (4)
مَكْتَبٌ	كتب	voir	مَرْيَمُ	Maryam (Marie), nom de femme (2)
مَكْتَبَةٌ	كتب	voir		
مَكانٌ	كون	voir	مَسَّ ـ مَسّاً	toucher (20)
مَلْعَبٌ	لعب	voir	مُسْتَخْدَمٌ	خدم voir
مَنْ		qui...? (1)	مُسْتَشْفى	شفي voir
مِنْ		de (origine) (12)	مِسْطَرَةٌ	سطر voir
مِنْجَرٌ	نجر	voir	مُساعِدٌ	سعد voir
مُنْذُ		depuis (23)	مُسافِرٌ	سفر voir
مِنْضَدَةٌ	نضد	voir	مَساءٌ	soir ; après-midi (18)
ماتَ ـ مَوْتاً		mourir (17)	مَشْروبٌ	شرب voir
مَوْزٌ		bananes (coll.) (27)	مَشى ـ مَشْياً	marcher (24)
ماءٌ ج مِياهٌ		eau (7)	مِصْباحٌ	صبح voir
مائِدَةٌ ج مَوائِدُ		table (5)	مَطارٌ	طير voir
مَيْدانٌ ج مَيادينُ		champ, terrain, domaine (25)	مِظَلٌّ	ظلل voir
			مَعَ	avec, en compagnie de... (8)
ميزانٌ	وزن	voir	مَعاً	ensemble (ex.)

ن

نَحْنُ		nous (22 et 29)	نَجَرَ ـ نَجْراً	raboter (12)
نَذيرٌ		Nadîr, nom d'homme (1)	نَجّارٌ ج ون	menuisier (1)
نَزَلَ ـ نُزولاً		descendre (20)	مِنْجَرٌ ج مَناجِرُ	rabot (12)
ناسٌ		gens (coll.) (29)	نِجارَةٌ	copeaux (12)

242

A

femmes (29)	نِساءٌ
oublier (30)	نَسِيَ ـَ نِسْياناً
étendre (13)	نَشَرَ ـُ نَشْراً
demi, moitié (27)	نِصْفٌ ج أَنْصافٌ
table, établi (12)	مِنْضَدَةٌ ج مَناضِدُ
regarder (20)	نَظَرَ ـُ نَظَراً إلى
examiner, inspecter (23)	نَظَرَ في
propre (13)	نَظيفٌ ج نِظافٌ

cadeau (30)	هَدِيَّةٌ ج هَدايا
celui-ci ; ceci ; ce… (1) voici.	هذا ج هؤُلاءِ
celle-ci ; cette… (1) voici.	هذِهِ ج هؤُلاءِ
s'enfuir (16)	هَرَبَ ـُ هَرَباً
maigre ; mince (3)	هَزيلٌ ج هَزْلى
est-ce que… ? (1)	هَلْ

et (3)	وَ
sauter sur… (16)	وَثَبَ ـِ وُثوباً على
trouver (14)	وَجَدَ ـِ وُجوداً
face, visage (ex.)	وَجْهٌ ج وُجوهٌ
feuille (6)	وَرَقَةٌ ج أَوْراقٌ
peser (27)	وَزَنَ ـِ وَزْناً

B

chaussure, sandale (21)	نَعْلٌ ج نِعالٌ
oui (1)	نَعَمْ
fenêtre (10)	نافِذَةٌ ج نَوافِذُ
jour, journée (16)	نَهارٌ
se lever (30)	نَهَضَ ـَ نُهوضاً
interdire, prohiber (19)	نَهى ـَ نَهْياً
dormir (16)	نامَ ـَ نَوْماً
sommeil (19)	نَوْمٌ

eux (29)	هُمْ
eux deux ou elles deux (22)	هُما
elles (29)	هُنَّ
ici (25)	هُنا
lui (1)	هُوَ
elle (2)	هِيَ

balance (27)	ميزانٌ ج مَوازينُ
sale (13)	وَسِخٌ ج ون
ordonnance (18)	وَصْفَةٌ ج ات
arriver (18)	وَصَلَ ـِ وُصولاً
moment ; temps (ex)	وَقْتٌ ج أَوْقاتٌ
se lever, s'arrêter (15)	وَقَفَ ـِ وُقوفاً

debout ; levé ; arrêté (15)	واقِفْ ج ون
enfant ; garçon (1)	ولَدْ ج أوْلادْ
les parents (22)	أَلْوالِدان

ي

main (7)	يَدّ ج أيدْ
la gauche (24)	أَلْيِسارْ
la droite (24)	أَلْيَمينْ
jour (28)	يوْمٌ ج أيّامْ
aujourd'hui (15)	أَلْيوْمْ

LEXIQUE FRANÇAIS - ARABE

En face de chaque mot français figurent au moins un numéro et une lettre renvoyant au lexique arabe - français.

Dans ce lexique ne figurent pas les noms correspondant aux maṣdar-s ou noms verbaux arabes, puisque ceux-ci son donnes même temps que les verbes. Ainsi, par exemple, si l'on veut trouver le mot arabe qui signifie : «lavage», il suffit de chercher le maṣdar du verbe qui signifie «laver».

A

à	230 B 238 B 241 A
abandonner	232 A
absent	239 B
s'absenter	239 B
Abû-Bakr	230 A
accueil	239 A
acheter	237 A
adjoint	236 A
aérodrome	238 B
aéroport	238 B
affamé	233 B
agneau	234 A
Ahmad	233 B
aide	236 A
ᶜÂ'isa	238 B
Alger	232 B
l'Algérie	232 B
ᶜAlî	238 A
aller	235 A
alors	230 A
et alors	239 A
altéré	238 A
ambulance	236 A
ami	237 A
ᶜAmina	230 B
ancien	239 B
animal	234 B
appeler	234 A
apporter	233 B
apprenti	236 A
s'approcher de	234 B
après	231 A
peu après	240 B
après-midi	242 A
arbre	237 A
ardoise	236 A
arrêté	244
s'arrêter	243 B
arriver	243 B
arrosoir	235 B
s'asseoir	233 A
assiette	237 A
assis	233 A
assistance	236 A
assoiffé	238 A
assurément	231 A
atelier	234 B
aujourd'hui	244
auprès de	238 B
aussi	231 B 240 A
automobile	236 B
autre	230 A
avant	239 A

245

avec	231 A 242 A	C	
avenue	237 A	se cacher	240 B
avion	238 B	cadeau	243 A
		café	240 B
	————	cage	240 B
		cahier	234 A
	B	caisse	237 B
balance	243 B	camarade	235 A
balle	240 B	car	241 A 239 A
bananes	242 B	cartable	233 B
banc	240 B	carte (de géographie)	234 A
beau	233 B	cassure	240 B
beaucoup	240 B	ce	243 A
beaucoup de...	240 A	ceci	243 A
besoin	233 B	cela	235 A
avoir besoin de...	233 B	celle-ci	243 A
bibliothèque	240 A	celle-là	232 B
bien	233 B	celui-ci	243 A
bien-portant	237 A	celui-là	235 A
bientôt	231 A 240 B	certains	231 B
bienvenue à...	231 B	certes	231 A
blanc	232 A	cesser d'être	235 B
blessé	232 A	cette	243 A
bleu	235 A	chaise	240 B
boire	237 A	chambre	239 A
boisson	237 A	champ	242 B
bon	233 B	chapeau	238 A
bouche	239 B	chat	240 A
boucher	232 B	château	240 A
boucherie	232 B	chaud	233 A
boulevard	237 A	chauffeur	236 B
bouquet	231 B	chaussure	233 A 243 B
bouteille	235 A	chemise	240 B
boutique	233 B 234 B	cher	239 B
bruit	237 B	chez	238 B
bureau	240 A	chien	240 B

chienne	240 B	couturier	234 B
chirurgien	232 A	couturière	234 B
chose	237 B	couvercle	239 A
quelque chose	237 B	couverture	239 A
cinq	234 B	craindre	234 B
salle de classe	233 A	crayon	240 B
cloche	232 B	croire	233 A
collègue	235 A	cueillir	233 B
combien	240 B		
comme	240 A		
commencer	231 A		**D**
comment	241 A	dans	239 B
commerçant	232 A	de	242 B 238 B
établissement commercial	232 A	debout	244
		déjà	239 A
en compagnie de	242 A	demain	239 A
compagnon	237 A	demander	236 A
concierge	231 B	demeurer	231 B
concombres	234 B	demi	243 A
conducteur	236 B	depuis	242 B
conduire	236 B	descendre	242 B
connaître	238 A	désirer	231 B
construire	231 B	dessiner	235 B
conte	240 A	au-dessous de...	232 A
content	239 A	au-dessus de...	239 B
être content	239 A	par-dessus	239 B
continuer	235 B	devant	230 B
copeaux	242 A	Dieu	230 B
corde	233 A	dieu	230 B
cordonnier	236 A	dinar	234 B
couché	235 B	dire	240 B
couper	240 A	disparaître	239 B
courir	232 B	divinité	230 B
cours	234 A	dix	238 A
court	240 A	domaine	242 B
couteau	236 B	donc	230 A 239 A

dormir	243 B
douanier	233 A
douleur	230 B
la droite	244
se dresser	240 B

E

eau	242 B
échelle	236 B
échoppe	234 B
école	234 A
écolier	232 B
écrire	240 A
eh bien...	230 B
élève	232 B
elle	243 B
elles	243 B
elles deux	243 B
éloigné de...	231 A
employé	234 A
emporter	233 B
endroit	240 B
en effet	239 A
enfant	244
s'enfuir	243 A
ensemble	242 A 233 A
ensuite	232 B
entendre	236 B
entrer	234 A
envoyer	231 A
éplucher	240 A
épouse	235 B
époux	235 A
éprouver	237 B
escalier	236 B
est-ce-que...	243 A 230 A

et	243 A
et alors	239 A
établi	243 A
établissement commercial	232 A
état	233 A
étendre	243 A
être	240 B
ne pas être	241 B
eux	243 B
eux deux	243 B
examiner	239 A 243 A
exposer	238 A

F

fabriquer	237 B
face	243 A
avoir faim	233 B
faire	237 B 239 B
famille	230 B
Fâtima	239 B
faveur	239 B
femme	241 B
femmes	243 A
fenêtre	243 B
fente	237 B
feuille	243 A
fièvreux	233 B
fille	231 B
fils	230 A
fissure	237 B
fleur	235 A
fracture	240 B
frapper	237
frère	230 A

froid	231 A
être froid	231 A
devenir froid	231 A
front	232 A
fruit	239 B

G

gagner	235 A
garçon	244
garder	233 A
la gauche	244
gens	242 B
géographie	233 A
gobelet	239 A
grâce	233 B
grand	240 A 238 A
grandir	240 A
grand-mère	232 A
grand-père	232 A
gras	236 B
(le) grimper	236 B
groupe	233 A

H

habitant	236 B
habiter	236 B
hall	240 B
herbe	238 A
heure	236 A
hier	230 B
histoire	240 A
homme	235 A
jeune-homme	237 A
hôpital	237 B
huit	232 B

I

Ibrâhîm	230 A
ici	243 B
s'imaginer	233 A
infirmier	242 A
infirmière	242 A
inspecter	243 A
instituteur	238 A
institutrice	238 A
interdire	243 B
interroger	236 A
inviter	234 A

J

jambe	235 A
jardin	233 A 231 A
jardinier	233 B
jaune	237 B
je	231 A
terrain de jeu	241 B
jeune	237 B
jeune homme	237 A
joli	233 B
jouer	241 A
jour	243 B
journal	232 B
journée	243 B
jusqu'à	233 A
joyeux	239 A

K

kilo	241 B

L

laisser	232 A
lait	241 A
lampe	237 A
langage	240 B
se lasser de...	236 A
laver	239 A
leçon	234 A
léger	234 B
légume	231 B
lettre	235 B
levé	244
lever	235 B
se lever	240 B 243 B
libraire	240 A
librairie	240 A
lieu	240 B
lire	239 B
lit	239 A
livre	240 A
long	238 A
longtemps	238 A
longuement	238 A
lors de...	238 B
lorsque	234 B 241 A 241 B
lourd	232 A
lui	243 B

M

magasin	233 B 232 A
maigre	243 A
main	244
maintenant	231 B
mais	241 B
maison	234 B
Maison Blanche	234 B
maître	238 A 236 B
maîtresse	238 A
mal	230 B
malade	242 A
tomber malade	241 B
manger	230 B
marchand	232 A
marchand de...	232
marché	236 B
marcher	242 A
Maryam	242 A
matin	237 A
matinée	237 A
médecin	238 A
médicament	234 B
de même	240 A
de même que...	240 A
menuisier	242 A
mer	231 A
merci	237 B
mère	230 B
mérite	239 B
mettre	233 A
se mettre à...	233 A
mince	243 A
moi	231 A
moitié	243 A
moment	243 B
Monsieur	236 B
morceau	240 A
mourir	242 B

moutons	239 B
de mouton	239 B
au moyen de	231 A
mur	234 A

N

Na<u>d</u>îr	242 B
nager	236 A
ne... que...	241 A
neuf	232 A
neuf (9)	232 A
nid	238 A
noir	236 B
nom	230 B
nombreux	240 A
peu nombreux	240 B
non	241 A
que non !	240 B
nous	242 B
nouveau	232 A
nuit	241

O

odeur	235 B
œil	238 B
offrir	238 A
oignons	231 A
oiseau	238 B
ombre	238
oncle	238 A
ordonnance	243 B
ordonner	230 B
oreille	230 A
ôter	234 B

ou	230 B 231 B
où ?	231 B
oublier	243 A
oui	243 B
ouvrier	238 B
ouvrir	239 A
ovins	239 B
ovin (adj.)	239 B

P

palais	240 A
panier	236 B
pantalon	236 A
parc	233 A
parce que	241 A
parent	240 A
les parents	244
paroles	240 B
une partie de...	231 B
partir	235
pas de...	241 A
pas du tout !	240 B
passeport	233 B
passer	241 B
passerelle	236 B
payer	234 A
peler	240 A
pèlerin	233 A
penser	233 A
père	230 A
permettre	236 B
permis	233 B
peser	243 A
petit	237 B
petits pois	233 A

251

un peu de...	237 B	quand ?	241 A
peu après	231 A 240 B	quand...	234 B 241 B
peu nombreux	240 B	quand soudain...	230 A
peur (avoir)	234 B	quant à...	230 B
peut-être	241 B	quatre	235 A
pièce	233 A	que	231 A
pied	239 B	ne... que...	231 A
place	240 B	quelque chose	237 B
placer	233 A	quelqu'un	230 A
plage	237 A	que non !	240 B
s'il plaît à Dieu	231 A	qu'est-ce que... ?	241 A
s'il vous plaît	239 B	qu'est-ce qui... ?	241 A
planche	241 B	queue	235
pleurer	231 B	qui ?	242 B
police	237 A	quoi ?	241 A
policier	237 A	de quoi... ?	238 B
pomme	232 B	sur quoi... ?	238 B
bien-portant	237 A		
porter	233 B		
portier	231 B	**R**	
pour	241 A	rabot	242 A
premier	231 B	raboter	242 A
première	231 B	ramasser	241 B
prendre	230 A	être rassasié	237 A
près de...	239 B	rat	239 A
présenter	238 A	réception	239 A
prier	234 A	récipient	231 B
prix	232 B	reconnaissance	233 B
proche	240 A	reconnaître	238 A
proche de...	240 A	réfrigérateur	232 A
prohiber	243 B	regarder	243 A
propre	243 A	règle	236 A
propriétaire	237 A	se réjouir de...	239 A
		remède	234 B
Q		remercier	237 B
de bonne qualité	233 B	remettre	234 A

rencontrer	241 B	si (condition)	230 B
rendre	235 A	si (affirmatif)	231 B
rendre visite à...	235 B	si ce n'est...	231 A
réparation	237 B	siège	240 B
repos	235 B	sifflet	237 B
rester	231 B	sinon...	231 A
retirer	234 B	s'il plaît à Dieu	231 A
revenir	235 A	s'il vous plaît	239 B
rivage	237 A	situation	234 A
robe	239 B	six	236 A
rocher	237 A	sœur	230 A
rouge	233 B	avoir soif	238 A
rue	237 A	soir	242 A
		soleil	237 B
		sombrero	238
		sommeil	243 B

S

sable	235 B	son	237 B
sain	237 A	sonnette	232 B
sale	243 B	sortie	234 A
Salîm	236 B	sortir	234 A
salle	240 B 233 A	soulever	235 B
salle de classe	233 A	soulier	233 A
salon	239 A	souris	239 A
Samîr	236 B	sous	232 A
sandale	243 B	sport	235 B
sauter sur...	243 A	stade	241 B
savetier	236 A	stylo	240 B
savoir	238 A 234 A	suivre	232 A
savon	237 A	au sujet de...	238 B
scolaire	234 A	sur	238 A 239 B
secours	236 A	surveiller	233 A
seigneur	236 B		
semaine	236 A		

T

sentir	237 B	table	242 B 243 A
sept	236 A	tableau	236 A
serviette	233 B		

tailleur	234 B	valise	233 B
se taire	236 A	vase	231 B
tapis	231 A	vendre	232
temps	243 B	venir	230 A
terrain	242 B	verre	240 A
terrain de jeu	241 B	vers	230 B
terre	230 A	vert	234 A
tête	235 A	veste	237 B
toi	231 A	vêtement	232 B
tomber	236 A	se vêtir de...	241 A
tomber malade	241 B	viande	241 A
total	233 A	vieillir	240 A
totalité	240 B	vieux	240 A 239 B
toucher	242 A	ville	241 B
toujours	234 B	visage	243 A
tout	240 B	visite (d'un malade)	238 B
transporter	233 B	rendre visite à...	235 B
travailler	238 B	visiter	235 B
travailleur	238 B	vivre	238 B
très...	240 B	voici...	243 A
triste	233 A	voici que...	230 A
trois	232 A	voilà...	232 B 235
trouver	243 A	voir	235 A
tu	231 A	voiture	236 B
tunique	240 B	voix	237 B
Tunis	232 B	vouloir	231 B 237 B
la Tunisie	232 B	vous	231 A
		voyage	236 A
		voyageur	236 A

U

ᶜUmar	238 B
un	230 A
une	230 A

W   X   Y

V

Z

vache	231 B
Zaynab	235 B

Index de la 1ère partie

Alphabet	p. 5 à 7
Article	p. 27
Hamza	p. 22
Madda	p. 36
Racine (notion de)	p. 42
Šadda	p. 14
Sukûn	p. 8
Syllabe	p. 18
Tâ marbûṭa	p. 13
Tanwîn	p. 11
Voyelles brèves	p. 8
Voyelles longues	p. 9
Wasla	p. 31

Index Grammatical des 2•, 3• et 4• parties
(Les numéros mis entre parenthèses sont ceux des leçons)

Accompli (conjugaison de l')	(13-14-22-25)
Accord du pluriel	(25)
Adjectifs de couleurs	(5)
Adjectifs qualificatifs	(3-13-22)
Annexion	(7-8)
Apposition	(6)
Assimilés (verbes)	(14)
Attribut	(1-3)
Collectif	(27-28)
Complément circonstanciel	(21)
Complément d'objet direct	(11)
Concaves (verbes)	(15-16-29)
Conjonction	(16)
Déclinaison	(3-5)
Déclinaison de أب et أخ	
Déclinaison du participe actif des verbes défectueux	(26)
Défectueux (verbes)	(17-18-19)
Démonstratifs	(1-2-4-5-21-24)

Diptotes	(6)
Duel	(21-22)
Epithète	(4)
Féminin	(2)
Futur	(13)
Genre	(3-6-7)
Inaccompli (conjugaison de l')	(11-21-22-23-24)
Interrogatifs	(1-3-4-13-29)
Maṣdars (noms verbaux)	(15-19)
Mots indéclinables	(9-29)
Négation	(7-10-11-13)
Nombres	(27)
Noms - adjectifs de relation	(28-30)
Noms de lieu ou de temps	(15-21-23-28-29)
Noms d'outils ou d'instruments	(12-21-27)
Noms propres	(2-27-30)
Participes actifs	(9-10-14-15-16-20-22-23-30)
Particules du cas direct	(8-16-19)
Phrase nominale	(1-2-3-5-6-10)
Phrase verbale	(11)
Place du verbe	(11)
Pluriels externes	(23)
Pluriels internes	(24-25-27-29)
Préposition لِ	(6)
Pronoms affixes	(8-9-21-22-24-25)
Pronoms isolés	(1-2-4-13-29)
Sourds (verbes)	(20)
Verbe رَأى (a)	(20)
Verbe زَال (a-u)	(30)
Verbe كَان (u)	(15-28-30)
Verbe لَيسَ	(3-4-29)
Vocatif	(4)